KB271246

부자의
탄생

부자의 탄생

그들은 어떻게 시대의 부자가 되었나

ⓒ 김범 김인영 김제정 염정섭 이상국 이욱

초판 1쇄 펴낸날 | 2011년 2월 7일

지은이 | 김범 김인영 김제정 염정섭 이상국 이욱
펴낸이 | 이건복 **펴낸곳** | 도서출판 동녘

전무 | 정락윤
책임편집 | 이정미 박재영 **편집** | 이상희 김옥현 구형민 이미종 이다희 윤현아
미술 | 김은영 **영업** | 이상현 **관리** | 서숙희 장하나

디자인 | DesignBoom **인쇄·제본** | 영신사 **라미네이팅** | 북웨어 **종이** | 한서지업사

등록 | 제311-1980-01호 1980년 3월 25일
주소 | (413-756) 경기도 파주시 교하읍 문발리 파주출판도시 532-5
전화 | 영업 031-955-3000 편집 031-955-3005 **전송** | 031-955-3009
블로그 | www.dongnyok.com **전자우편** | editor@dongnyok.com

ISBN 978-89-7297-642-4 04900
  978-89-7297-536-6 (세트)

사람으로 읽는
한국사
0 6

부자의 탄생

그들은 어떻게 시대의 부자가 되었나

사람으로 읽는 한국사 기획위원회 펴냄

동녘

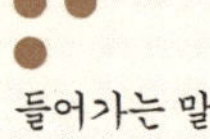

그들은 어떻게 부자가 되었을까

현대 한국사회에서 많은 사람들의 귀를 쫑긋 세우는 말은 바로 '부자'
나 '부자되는 법'일 것이다. 지금도 수많은 사람들이 '부자아빠', '부
자엄마'가 되기 위해 갖은 애를 쓰면서 하루하루를 보내고 있다. 부자
는 어떤 사람인가, 또는 부(富)라는 것은 무엇인가. 이런 문제에는 여
러 가지 논란이 있을 수 있다. 하지만 이런 논란은 차후 과제로 남기고
여기에서는 우리 상식에 따르는 '부자'의 의미, '재물이 많아 살림이
넉넉한 사람'이라는 의미를 전제로 논의를 전개해 보려고 한다.

　우리에게 전해지는 부자에 대한 속담에는 부정적인 이미지가 있
다. '부자가 삼대(三代) 넘기기 힘들다', '삼대 거지 없고 삼대 부자 없
다' 등이 그것인데 또 부자가 삼대 이상 가기 어렵다는 것을 한자로
'부불삼대(富不三代)'라 표현하기도 하고, 권세가 십 년을 가지 못한다
는 뜻에서 '권불십년(權不十年)'이라는 말을 쓰기도 한다.

이런 것을 살펴보면 넉넉하고 편안한 삶을 누리는 부자들에 대한 원망이나 부러움, 혹은 비웃음이 들어 있는 것을 알 수 있다. 또한 부자 노릇을 잘 해야만 그것을 지킬 수 있을 거라는 경계심도 섞여 있는 듯하다. 그런데 이런 말들이 나온 배경에는 처음 할아버지 대에서는 자신의 손으로 부를 축적하면서 나름대로 원칙과 기준, 방법 등을 만들어 재산을 지켜 나가지만 이미 부유해진 집안에서 태어나 부자의 편의만을 누린 손자는 부를 축적하는 자신만의 노하우가 없어 그 재산을 탕진하고 마는 사례가 많다. 하지만 부자들에 대한 이런 다양한 감정에도 불구하고 사람들에게 부자는 일차적으로 부러움의 대상이고 기회만 있으면 그렇게 되고 싶은 선망의 대상이다.

우리들은 '개미와 베짱이' 우화에서 보듯 타고난 재능보다 후천적인 노력이 재산을 불리는 데 훨씬 더 중요한 요소인 양 교육받은 덕분에 특별한 조건이나 제약이 없다면 쉴 틈 없이 피땀 흘려 노력하기만 하면 '부자'가 될 수 있다고 생각한다. 주변 부자들이 들려주는 노력을 기반한 성공 신화들도 거기에 한 몫을 보탠다. 그런데 그냥 부자가 아니라 '한 시대의 최고 부자'도 과연 피땀 흘려 노력만 하면 가능한 것일까.

역사에 남는 큰 부자는 어떻게 나오는 것일까. 그런 사람들은 평범한 사람들과 어떻게 다를까. '사람으로 읽은 한국사' 기획위원회는 이런 의문점을 갖던 중 부와 시대상에는 어떤 연결 점이 있다고 판단해 '큰 부는 그 시대의 자궁에서 태어난다'는 가설을 세우고 답을 찾기 시작했다.

그렇게 역사 속에서 찾아볼 수 있는 부자에 대해서 탐색하고 그들의 생애와 활동 등을 살펴보면서 '시대의 자궁'이라는 것이 너무나 적절한 표현이라는 확신을 가질 수 있었다. 태아가 모체에서 영양을 공급받아 출생하게 될 때까지 자궁 안에서 자라나듯 시대가 가지고 있는 특별한 환경, 특수한 조건을 자궁처럼 받아들이고 이것에 안착해야만 '시대의 부자'가 탄생할 것이다. 물론 그런 시대 여건에 얼마나 잘 적응하고 어떻게 대응하는가 하는 것은 개인의 역량에 달려 있겠지만.

이 책은 한국 역사에서 찾아볼 수 있는 대표적인 부자 여섯을 손꼽아 그들이 부자가 될 수밖에 없었던 배경을 더듬는다. 20세기는 물론 현대 한국 사회의 상징이 돼버린 '삼성'의 창업자부터 근현대 조선의 부자들과 고려 말의 부자까지 시대를 대표하는 개인과 가문 혹은 특정 세력을 모두 아우르고 있다. 이들 여섯 부자는 경제적인 부를 축적한 방법이나 경위의 측면에서 다 제각각이다. 그럼에도 이들은 막대한 부는 '시대의 자궁'에서 태어난다는 우리의 전제에서 벗어나지 않았다.

모두 왕성하게 연구에 매진하고 있는 연구자들이 각각의 연구 방식과 개성에 맞게 각 편마다 여섯 부자들이 일구어낸 부와 축재 방식에 대해 서술했다. 김연수 집안의 경우 전라도 일대의 토지 규모 등을 구체적으로 제시했다. 또 구체적인 축재의 방식이 무엇인지 제시하는 것을 빼놓지 않았다. 윤선도 가문의 축재 방식 가운데 하나로 간석지를 간척해 전답(田畓)을 확보한 것을 설명하면서 어느 지역에서 어느 정도의 간척지를 확보했는지 그 사례를 제시했다. 그리고 여섯 부자가 부자로 자리매김할 수 있었던 시대적 상황을 서술하였다. 또 한명회가 어떠한 권신이었는지 살펴보는 것은 그의 축재를 설명할 수 있는 중요한 시점이고, 같은 맥락에서 한명회가 권신이 될 수 있었던 시대적 상황을 살펴보지 않을 수 없다는 점을 놓치지 않았다. 특히 전근대 시기에 부자를 만든 경제 외적 요소, 선택받은 자들에게만 주어진 아주 특별한 혜택을 자세하게 설명했다.

이외에도 여섯 부자를 다루면서 대물림(상속·재생산·확대), 부의 소멸(경제적·경제 외적 요소에 의한 소멸), 부에 대한 당대인들의 태도, 부자들의 아주 특별한 그들만의 속성 등을 필요한 만큼 서술했다. 여기에 각 필자를 대신해 그 내용을 간략하게 소개한다.

먼저 〈이병철과 삼성가 사람들〉에서는 삼성의 창업자인 이병철과 삼성이 걸어온 길을 정리하고 있다. 저자는 이병철이 만들어 낸 길이 '창조의 길'이고, 그 길이 사업을 통해 국가에 기여하는 길이었다고 강조한다. 이병철은 시대의 변화를 읽었을 때 사업에서 성공을 거두었지만 시대의 변화를 읽지 못했을 때에는 실패했다고 한다. 생필품 수입과 본격적인 무역업으로 발판을 다져 나간 것과 수입대체사업으로 눈을 돌려 생필품의 국내 생산에 나선 것은 시대가 요구하는 변화에 순응한 것이었다. 그리고 수출 주도의 경제 전환에 발맞춰 종합무역상사를 설립한 것도 그런 대응이었다.

이병철은 1970년대 중화학 공업의 투자 실패를 경험하지만,

1980년대 전자산업과 반도체 산업에 대규모 자본을 쏟아부었다. 반도체 산업의 생산기술을 모방에서 혁신단계로 끌어올리면서 커다란 성공을 일구었다. 저자에 따르면 이병철이 '시대의 부자' 반열에 이름을 올릴 수 있었던 비결은 바로 시대의 흐름을 읽는 눈을 가졌다는 점이다. 여기에 미래에 투자하고, 완벽을 추구하는 경영 스타일이 덧붙여졌다는 점도 지적하고 있다.

〈김연수와 토착 자본가들〉에서는 한국근대사의 대표적인 자본가 김연수를 살펴보고 경성방직과 삼양사를 경영하는 산업자본가이자 대지주였던 김연수가 쌓아 올린 부가 어떻게 형성된 것인지 정리한다. 조부대부터 고부 지역에서 차곡차곡 지주경영을 통해 재산을 축적했고, 개항 이후 아버지대에는 일본으로 쌀을 수출하는 미곡(米穀) 무역에 적극 참여해 커다란 재부를 획득했다. 김연수는 이렇게 축적된 집안의 막대한 재산을 바탕으로 지주자본에서 사업자본으로 전환을 모색했고, 1910년대 후반에 직물업에 진출해 경성직뉴를 인수했다. 김연수는 경성직뉴의 이름을 경성방직으로 바꾸고, 민족 감성에 호소하는 판매 전략과 조선총독부의 보조금으로 사업 초기의 어려움을 극복하고 동시에 사업을 본궤도에 올릴 수 있었다.

김연수는 대표적인 근대 기업인 경성방직을 운영하면서도 전라도 일대의 엄청난 땅에서 근대적인 농장경영을 도모했다. 소작 계약을 재편하고 간척사업을 통해 토지를 늘려 나가면서 자본가적인 합리적 농장경영을 성공적으로 꾸려 나갔다. 1930년대에는 후반에 만주 지역에 방적회사를 세우는 등 대외 투자에 나섰지만 실패로 끝나고 말았다. 김연수는 해방 이후 1948년에 제정된 반민족행위처벌법에 의거해 1949년 반민특위에 연행돼 재판을 받지만 무죄판결을 받았고 친일행위에 대한 면죄부도 얻었다. 저자는 김연수의 경제적 성공의 이면에서 한국 자본주의의 전형적인 모습을 찾아볼 수 있다고 지적하면서, 김연수 집안의 재산 형성 과정은 한국근대경제사를 보는 척도라고 말한다.

〈임상옥과 중인 거부들〉에서는 조선 후기 대표 부자이자 무역상인인 임상옥을 다루고 있다. 의주에서 태어난 임상옥의 집안은 대대로 중국 무역에 종사하는 상인 집안이었다. 어릴 적부터 장사에 이골이 난 임상옥은 상품의 가치를 판별하는 상업적 재능과 더불어 중국 상인들의 협잡을 이겨 낼 수 있는 담력과 지력까지 지닌 타고난 장사꾼이었다.

상인 임상옥은 권력과 결탁함으로써 막대한 이윤을 획득하는데, 조선 최고의 부상(富商)이 되기 위해 당대 최고의 권력과 결탁한 것이었다. 임사옥은 흉년이 들었을 때 막대한 재산을 희사해 빈민을 구제하는 자금을 내놓기도 했다. 저자는 임상옥이 소설 속에서 신용과 진심으로 커다란 돈을 벌고 권력과 추악한 뒷거래를 하지 않은 신화 속의 인물로 묘사되고 있지만, 조선의 신분 사회 속에서 중도(中道)에 서서 적을 만들지 않는 삶을 살아간 인물이라고 지적하고 있다. 임상옥은 타고난 상업적 재능을 바탕으로 엄청난 재물을 축적했고, 당시의 신분체제에 순응해 명예를 추구하기도 한 현실적인 인물이라는 것이다.

〈윤선도와 해남 윤씨 가문〉에서는 윤선도 가문을 중심으로 재산 축적과 관리의 구체적인 모습을 살펴보면서 윤선도 가문의 치부(致富)와 가산(家産) 유지의 사례 연구를 통해 조선시대 부자가 어떻게 재산을 모았는지, 그리고 어떻게 관리했는지 보여주고 있다. 해남 윤씨 윤선도 가문이 재산을 축적해 나가는 것은 다른 양반가문의 방식과 크게 다르지 않았다. 또한 토지와 노비로 구성된 가문의 재산을 지키기 위한 노력도 마찬가지다. 그런데 해남 윤씨 윤선도 가문은 특별히 토지를 장만하는 과정에서 해안 간석지의 간척을 통해서 농지를 확보한 점을 지적할 수 있다.

윤선도 가문은 윤선도를 중심으로 전후 몇 대 동안 특수한 계보 관계를 보인다. 이로 말미암아 종가의 재산이 종손(宗孫)을 중심으로 집약될 수 있었고 분산되지 않게 되었다. 윤선도가 후대에 남긴 교훈은 적선(積善)과 근검(勤儉)이었는데 이것이 바로 당대 부자들이 지켜야 할 행동강령이었다. 저자는 윤선도 가문의 가산이 유지되고 가문의 위세가 후대로 이어질 수 있었던 배경으로 교육에 주목한다. 윤선도 가문에서 많은 장서를 보유하고 있던 것이 확인되는데, 이것을 통해서 재산이란 단지 경제적인 능력만으로 지켜 나갈 수 있는 것이 아니라 문화·예술·학문의 뒷받침이 있어야 온전히 갈무리해 나갈 수 있다는 것이다.

<한명회와 훈구대신들>에서는 조선 초기 권신의 대표 격인 한명회를 중심으로 이른바 훈구대신(勳舊大臣)의 재력을 살펴보고 있다. 저자는 근대 이전에 부자들이 축적한 재력이란 곧 정치적 권력의 크기와 밀접한 관련을 맺고 있다는 점을 전제로, 한명회 등 훈구대신 등이 재산을 축적해 나가는 과정의 특징을 살펴보았다. 이 글에 따르면 훈구대신들은 특별한 공로를 인정받은 공신(功臣)이면서 높은 관직을 갖고 있었다. 이들은 경제적인 재부를 쌓기 위한 조건을 잘 갖추고 있었다.

한명회는 관료로서 다양한 실적을 쌓았고 오랫동안 조정에 머물면서 권력의 끈을 놓지 않았다. 한명회에 대한 후대의 평가는 여러 갈래로 나뉘어 있다. 우선 권력을 바탕으로 비리를 저질러 재력을 축적한 인물이라는 평가가 있고, 또한 이와 반대로 당대의 그 누구보다도 뛰어난 능력을 지닌 대신이라고 평가되기도 한다. 그런데 한명회의 생애을 구체적으로 정리한 저자는 그를 '누구보다도 권력과 재력의 의미를 잘 알고 집요하게 추구한 사람'이었다고 평가하고 있다. 또한 훈구대신들의 공과를 객관적으로 파악하는 것이 필요하다는 점을 지적하고 있다.

<여말 권문세족과 고려 후기의 풍경>에서는 고려 후기 권력을 바탕으로 땅을 축적해 나간 부자들의 축재 방식과 부자에 대한 부정적 인식의 뿌리를 찾고 있다. 당시 이인임 일파와 염흥방, 임견미 등을 비롯한 권문세족들은 산천(山川)을 경계로 삼을 정도로 많은 토지를 소유하고 있었다. 이들은 지급받은 토지를 자신의 토지로 삼는 '수조지

의 소유지화', 그리고 권력을 이용한 불법적인 토지 '탈점' 등의 방식뿐만 아니라, 합법적인 토지 사패(賜牌) 등의 방식으로 토지를 집적했다. 또한 새로운 농경지를 만들어내는 개간(開墾)이나 다른 사람의 소유지를 대가를 지불하고 확보하는 매득(買得)의 방식으로도 토지를 집적했다.

이인임 등이 엄청난 토지를 차지하고 '시대의 큰 부자'가 될 수 있었던 배경은 바로 권력이었다. 특히 원(元)이라는 배후 권력에 의지해 '수정목 공문'이라는 폭력적인 방식으로 토지를 빼앗을 수 있었다. 저자는 고려 후기의 부의 기원을 추적하는 과정은 부패의 기원과 일치한다는 점에서 역사의 교훈을 찾아야 한다고 지적하고 있다. 그리고 그는 권력 없이는 시대의 부자가 나올 수 없는 것인지 되묻는다.

《부자의 탄생》을 손에 든 독자들 중에는 이 책이 '부자가 되는 방법'을 다룬 책이 아닐까 생각하는 사람이 있을 것이다. 조금 신중한 독자라 하더라도 제목만 보면 '우리 역사 속에서 살펴본 부자되는 방법'이라고 내용을 추측할 것이다. 읽기만 하면 부자가 될 것 같은 '부자가 되는 방법'에 관한 책들을 생각하면 그런 추측은 당연하다 할 수 있다.

그런데 정말로 《부자의 탄생》에 참여한 필자들은 우리 역사 속에 나오는 '시대의 부자'들이 부자가 될 수 있었던 비결이나 비법을 찾아보려고 했다. 어떻게 하면 부자가 될 수 있을까. 피땀 흘려 노력하는 것 외에 부자가 되는 비법이나 비결이 정말 따로 있는 것일까. 이런 질문에 답하려고 했다. 하지만 역설적으로《부자의 탄생》의 필자들은 역사 속에서 부자가 되는 방법을 찾아내지 못했다. 그러니 이 책은 부자가 되는 비법을 담고 있는 책이라고 할 수 없다. 하지만 부자가 되기 위해서 지켜야 할 원칙이 무엇인지, 그리고 부자가 부자 노릇을 제대로 하려면 하지 않을 수 없는 준칙은 무엇인가 하는 것에 대해서 독자들은 나름의 해답을 찾을 수 있을 것이라고 확신한다. 독자들은 이 책의 각 편에서 '부자의 역사'의 일단을 찾아보고 나아가 '부자'가 무엇인지 따져 볼 디딤돌을 찾을 수 있을 것이다. 그런 과정을 거친 뒤에 독자들은 모두 자신만의 '부자되는 비결'을 찾아낼 수 있을 것이라고 믿는다.

《부자의 탄생》여러 집필자들을 대신하여, 염정섭

이병철과 삼성가 사람들

시대의 변화를 읽은 사업가,
기업을 완성하다

이후에도 이병철은 시대의 변화를 읽었느냐 읽지 못했느냐에 따라 실패와 성공을 거듭한다. 즉, 당시의 사업 실패에서 이병철은 기업가로서 성공을 하려면 항상 시대를 앞선 분야나 제품의 사업을 해야 한다는 교훈을 얻었다. 성공과 실패를 겪으며 시대와 사회의 흐름을 읽어 가는 경영의 중요성을 배우게 된 것이다. 해방 전 마산에서의 사업 당시 중일전쟁이 가져올 대출의 중단을 예상하지 못하거나, 6·25전쟁으로 보세 창고에 쌓아 둔 수입 물건 전부를 잃어버려 사업 자체를 정리할 수밖에 없는 상황을 경험하고, 이병철은 "기업은 시대와 사회의 순리를 좇아 사업을 벌이고 능력과 한계를 알아 무리를 하지 않아야 한다"고 말하며 시대적 상황을 읽어 내는 경영을 강조했다.

김인영 : : 한림대학교 정치행정학과 교수

이병철

1910~1987

조선이 일본에 강제병합 당한 1910년 이병철은 경상남도 의령군 정곡면 중교리에서 부유한 지주의 둘째 아들로 태어났다. 이병철은 나라를 빼앗긴 현실에서 무엇이 진정으로 나라와 민족을 위한 길인지 수없이 고민할 수밖에 없었다. 새로운 지식과 새로운 세계를 동경한 이병철은 당시 양반집 자제로서는 어려운 일이었지만 일본식 신식 교육을 받기를 원했다. 서울 수송 공립보통학교로 전학하고, 중동중학교에 입학했지만, 근대화된 더 새로운 세계를 경험하고 싶은 욕망 때문에 와세다대학 정경학부에 등록한다.

와세다대학에서 수학하고 도쿄 생활을 경험한 이병철은 애초부터 일본인에게 지지 않을 만한 규모의 사업을 기획한다. 1936년 27세에 정미소에 투자하는 것으로 사업가 경력을 시작해 1938년부터는 운송업에 뛰어들고 삼성상회를 건립해 국가간 수출입 무역에 치중한다. 이후에도 부동산업, 무역업, 정미업, 양조업 등 다양한 방면으로 사업을 다각화한다. 삼성은 수입업으로 초기부터 많은 돈을 벌어 새로운 분야에 투자할 기반을 다지게 된다. '절절한 시기, 인력관리, 월등한 자금력'이라는 세 가지 조건이 조화를 이룬 것이다. 하지만 이런 이병철의 성공은 6·25전쟁의 발발로 모두 무산되어 버린다.

그러나 양조업에서 비축해 둔 돈으로 이병철은 1951년 부산에서 삼성물산을 재건하게 된다. 삼성물산은 전쟁으로 폐허가 된 경제에 필요한 필수품들, 즉 설탕, 비료, 종이, 양모, 나일론, 알루미늄, 의약품 등을 수입했고, 훗날 삼성그룹이 대규모의 부를 축적하게 되는 주요 자원을 마련한다.

일본의 가까운 지인들을 통해 전자 산업이 갖는 중요성을 잘 알고 있던 이병철은 이후 반도체 산업에 진출해 한국 경제 발전에 있어 대담한 기업가 정신과 기업 이니셔티브의 좋은 예라 할 수 있는 반도체 산업 성공 신화를 만들어 낸다.

아무도 가지 않은 길로 가다

흔히 삼성을 한국을 대표하는 기업이라고 말한다. 한국에서 경영을 제일 잘하고 있는 대표 기업이라는 의미다. 거기에는 과거 삼성의 기업 성장이 한국 경제의 급속한 발전과 함께하고 있다는 뜻도 포함하고 있다.

더 나아가 이제 우리는 삼성이라는 기업이 주도해 나가는 미래 사회가 한국에만 영향을 미치는 것이 아니라 전 세계에도 영향을 미치는 현실에 와 있다. 예를 들어 삼성그룹의 한 기업인 제일모직은 1954년, 한국전쟁 후 궁핍했던 시절 국민 생활에 크게 영향을 미치는 모직물을 우리 기술로 만들어 보급하고자 설립되었다. 하지만 이제 제일모직은 패션은 물론이고, 고기능 합성수지·휴대전화용컴파운드·전자기기의 첨단소재 등 미래 첨단산업으로 나아가고 있다.

이들 기업의 시장은 이제는 더 이상 한국만이 아니다. 세계가 곧

제일모직 1기 공원 시험.

시장이 되었다.

제일모직을 두고 주의해서 생각해 봐야 할 것은 시대를 앞서 가는 첨단성과 그것을 이루어 내는 기업가의 역할이다. 제일모직이 삼성의 설립자 이병철에 의해 만들어졌다면, 그 창조적 변신은 이건희에 의해 이뤄졌는데, 설립과 변신의 근본에는 시대를 앞서 간다는 공통점이 있다. 1950년대 국내에서 모직 생산이 최첨단이었다면, 2010년대 세계의 최첨단 산업은 명품 패션과 미래 첨단 신소재의 생산이다.

삼성이 걸어온 길과 삼성이 가는 길은 언제나 아무도 가지 않는 새로운 길이었고, 그 '창조의 길'이 바로 삼성의 길이었다. 그리고 그 길은 이병철이라는 걸출한 기업가가 사업을 통해 국가에 기여하는 길이었고, 이를 계승한 이건희라는 창조적 경영자가 기업 경영으로 세계에 기여하려고 만들어 낸 길이었다. 이렇게 새로운 길을 가려고 한 삼성은 1938년 3월 1일 '삼성상회'라는 무역회사로 시작해서 2010년 지금까지 70년 넘게 존속하고 발전해 왔다. 삼성은 항상 제일주의를 지향하고, 앞서 나가고, 새로운 것을 만들어 나갔다. 앞서서 남이 가지 않는 길을 개척하고, 그것을 제일 잘해 보겠다는 것이 '제일원칙'을 창조의 길로 삼은 창업자 이병철의 기업상이다. 다음은 삼성을 만들어 간 이병철의 시대를 앞선 경영의 길을 적어 본 것이다.

이병철의 출생 그리고 사업의 시작─1930년대

삼성의 창업자 이병철은 1910년 경상남도 의령군 정곡면 중교리에서 이찬우라는 부유한 지주의 둘째 아들이자 막내로 태어났다. 1910년은 조선이 일본에 합방을 당한 해이기도 하다. 그가 태어난 시대를 이해하기 위해서는 일본에게 합방을 당한 사실보다는 왜 조선이 망했는지, 왜 나라를 빼앗길 수밖에 없었는지를 거꾸로 검토해 보는 것이 중요하다. 간단히 설명하면, 조선이라는 나라가 과거에 안주해 새로운 문물을 받아들이지 못하고, 국가를 부강하게 하지도, 백성을 배불리 먹이지도 못했기 때문이다. 기업이 망하거나 다른 회사에 인수합병당하는 이유도 과거에 안주해 새로운 기술을 개발하지 못하고, 새로운 물건을 내놓지 못하는 데 있다.

　나라를 빼앗긴 현실에서 무엇이 진정으로 나라와 민족을 위한 길인가를 수없이 고민할 수밖에 없었던 이병철은 6세부터 서당에서 한학 교육을 받았지만, 11세가 되던 해에 일본식 교육을 실시하던 신식

학교에 다니기를 원했다. 부모는 그가 지수보통학교(晋陽郡 智水面)에 다니도록 허락했다. 과거의 교육이 더 이상 새로운 시대에 적합하지 않다는 것을 어린 나이에 깨달은 이병철은 신문물을 배울 수 있는 신식학교에 다니겠다고 우겼고, 부모에게 허락을 받은 것이다. 당시의 경상도 양반집 자제가 신식 교육을 받는 일은 쉽지 않은 일이었는데, 부모가 어려운 결단을 내려준 것이다. 이러한 새로운 지식과 새로운 세계에 대한 동경과 이해가 후일 시대를 앞서 가는 기업 운영에 그대로 반영되었다.

이병철은 더 큰 세계를 접하고자 서울에 소재한 수송공립보통학교로 전학을 했고, 1926년에는 중동중학교에 입학했다. 하지만 중동중학교를 졸업하지 않은 채 일본으로 건너간다. 근대화된 더욱 새로운 세계를 경험하고 싶은 욕망 때문이었다. 그러고는 와세다대학의 정경학부에 등록한다. 그렇지만 그가 관심이 있던 것은 공부가 아니라, 일본의 근대화된 문명과 생활 등의 새로운 문물이었다. 몇 학기를 더 와세다대학에서 공부한 뒤, 이병철은 건강이 좋지 않다는 구실로 한국으로 되돌아온다.

이후 이병철은 특별히 할 일 없이 서울을 배회하며 몇 해를 지낸다. 부잣집 젊은이고, 아버지가 많은 생활비를 보태 줘서 가능한 일이기도 했지만, 후일 그의 회고로도 알 수 있듯이 일본의 식민지로 전락한 조국에서 자신이 무엇을 해야 하는지 무척이나 고민한 시기였다.

1936년 즈음 이병철은 사업에서 인생의 목표를 찾을 것을 결심하고, 기업으로서 국가에 애국한다는 의식으로 경제 발전에 이바지하

1923년 이전의 일본 긴자의 모습.

고자 마음먹었다. 당시 이병철은 사업을 크게 시작하기에는 모자라지만 먹고살기에는 충분한 돈을 유산으로 확보한 상태였다. 자신이 먹고살기에는 충분하나 '좋은 사업'을 시작하기에는 충분하지 않은 돈이었다고 이병철은 회고한 바 있다. 이병철이 생각한 좋은 사업이 어느 정도의 규모였는지 짐작하기 쉽지는 않다. 하지만 그가 시작부터 어느 정도 규모가 있는 사업을 고려한 것만은 분명하다. 이병철이 서울에 있는 일본인 소유의 사업과 경쟁할 만한 회사를 세우기에는 자금이 충분하지 않았다고 회고하는 것에서도 알 수 있듯이, 그는 적어도 일본 기업들에게 규모 면에서는 지고 싶지 않았다. 여기서 우리는 이병철의 사업관과 기업관을 엿볼 수 있다. 와세다대학에서 수학하고 도쿄 생활을 경험한 이병철은 애초부터 일본인에게 지지 않을 만한 규모의 사업을 기획했던 것이다.

또 이병철은 당시 지주라는 편안한 토지자본가의 길이 아니라 경쟁에서 이겨야 하는 상업자본가의 길을 택한 선구적인 기업인이었다. 여기서 우리는 쉽지 않은 길을 택한 이병철의 도전 정신을 보게 된다. 현재 한국의 대표 재벌 네 개 중 세 개의 창업자가 일본 식민지 시대에 사업을 처음 시작했다는 것도 의미가 크다. 삼성의 이병철, LG의 구인회, 현대의 정주영은 시작부터 당시 식민지 본국인 일본인 기업들과 경쟁을 치르며 사업을 이끌어 나갔다. 즉 이미 작게는 일본 기업과, 크게는 세계 무대에서의 경쟁을 통해 기업을 만들고 이끌고 있었던 것이다.

1936년 이병철은 27세에 정미소에 투자하는 것으로 사업가의 경력을 시작한다. 그의 첫 투자가 정미소였다는 것은 매우 흥미롭다. 이병철이 정미업을 시작한 이유는 식민지 조선이라는 맥락에서 이해해야 한다. 당시 쌀은 조선의 주된 농업 생산물이었으며, 일본으로 수출되는 주요 품목이었다. 조선의 쌀값은 일본의 쌀값보다 약 30퍼센트 정도 저렴했기 때문에 수출을 통해 농민과 지주는 소득을 올렸고, 모자라는 식량은 만주에서 조나 콩 같은 대용 식량을 수입해 충당했다.

이병철이 처음 투자한 정미소가 있던 경남 마산은 일본으로 미곡을 실어 나르는 주요 항구였고, 그는 당시의 새로운 사업이라고 할 수 있는 곡물을 중심으로 한 무역업에 뛰어든 것이다. 미곡 중개상으로서 국내 작황과 곡물의 흐름, 국제 정세와 총독부의 정책까지 섭렵했어야 할 것을 염두에 둔다면 당시 이병철의 나이나 경륜은 충분하지 않았다. 이병철은 다른 두 동업자와 공동으로 1만 원씩 모두 3만 원을 투자했으나, 마산의 최고 정미소를 만들기에 3만 원은 부족한 자금이었다. 비록 첫 사업이 정보와 자금 부족으로 성공하지는 못했지만, 사업의 첫 무대가 일본하고의 국제 무역이었다는 점은 뒷날 그에게 중요한 경험이 되었다.

1938년 6월 이병철은 운송업에 뛰어든다. 하지만 이번 사업은 일본 식민지 말기에 연료의 공급이 매우 부족하게 될 것이라는 상황의 변화를 예측하지 못했기 때문에 어려움에 처하게 되고, 결국 실패한다. 운송업의 실패 뒤 이병철은 굴하지 않고 새로운 사업 투자를 모색해 마산의 조선식산은행에서 돈을 대출받아 주변의 부동산에 대규모로 투자한다. 1936년 대공황의 여파로 은행들이 이자를 받기 힘들어졌기 때문에, 소규모 지주들의 경우 은행에서 돈을 얻기를 주저했다. 따라서 일본계 은행들은 믿을 만한 대토지 지주들에게 중점적으로 대부하고 있었다. 더구나 토지 소유에 대한 수요는 줄어들고 있었다. 토지 가격이 낮고 자금이 충분하다는 조건이 맞아떨어져 이병철은 토지 인수에 대담하게 뛰어든 것이다. 하지만 1937년 7월 중일전쟁이 발발하고부터 상황은 다시 바뀌었다. 조선식산은행이 전쟁에 필요한 산업을 제외하고 일반적인 대출을 중단한 것이다. 결국 이병철은 자금 부족으로 부동산 투자에도 실패하게 된다. 전쟁으로 벌어질 사태의 변화를 충분히 예측하지 못하고, 은행 대출에 기대어 무리하게 부동산에 과잉 투자를 한 것이 실패의 원인이었다.

이후에도 이병철은 시대의 변화를 읽었느냐 읽지 못했느냐에 따라 실패와 성공을 거듭한다. 이병철의 사업 실패는 거의 시대 상황의 변화를 예측하지 못하고 시대의 요구에 뒤떨어진 사업을 택했을 때였다. 즉, 당시의 사업 실패에서 이병철은 기업가로 성공하려면 항상 시대를 앞선 분야나 제품의 사업을 해야 한다는 교훈을 얻었다. 이병철은 다양한 사업의 성공과 실패를 겪으며 시대와 사회의 흐름을 읽어 가는 경영의 중요성을 배우게 된다. 해방 전 마산에서의 사업 당시 중일전쟁이 가져올 대출 중단을 예상하지 못한 것과 6·25전쟁으로 보세 창고에 쌓아 둔 수입 물건 전부를 잃어버려 사업 자체를 정리할 수밖에 없는 상황을 경험하고, 이병철은 "기업은 시대와 사회의 순리를 좇아 사업을 벌이고 능력과 한계를 알아 무리를 하지 않아야 한다"고 말하며 시대적 상황 변화를 읽어 내는 경영을 강조했다.

뒷날 이병철의 성공을 담보하는 주요한 요인이 또 하나 있다.

삼성상회 설립.

1940년대부터 이병철은 국가 간 수출입 무역에 치중했는데, 국제적인 감각과 정보를 가지고, 국제 시장의 흐름에 서 있는 기업들을 상대로 수출입 사업 경쟁을 치러 냈다. 이병철은 그때부터 세계 시장의 흐름을 주목하고 있었고, 이런 경험은 삼성이라는 세계적인 대기업을 만들 수 있게 한 기본 바탕이 되었다.

중일전쟁이 발발한 이후 이병철은 1938년 3월 1일 '삼성상회'라는 무역회사를 설립한다. 삼성상회는 만주와 북경에 국내산 과일과 건어물을 수출하는 회사였다. 삼성의 삼(三) 자는 '크고 강하다'는 뜻으로 사용했고, '한국인이 가장 좋아하는' 숫자여서 택했다. 당시 한국에 진출해 있던 일본 재벌인 미쓰이(三井)와 미쓰비시(三菱)에서 삼(三) 자를 빌려 온 듯하다. 이것은 삼성상회를 당시 내로라하는 일본의 대기업들과 같은 규모의 무역 회사로 키우고 싶은 경쟁 심리였을 것으로 추측된다. 성(星) 자는 별이라는 뜻으로 밝고, 높고, 항상 빛나며 깨끗함을 의미했다.

삼성상회의 초기자본은 3만 원이었다. 3년 3개월 뒤인 1941년 6월 3일 삼성상회는 주식회사라는 이름을 붙여 현대화된 경영 체재를 갖췄다. 이병철은 무역회사라는 새로운 기업의 형태를 한국에 선도적으로 도입한 것이다.

결론적으로 이병철은 일제 통치 아래에서 1945년까지 소규모 기업가로 운수업, 부동산업, 무역업, 정미업 그리고 양조업으로 사업을 다양화했다. 하지만 심혈을 기울여 참여한 사업은 무역업이었다. 무역업에서의 이익을 이병철은 다시 양조업에 투자한다. 이것으로 볼 때 사업 시작부터 그가 다룬 사업의 종류가 꽤 다양했던 것을 알 수 있다. 이병철은 사업 초기부터 여러 종목에 개입하는 양상을 보이는데, 이것이 한국 대기업가들 투자의 한 특성인 다각화 방식으로 사업 환경의 변화에 대응해 사업의 중심을 지속적으로 변화시키는 것이다. 구체적으로 설명하면 사업의 성공은 기술이나 상품의 혁신에 의한 것이 아니라 누가 먼저 새로운 신흥시장에 뛰어드느냐에 달렸기 때문에, 시장이 충분히 개척되지 않은 상태에서 환경의 수요에 맞추는 새로운 사업들을 찾는 것은 무엇보다 중요했다.

이것은 당시 한국의 경제 상황에서 새로운 기술에 근거한 투자는 시기상조였다는 것을 우리에게 알려 준다. 대신 이병철은 현실에 맞는 새로운 상품을 찾고 이런 상품을 개발해 구매자의 요구가 상승하게 되면, 생산라인을 빨리 증가시키고 대규모 투자를 하는 방식을 택하였다. 예를 들면, 제일제당의 경우 시장이 과점되기 전에 빠르게 시설에 투자해 사업 첫 2년 동안은 독점의 지위를 누렸다. 이후 제당업에 경쟁자가 생기고 설탕의 수요가 줄어들기 시작하자, 제당업을 유지하면서도 동시에 제분업을 함께 운영한다. 생산라인을 공유해 설비 투자비용을 절감하고 판매망도 제당업의 기존 조직을 이용하는 것이다. 이후에는 제당업의 한계를 인식하고 생화학 기술을 계속 개발시켜 1978년에는 유전공학(biogenetics)과 제약 산업으로 다각화할 수 있는 기반을 마련한다. 정부의 유전공학 산업진흥계획은 이것보다 훨씬 늦은 1982년에 시작되는데, 정부의 지원을 예상한 투자는 아니었고 미래의 시장을 예측한 선(先)다변화 투자였던 것이다.

1947년 5월 이병철은 양조업을 그만두고 좀 더 큰 사업 기회를 찾으려고 대구에서 서울로 이사한다. 자신이 목표로 하고 있는 사업보국(事業報國)의 측면에서 볼 때 양조업으로는 국가와 사회에 기여하기가 어렵다고 판단했기 때문이었다. 또 자신이 선택한 사업이 무역업이었다는 것을 고려하면 서울로의 이사는 필수적이었다. 다른 무역업자와 마찬가지로 홍콩과 싱가포르를 상대로 수입하고 수출하는 국제무역을 염두에 두었던 것이다. 무역업을 택한 이병철의 선택은 창조적이지는 못하지만 당시의 국내 경제 상황에 빠르게 대응한 것이었고, 생활필수품에 대한 국민들의 요구가 급속히 증가할 것이라는 예측에 기초한 것이었다. 2차 대전의 패전과 함께 일본 경영진이 철수하고 거의 모든 일본인 소유 공장들이 어려움에 직면했으며, 생산율이 일본 식민지 말기인 1940년대 초에 비해 약 30퍼센트 정도로 떨어졌다. 이러한 국내 경제 상황에서 당연히 생필품은 부족했고, 단기간에 회복될 수 있는 정도가 아니었다. 이병철은 이렇게 기업이 처한 현재의 경제 환경을 반영하고, 미래의 경제 변화를 예측해 무역업에 투자를 한 것이다.

생필품 수입과 본격적인 무역업 ─ 1948~1960년대

1948년 11월 1일에 이병철은 20명의 직원을 가진 삼성물산공사(Samsung Trading Corporation)를 설립한다. 삼성물산공사는 서울 종로 2가 영보빌딩 근처 2층 건물에 위치했다. 삼성상회의 상호를 변경하고 사원 출자제를 도입했다. 사원들을 회사의 일원으로서뿐만 아니라 경영의 일부로 받아들인 것으로 당시로는 새로운 제도였다. 사원들이 회사를 자신의 것으로 인식하고 최선을 다할 것을 염두에 둔 조직이었다. 삼성물산공사의 주요 수출 품목은 마른 오징어와 한천 등이었고, 수입 품목은 면사와 철강제품 등 생활필수품들이었다.

삼성물산의 주된 사업은 수입이었지 수출이 아니었다. 사실 1948년의 한국에는 수출할 만한 변변한 품목이 있지도 않았기 때문이다. 대신 일본인들이 본국으로 돌아간 뒤 국내에서 일용 잡화와 일반 상품에 대한 수요는 급속히 증가하고 있었다. 통관이 되자마자 수입품은 빠른 속도로 팔려나갔다. 이병철은 소비자들이 어떤 품목을 원하는지 찾아냈고, 수요의 변화를 잘 예측해 수입 품목을 선택했다. 창립 2년 만에 삼성물산의 수입업은 대단한 성공을 거두었다. 실제로 삼성물산은 설립 1년 만에 당시 국내 수입업자 중 7위로 올라서게 되었다. 수입업으로 사업 첫해에 초기 자본의 20배에 해당하는 이익을 올리게 된 것이다.

삼성은 수입업으로 초기부터 많은 돈을 벌어 새로운 분야에 투자할 기반을 다지게 되었다. 국내에 생산 시설이나 기반이 거의 없는 상황에서 생필품 수입을 통한 돈벌이는 그 당시 한국 사업가들의 공통된 특징이었다. 당시 무역업자들 간의 경쟁에서 삼성의 성공은 '적절한 시기, 인력 관리, 월등한 자금력'이라는 세 가지 조건이 조화를 이뤘기 때문이라고 평가받는다. 기업 경영이라는 관점에서 보면 이병철의 삼성물산은 수입 품목 선정, 물품 주문에서 물품 도착 기간의 단축, 그리고 인력 관리에서 탁월했다. 삼성이 무역업에 경험이 있었고, 시장의 요구에 발맞출 줄 알았기 때문이다. 하지만 이러한 이병철의 성공은 6·25전쟁의 발발로 모두 무산되어 버렸다.

이병철은 전쟁으로 거의 모든 사업 기반을 잃게 된다. 대구에 위치했던 자신 소유의 조선양조에서 기대하지 못한 사업 자금이 나오지 않았더라면 이병철의 재기는 힘들었을 것이다. 이병철은 조선양조가 비축해 둔 돈으로 1951년 부산에서 삼성물산을 재건하게 된다. 삼성물산의 주요 수입 품목은 이제 전쟁으로 폐허가 된 경제에 필요한 필수품들로 바뀌어 설탕, 비료, 종이, 양모, 나일론, 알루미늄, 의약품 등을 수입했고, 일본과 동남아에 고철, 오징어, 쌀을 수출했다. 이러한 수출입에서의 성공으로 삼성물산은 나중에 삼성그룹이 대규모의 부를 축적하게 되는 주요 자원을 마련하게 된다.

부산 피란 시절 삼성물산 임시 건물 앞에서.

1950년대에 삼성물산이 이익을 낼 수 있던 근원은 어디에 있는가? 첫째로, 일제 시대부터 무역업의 경험과 국제화된 네트워크의 구축이다. 당시 이병철은 6·25전쟁 전에 수출한 물품에 대한 미수금이 있었고, 전쟁이 소강상태에 들자 홍콩의 한 무역회사로부터 이 미수금을 회수하게 된다. 외환이 절대적으로 필요한 시기에 이병철은 수출 미수금을 회수할 수 있던 것이다. 삼성은 이 예상치 못한 자금을 착수금으로 사용했고, 이전의 무역업 경험으로 인한 국제화된 네트워크로 조기에 성공할 수 있었다. 하지만 이병철은 과거의 무역업 경험 덕분에 무역업 허가권이 있었음에도 불구하고 수입업자들과 매우 치열하게 경쟁해야 했다.

둘째, 전쟁으로 인한 물자의 부족으로 제대로 선정된 수입 상품은 고이윤을 보장했다. 설탕과 비료는 절대적으로 공급이 부족해, "당시에는 설탕과 비료가 홍콩에서 선적되었다는 서류만 입수되고 나면 그 물건은 부산항에 입항하기도 전에 도매상들의 손에 넘겨졌다"고 한다. 이병철은 부족한 물자 중 국민이 가장 절실히 필요로 하는 것을 찾아내 수입함으로써 철저히 시장의 요구와 시장의 변화에 부응하는 경영, 시대의 변화를 읽고 앞서 가는 경영을 했고 막대한 이익을 남긴 것이다.

그런데 1953년에 이르러 이병철은 수입대체산업으로 사업을 전환하기 시작한다. 그 이유는 무엇이었을까? 가장 큰 이유는 한국전쟁의 휴전 조약이 체결되고, 수입업자들 간의 치열한 경쟁으로 더 이상 수입업으로 큰 이윤을 만들어 내지 못할 것이라는 시대의 변화를 읽었기 때문이다. 앞에서 이야기한 것처럼 당시 대부분의 상업 활동은 수입 무역업이었다. 예를 들어 1952년 3월 1일자 한국무역협회 회원 명부에 따르면, 당시 거의 대부분의 재계 지도자들이 수입업에 관여하고 있었다. 그렇기 때문에 수입업자들 간의 경쟁이 매우 심했고, 수입 무역업은 점차 이윤의 한계를 드러내고 있었다. 이때 이미 이병철은 새로운 사업을 시작해 기업을 새로운 변화에 맞게 변화시켜야 한다는 것을 알고 준비하고 있었다.

이병철은 정부가 외화를 절약하려는 목적으로 경공업을 발전시키기 위해 수입대체산업화(import-substitution industrialization)로 경제 정책을 전환할 것을 예측하고 대비를 하고 있었다. 더구나 필수품 수입에서 이득을 많이 남겨 충분한 자본을 확보하고 있었고, 새로운 투자대상을 물색 중이었다. 이병철의 맏아들인 이맹희는 "당시 아버지의 가장 큰 고민은 삼성물산을 통해서 생긴 이익금으로 과연 어디에 외국의 선진자본주의 국가에서 수입하던 재화를 국내에서 직접 생산·충당함으로써 수입을 대체하는 역할을 하는 산업을 말한다. 이것을 중심으로 진행되는 산업화를 '수입대체산업화'라 한다. 일반적으로 저개발국에서 자본·기술·노동력의 제약 속에서 비내구성 소비재를 중심으로 전개되는 초기 산업화를 일컫지만, 점차 내구성 소비재로 확장되기도 한다. 특히 라틴아메리카에서 수입대체산업화 과정은 내부지향적 발전의 초기 국면에 비내구성 소비재를 중심으로 진행되었고, 2차 대전 동안에 강화되기 시작해 1950년대에 절정에 도달했다. 대공황으로 저개발국의 지불 위기가 발생함으로써 수입대체산업이 출현했으며, 1950년대에 이르러서는 선진국들의 무역규제 정책에 따라 저개발국들이 직면한 외환 부족으로 더욱 적극적으로 추진되었다. 이 시기에 좀 더 강화된 국가권력은 보호관세를 정비했고, 수출 부문에서 내수 부문으로 소득을 이전시켰으며, 수입대체산업을 지원하는 데 필요한 하부구조를 창출했다.

한국과 타이완은 2차 대전 종전까지 일본의 식민지였기 때문에 대체로 1950년대 후반에 이르러 수입대체산업화가 시작되었다. 이 시기 한국의 수입대체산업화는 농지 개혁, 귀속재산 처리, 대외원조(미국의 원조에 의한 대충 자금과 군사 원조)를 통해서 마련되었는데, 주로 면사·포·모직·식품 공업 등 소비재 생산 등에서 6·25전쟁 이전의 수준을 회복하는 정도에 불과했다. 미국의 원조로 형성된 자본은 대외의존성과 관료성을 띠고 있었기 때문에 1960년대 들어 한계에 직면하고, 곧바로 수출주도형 고도성장 정책으로 선회하면서 종결되었다.

다 재투자를 하느냐는 것이었다. (……) 한 가지 불행한 것은 당시로서는 그 이익금을 바탕으로 새롭게 진출할 분야가 그리 많지 않았다는 점이다"라고 회고했다.

이미 수입 무역에 대한 경쟁이 심해 수입에 필요한 달러를 확보하기가 어려워진 상황이었다. 공식적인 원-달러 환율은 6,000대 1이었지만, 수입업자들이 수입 제품을 판매할 때 환율은 5만 대 1까지 올라갔다. 따라서 수입하는 측에서 보면 수입에 필요한 미국 달러를 확보하는 것은 이익을 확보하는 것과 같은 의미였다. 달러를 확보하기 위해 삼성은 1957년 2월 6일 효성무역을, 1958년 2월에는 근영무역이라는 회사를 설립해 무역회사의 수를 늘려 나갔다. 그럼에도 현실적으로 수입 달러의 확보는 점차 어려워졌다. 이 같은 예로 볼 때, 이병철이 이승만 대통령과의 특별한 관계 때문에 매우 자유롭게 외화를 대부받거나 사용할 수 있었고, 이러한 정권의 비호로 돈을 많이 벌 수 있었다는 비판은 과장된 것이다. 이병철은 정부와의 특별한 관계에 안주한 것이 아니라, 시대가 요구하는 새로운 블루오션(Blue Ocean)을 찾아 기업을 적시에 변신시켰다.

이병철은 한국전쟁이 끝나면 국내 경기가 좋아질 것으로 예측하고, 수입대체산업의 확충이 필수적이라고 판단하고 준비한다. 이러한 판단에 근거해 이병철은 부산에 1953년 제일제당을, 1954년에는 제일모직을 설립한다. 수입업의 경험 덕분에 시장 수요가 가장 많을 생활필수품 생산을 선택했던 것이다. 혹자는 이병철이 국가에 필요한 물품이 아니라 손쉬운 생활필수품을 생산해 떼돈을 벌었다는 비난을 하지만, 당시의 상황으로 국가에 꼭 필요한 물품은 당장 부족한 생필품이었다. 부족한 생필품을 수입하느라 많은 달러가 낭비되고 있었고, 이런 낭비를 줄이기 위한 생필품의 국내 생산은 당시 가장 필요한 사업이었다. 생필품의 생산은 결국 이병철의 사업보국 원칙에 근거한 사업이었다.

왜 제당, 즉 설탕의 생산에 뛰어들었는가? 이병철은 생필품 수입대체산업으로 세 가지 업종을 염두에 두고 있었는데 제지업, 의약품, 제당업 세 가지였다. 이것들은 모두 과거 삼성물산의 주요 수입 품목으로, 이병철은 이 품목에 대한 국내 생산업자들의 상황과 수요, 판매망을 정확히 파악하고 있었다. 즉 그것들은 자신이 가장 잘 아는 품목이었다. 이병철이 무역업의 경험을 바탕으로 장기적으로 수요가 가장 많은 품목을 예측하고 있었다고 보는 것이 옳을 것이다. 이것은 이병철의 시장 합리성에 근거한 전략경영의 예다.

삼성은 일본의 미쓰이 무역으로 하여금 설탕, 페니실린, 종이의 생산 공장 건설에 필요한 마스터 플랜(master plan)을 준비하도록 요청했다. 제당공장 건설에 필요한 미쓰이 무역의 마스터 플랜과 견적이 3개월 뒤에 도착하고, 페니실린 생산을 위한 계획은 6개월 뒤에, 그러고 나서 8개월 만에 제지공장 건설을 위한 계획이 도착했다. 그렇지만 제당공장을 건설하는 방안이 다른 공장 건설보다 우선 선택되었다. 왜냐하면 당시 페니실린과 종이의 생산에 필요한 기술을 습득하는 것이 쉽지 않았고, 종이나 페니실린보다 설탕이 단기간에 생산을 이룩할 수 있는 품목이었기 때문이다. 이병철이 3가지 품목 중에서 생산하기 가장 쉽고 빠른 품목을 택한 것은 기업가로서 당연한 결론이었다. 무리하지 않는 합리적 경영의 결과인 셈이다.

분명히 자본과 기술 축적이 부족한 한국전쟁 직후의 경제 상황에서 공장을 건설하는 것은 쉽지 않았다. 어렵게 설립한 제당공장은 운영 기술의 부족으로 어려움을 겪는다. 이맹희에 따르면, 설탕을 정제하는 어려움을 극복한 뒤에 부딪친 어려움은 정제한 설탕을 담을 수 있는 부대가 국내에 없다는 현실이었다. 설탕을 담을 수 있는 부대를 생산하는 기술마저 수입으로 문제를 해결했지만 그 뒤에도 기술적인 문제는 또 있었다. 그것은 부대들을 어떻게 재봉하느냐 하는 것이었다. 일반적인 천을 재봉하는 기술과는 다른 기술이 필요했기 때문이다. 이렇게 어렵게 만들어진 제일제당의 설탕은 시장을 휩쓸었다. 1957년을 제외하고 제일제당의 국내 시장점유율은 항상 50퍼센트를 넘었다. 이병철이 회고하기를 제일제당을 경영한 뒤 2년 만에 '대자본가'(재벌)라는 칭호로 불리게 되었다고 한다.

삼성은 당시를 이렇게 기술하고 있다.

> 제일제당이 설탕을 생산한 지 6개월 만인 1954년 4월 시설을 확장해야 할 만큼 수요가 급증했다. 그때까지 하루 생산 용량은 25톤이었다. (……) [제일제당의] 자본금은 2천만 환에서 20억 환으로 무려 100배나 늘어났다. 설탕의 생산 능력도 1일 50톤에서 세 차례의 확장 공사를 거쳐 265톤으로 늘어나 사세가 비약적으로 신장되었다.
>
> — 삼성비서실, 1988년

하지만 제일제당이 설립된 이후 건설된 제당공장들 간의 경쟁 때문에 제일제당의 이윤은 급격히 감소했다. 그리고 국제 시장에서 설탕의 원료인 원당의 가격이 흉작 때문에 급격히 상승했다. 국내에서는 설탕 생산의 과잉으로 동양제당이 1958년 1월 문을 닫았고, 그해 3월에는 금성제당이, 5월에는 한국제당이 공장 문을 닫았다. 제일제당의 순이익도 1954년 이래로 계속 감소했다. 이렇게 이윤이 감소하자, 1958년 제일제당은 제분업에 뛰어든다.

제일제당 제분공장.

　　제일제당의 소맥분(밀가루) 생산은 이윤 확보를 위한 고육책으로 생산 품목을 다양화하는 것이었다. 밀가루 생산에 필요한 밀은 미국 원조 프로그램인 'PLO 480'에 의해 수입되었다. 제일제당에 따르면 다른 제분 회사가 과중한 이자 부담 때문에 손해를 본 반면, 제일제당은 자신의 설비를 제당과 밀가루 생산에 공동으로 사용할 수 있어 생산비용을 절감해 이윤을 남길 수 있었다고 한다. 제일제당이 밀가루를 생산한 지 수년 만에 기존 제분업체와의 경쟁에서 승리하고 최고 생산자에 오른 것은 매우 흥미롭다. 생산 공정의 합리화와 최고를 지향하는 이병철 식 경영의 결과였다.

　　제당업 성공에 뒤이어 이병철은 새로운 국민 필수품 사업에 뛰어든다. 1954년에 제일모직의 설립이 그것이다. 이병철은 한국에서 처음으로 소모사(梳毛絲) 생산에 뛰어든 기업가였다. 조선모방이 1937년 일본인 자본에 의해 설립되어 있었으나, 조선모방은 방모사(紡毛絲)를 생산하고 있었기 때문이다. 사실 이병철은 모직 사업에 관심은 있었모사 방적은 생산 과정에 따라 소모사 방적법과 방모사 방적법이 있다. 소모사는 비교적 가늘고 긴 고급 양모를 사용해 이것을 빗질해서 잡물이나 짧은 섬유를 제거한 후, 섬유를 평행으로 간추려 표면이 매끈한 실로 만든 것이다. 이에 반해 방모사 방적은 비교적 짧은 양모나 회수섬유(recovered filber)인 반모 또는 소모 방적 공정에서 생긴 웨이스트(waste, 주로 noil) 등을 원료로 조합해 빗질하는 공정을 거쳐 만든다. 이렇게 만든 방모사 섬유는 평행성이 적고 포합성이 좋으며 잔털도 많아서 푹신한 감을 준다. 소모사는 대체로 고급 제품을 만들 때 사용하고, 방모사는 회수모나 짧은 하급 양모를 사용해 굵고 잔털이 많은 푹신한 실을 만든다. 소모사의 섬유 배열이 평행 상태로 단단하고 강도도 큰 반면, 방모사는 배열도가 나쁘며 부드럽고 강도가 적다. 그리고 소모사의 제조 공정이 비교적 복잡한데 반해, 방모사는 비교적 단순해 생산비가 저렴하다.

으나 한 번도 경험해 본 적이 없었기 때문에 어디서 어떻게 사업을 시작해야 할지 모르고 있었다. 이병철은 일본모방협회의 도움으로 대일본모직의 하야시 고헤이(林 耕平) 기술 담당이사에게 일본 기계가 주가 된 마스터 플랜을 받게 된다. 하지만 제일모직이 외환 사용을 신청했을 당시, 이승만 대통령은 일본 설비와 기술 대신에 독일 설비와 기술을 사용하는 조건으로 외환 사용을 허가한다. 이미 이승만 행정부가 서독의 함부르크에 소재한 스피바우사에 5,000추(錘)의 설비를 주문해 놓았기 때문에, 제일모직은 그 주문해 놓은 공장 설비를 인수할 수밖에 없었다. 실제 소모방 생산은 '복잡한 생산 공정과 품질 관리', 그리고 '막대한 자본과 고도의 기술'을 요하는 산업이었기 때문에 다른 면방이나 모방보다도 위험한 분야였다.

제일모직은 이미 설비 수입이 발주된 상태였기 때문에, 운전 및 생산 기술 습득에 초점을 맞추었다. 이병철은 1955년에 기계를 조립하고 시운전을 감독하는 데 필요한 독일 기술자 5명을 초청한다. 1956년에는 3명의 독일 기술자를, 1957년에는 1명의 독일인 기술자와 2명의 영국 기술자를 초청해 생산 기술을 배우게 된다. 또 제일모직은 1955년 5명의 기술자를 서독(Bernhardt Co., Spinbau Co., S. Lentz Co., Goerler Co.)과 호주, 영국(Bradford Technical College, Leeds University)에 파견해 조립 기술과 운전 기술을 배워 오게 한다. 이병철은 끊임없이 신기술, 그것도 최신 기술을 외국에서 습득해 와서 외국과 국내 기술의 격차를 줄이고 국내에서 기술 우위를 확보해 나갔다. 최신 기술 습득을 위한 투자에 전력을 다한 것이 성공의 비결이라는 것을 알려 주는 대목이다.

보국경영과 인재경영

국내 경제에 대한 기여도를 이야기한다면, 제일모직은 모직물의 밀수를 줄이고 고용의 기회를 창출했으며, 국민들에게 값싼 모직물을 제공했다. 이러한 측면에서 이병철의 제일모직은 한국 경제와 국민 생활 향상에 크게 기여했고 보국경영이라는 경영상의 특징을 보여 준다. 한편 제일모직은 생산 능력, 생산량, 기술, 경영, 품질 그리고 가격에서 다른 모직 회사들에 앞섰다. 생산 능력에서는 국내 전체의

31~35퍼센트, 생산량에서는 40~48퍼센트, 고용에서는 38~66퍼센트를 점유했다. 하지만 무엇보다도 제일모직은 기술 면에서 다른 어떤 회사들보다도 외국 선진기술의 습득을 강조했고, 나은 품질을 가지고 있었다.

이병철은 이후 이런 1950년대의 수입대체산업을 기반으로, 1960년대의 수출 주도 경제로의 전환을 시작했다. 좁은 국내 시장을 극복하고 국가 경제를 키우는 방법으로는 수출만이 살길이며, 수출은 이병철 같은 기업가들이 1950년대에 이룩한 기술 개발과 축적으로 가능했다.

1950년대 후반 이미 17개의 자회사로 구성된 삼성은 1959년 자이바츠(財閥)식의 재벌로 자회사를 조직하기 시작한다. 즉 이병철은 '비서실'(초기에는 회장비서실, 후기에는 그룹비서실로 불린다)이라는 이름의 참모조직을 설립해 모든 자회사를 감독하고 감시하며, 각 자회사의 투자 계획을 수립하게 한다. 즉 이병철은 자회사를 통합·관리하는 비서실을 국내에서 최초로 도입하고, 비서실을 통해 많은 자회사를 효과적으로 총괄한다.

그리고 우수한 인력 확보를 위해서 1957년부터 공채라는 경쟁시험으로 인력을 충원하기 시작한다. 국내에서 본격적으로 공채를 통해 인재를 충원한 것도 이병철이 도입한 것이다. 이병철은 한발 앞서 가는 경영 기법과 한발 앞서 가는 전략 산업의 선점으로 한국 사회에서 항상 앞서 가게 된다.

이병철과 수출산업 — 1960년대

박정희 소장이 이끄는 군사 쿠데타가 1961년 5월 한국을 휩쓸었을 때 이병철은 일본에 있었다. 이병철은 일본에서 귀국하지 않고 시간을 벌면서 혁명군사평의회(국가재건최고회의)와 타협을 모색했다. 1961년 6월 26일 이병철은 박정희와의 첫 만남에서 부정축재자로서 체포되는 대신에 경제발전에 기여하겠다는 타협안을 제시했다. 박정희와의 대화에서 이병철은 부정축재자로 고발된 많은 기업인들이 사실은 훌륭한 사업가들이며, 기존의 세법이 전시비상사태 아래의 세제(稅制)라는 특성 때문에 수익을 초과하는 세금을 징수할 수 있도록 되어 있어

기업이 생존하기 위해서는 탈세를 피할 수 없었다고 박정희 최고회의 부의장을 납득시켰다. 대화가 끝난 뒤, 부정축재자의 괴수로 지목·수배되었던 이병철은 아이러니하게도 한국 기업가들을 대표하는 재계 지도자로 등장하게 되었다.

이후 이병철은 전국경제인연합회(Federation of Korean Industries, FKI)의 전신인 한국경제인협회의 초대회장을 맡게 된다. 1960년 이래로 한국경제인협회 회장으로서 이병철은 외국 상업 차관을 가지고 산업 시설을 건설하는 데 많은 관심을 보였다. 상업 차관을 통한 산업화라는 한국경제인협회의 제안은 이병철의 견해를 일부 반영한 것이다. 이병철은 5·16 군사 쿠데타가 있고 6개월 뒤 1961년 11월에 '민간외자도입교섭단' 2팀을 구성해 미국과 유럽에 파견했다. 대표단은 미국과 유럽, 일본에서 돌아온 후 1962년 1월에 '울산공업단지 조성안'을 제출했고 군사정부는 이 안을 받아들였다. 이후로 울산산업단지는 다른 공업단지들의 모델이 되었다. 이렇듯 울산공업단지의 조성은 이병철이 이끄는 한국경제인협회의 구상에서 그 시초를 찾을 수 있다.

1969년에는 삼성물산이 한국 최고 수출업체로 지명된다. 다른 한편 1960년대 삼성은 투자액 회수 기간이 빠른 국내 시장 지향적 사업, 예를 들면 백화점(신세계, 1963년), 부동산개발회사(중앙개발, 1963년), 생명보험사(동방생명, 1963년), 펄프·제지산업(전주제지, 1965년)을 지속적으로 설립했다.

이병철은 종합무역상사(General Trading Companies, GTCs) 제도 도입에 주도적 역할을 한다. 일본 무역회사들의 성공에 고무된 이병

민간 경제인들로 구성된 경제인 단체로, 줄여서 전경련(全經聯)이라고도 한다. 전경련은 경제인과 경제 각 부문의 연결을 도모하고 산업·경제 전반에 걸친 의견을 종합하고 구현하기 위해 노력하며, 아울러 주요 산업의 개발과 국제경제 교류를 촉진함으로써 건전한 국민경제의 향상·발전에 이바지하는 데 목적이 있다. 특별법에 의해 설립된 단체가 아니므로 가입·탈퇴에 강제성은 없으나, 일반 경제 단체와 대기업에 한해 가입할 자격이 있다.

1961년 1월 경제계의 대동단결과 경제건설에 이바지하려고 한국경제인협의회로 발족해 회장에 김연수(金秊洙), 부회장에 전택보(全澤珤)·이한원(李漢垣)이 선출되었다. 같은 해 7월에는 재계 유지 13명이 모여 경제재건촉진회(經濟再建促進會) 창립총회를 열고, 회장으로 이정림(李庭林)을 선출했다. 첫 사업으로 시멘트·제철·비료·합성수지·통신케이블·나일론공업 등 10대 기간산업건설 계획안을 세워 당시의 국가재건최고회의(國家再建最高會議)에 제안했다. 그리고 같은 해 8월 16일에 이름을 한국경제인협회로 바꾸었다. 1968년 3월 28일에는 20여 경제단체를 비롯한 주요 민간기업체 및 금융기관·국책회사 등을 망라하여 전국 규모로 회원을 확충하고, 현재의 이름으로 바꾸었다. 현재는 국내 최대의 경제 단체로 성장했고, 국제협력재단·전경련국제경영원·(주)FKI미디어 등 3개의 부설기관과 연구기관인 한국경제연구원으로 조직되어 있다.

철은 박정희 행정부가 1975년 4월 30일 '종합무역상사 지정지침'을 발표하기 이전에 종합무역 상사체제 도입을 모색했다. 이병철은 이미 1970년 7월 정부에 '종합무역상사로의 육성을 위한 대책 및 건의'를 제출했다. 이 건의안은 일본의 대표적인 종합상사인 미쓰이물산의 구조와 활동을 소개하면서 한국에서도 무역업의 재편이 필요하다는 내용을 담고 있었다. 1971년 1월에는 '종합무역상사의 육성에 관한 건의'를 제출해 종합무역상사를 양성하는 목적과 방법을 설명했고, 후에 상공부는 이 '종합무역상사 육성에 관한 건의'의 상당 부분을 받아들

초창기 울산산업단지 모습.

였다.

이병철은 1975년 5월 19일 종합무역상사로 맨 처음 등록하면서 타 회사를 앞서 나갔다. 종합무역상사로 등록한 삼성은 이미 안정된 수출 생산품과 물량을 확보하고 있었기 때문에 수출 품목을 합리화(rationalize)할 수 있었다. 또한 국제 시장 개척과 정보, 그리고 재정적 능력을 구축할 수 있었다. 이러한 경험은 거의 대부분 이병철이 처음 사업에 발을 들여 놓은 삼성무역상사에서 시작된 것으로, 국제 시장 정보에 기초한 시장 개척 전략으로 국제경쟁력을 가지는 것이었다. 이병철의 삼성물산은 수출을 확대하기 위해 중남미 지역으로 수출 시장을 다변화했고, 경공업 품목에서 중공업 품목과 플랜트로 주요 수출 품목을 전환했다. 1977년 삼성 그룹은 6억 2,000만 달러를 수출했고 이것은 한국의 총수출의 6퍼센트에 달하는 액수였다. 1994년 이병철의 삼성은 104억 달러를 수출해 한국 총수출의 12.1퍼센트를 점했다.

중화학공업 투자의 실패 — 1970년대

1972년 후반, 이병철은 정부의 권유에 따라 중공업의 비중을 높이기로 결정했다. 박정희 정부가 중화학공업 부문의 투자를 유도하고 다른 한편으로는 압박을 해왔음에도 불구하고, 이병철은 여전히 이 부문의 투자를 꺼리고 있었다. 무엇보다도 이병철 자신은 단지 정부의 인센티브만을 따르면서 중화학공업 부문에 투자할 시기가 아니라고 생각했다. 대신 수입대체산업으로 안정적인 이윤을 확보하는 것이 그의 경영 스타일이었다.

1974년부터 삼성은 제4차 5개년 경제개발계획이 강조한 중화학 공업, 즉 석유화학(삼성석유화학, 1974년), 중장비(삼성중공업, 1974년), 정밀기계(삼성정밀, 1977년), 건설(삼성건설, 1977년), 조선(삼성조선, 1977년)에 투자하기 시작했다.

1970년대 초 삼성은 전자산업의 확대에 치중했고, 1970년대 중반에 들어서는 석유화학과 중장비, 정밀기계, 건설 그리고 조선 같은 '중화학공업' 분야에 진입했다. 사실 1970년대 삼성이 투자한 중화학 공업은 거의 모두 실패했다. 이로 인해 삼성은 한국 재계에서 정상의 위치를 유지하기 위해 자신의 산업 구조를 변화시켜야 하는 어려운 처지에 놓이게 되었다.

1983년 전자제품의 수출 한계와 중공업 부문의 투자 한계를 절 감한 73세의 이병철은 반도체 산업에 집중 투자하기로 결정한다. 여기서 삼성은 '반도체'라는 새로운 산업에 모험을 건 것이다.

전자산업 진출과 반도체 산업에 모든 것을 걸다 — 1980년대

1960년대 후반 이병철은 제당업과 모직업 분야로는 새로운 시대에 맞는 사업 전환이 불가능하다는 것을 절감하고, 계속 새로운 사업 영역에의 투자 대상을 모색한다. 당시 그는 도쿄에 체류하면서 일본의 성공적인 산업 발전을 세심히 관찰하여 한국에 필요한, 세계시장에서 성공할 수 있는 산업 분야를 찾아 왔다. 일본의 가까운 지인들을 통해 일본이 막 투자를 시작하고 있는 전자 산업이 갖는 중요성을 잘 알고 있던 이병철은 전자 산업에 진입할 것을 결정한다. 수입 대체와 수출이 가능하다는 견지에서 전자제품 생산은 유망한 산업이었다.

삼성의 전자 산업에의 진출은 국내 전자 제조업체들의 조직인 한국전자공업협회와 경제기획원, 상공부에게서 강한 반발을 받았다. 한국전자공업협회는 삼성이 재정적 능력뿐 아니라 규모의 이점을 가지고 있기 때문에 회원들의 국내 시장 점유율이 줄어드는 것을 우려했지만, 이병철은 전자 산업의 시장이 무한하다는 것과 경쟁을 통해 외국 시장을 개척할 것을 약속하면서 설득했다. 그리고 1969년 1월 삼성전자가 설립되었다.

반도체 산업에서 이병철이 성공한 사례는 한국 경제 발전에 있어 대담한 기업가 정신과 기업 이니셔티브(initiative)의 좋은 예라 할 수 있다. 일본과 미국 첨단기술회사들이 이미 반도체 산업에서 우위를 차지하고 있었기 때문에 삼성이 반도체를 생산할 것이라고 이병철이 발표했을 당시, 대다수 사람들은 회의적이었다. 우선 반도체 산업은 대규모 투자가 필요하고 짧은 제품 주기로 인해 위험부담이 컸기 때문이다. 하지만 초창기 투자가 있고 10년 후 삼성반도체통신 주식회사는 세계에서 일곱 번째로 큰 반도체 제조사가 되었으며, 메모리 반도체 부문에서는 세계에서 가장 큰 제조회사가 되었다. 이석채에 따르면, 삼성반도체통신은 '정부의 기업 활동 규제 철폐' 움직임 이후

삼성 나노 D램.

세계적 수준의 회사로 성장했다. 반도체 부문에 대한 삼성의 대규모 투자는 기업 성장을 위해 하이테크 산업이 가지는 잠재성을 확신한 이병철 개인의 믿음을 반영한 것이었다. 이병철은 이렇게 주장했다.

천연자원을 거의 가지고 있지 않은 한국이 경제 성장을 지속할 수 있는 유일한 길은 기술 집약 산업을 육성하는 것이다. 철강 1톤의 부가가치는 20만 원이며 자동차 1톤은 500만 원이고 컴퓨터 1톤은 3억 원이며 반도체 1톤은 13억 원이다. 이제 전 세계는 반도체 전쟁에 돌입해 있다. 반도체 산업을 장악하는 사람이 세계를 지배한다. 한국과 삼성의 미래는 하이테크 산업에 달려 있다.

— 김석기, 1987년

이병철은 고부가가치 산업, 하이테크 산업과 자원절약 산업으로 이룩한 일본의 성공적인 전환에 깊은 인상을 받았다. 그리고 1987년 세계 반도체 시장은 420억 달러의 대규모 시장으로 예상되었다. 반도체 산업의 발전은 삼성이 1980년대 전략 산업으로 추구한 전자 산업의 성공에 중요한 역할을 했다. 1984년 삼성은 국내에서 자금을 동원하기가 용이하지 않자, 256K 반도체 칩 생산시설을 마련하기 위해 국제금융시장에서 1억 4,000만 달러의 차관을 끌어들였다. 1억 달러는 홍콩에 있는 10개 은행들에서, 4,000만 달러는 도쿄은행이 이끄는 일본은행단에서 빌렸다. 이 금액은 건설 이외의 목적을 위해 한국 기업이 외국에서 빌린 가장 큰 액수였다. 삼성은 동방생명(후일 삼성생명)이라는 자체 내의 금융기관을 통해 자금을 조달할 뿐만 아니라 해외신용도 동원하게 됨으로써 자금 조달 부문에서 정부에게서 상당한 자율성을 확보하게 된다.

반도체에서의 재정적인 어려움은 이병철이 동원한 삼성그룹 전체의 경영지원으로 해결되었다. 반도체 산업의 위험부담을 의식한 이병철은 DRAMs의 대량생산이라는 일본식 성공의 예를 따르도록 결정했다. 삼성은 1981년 64K DRAM과 1985년 256K DRAM의 대량생산에 성공했다. 이병철이 강조한 기술 발전은 삼성반도체통신이 한국최초로 64K DRAM 칩 제조와 곧이어 256K DRAM 칩을, 그리고 1MB 칩을 생산할 수 있는 회사로 성장하는 데 기여한 것에서 엿볼 수 있다. 1984년 일본 반도체 제조업자가 주도한 기억 회로(memory circuits), 특히 256K DRAM의 가격이 하락했기 때문에 삼성은 커다란 타격을 입었다. 그 직후 삼성반도체통신은 마이크로 테크놀로지스(Micron

Technologies Inc., Idaho 소재)의 도움으로 초대규모집적회로(VLSI)를 생산하여 시장에 출시했다. 반도체의 세계 시장가격 역시 곤두박질쳤다. 삼성반도체통신은 반도체 생산 초기부터 가격경쟁에 내몰리게 된 것이다. 시장에서의 손실과 불확실성에도 불구하고, 삼성은 제품 디자인을 따라잡고자 애썼으며 제조과정을 향상시키고자 했다. 1988년 반도체 산업에 총 8억 달러의 투자는 홉데이(Hobday)에 의하면 이병철의 큰 투자 도박이었다.

흔히들 한국의 반도체 산업이 성공한 요인을 다음과 같이 지적한다. 첫째, 초창기의 상당한 손실에도 불구하고 대량생산을 위한 연구와 개발·설비에의 대담한 투자. 둘째, 제조업자들의 메모리 장치와 같은 몇몇 전략적 품목의 선택과 집중. 셋째, 동일 재벌 그룹 내에서 금융을 포함하는 다른 그룹 계열사들의 지원. 넷째, 한국 기업이 가지고 있는 양질의 인적자원. 삼성그룹 내의 다른 회사를 통해 초창기 손실을 완화시키면서 내린 대담한 투자 결정은 삼성 반도체 산업의 성공에 있어 결정적이었다. 삼성반도체통신의 초창기 손실은 계열회사에서 부담하면서 버티자, 미국이 공정무역 관행에 대해 일본에 압력을 행사하던 1986년 세계시장에서 칩의 가격이 상승했다. 이병철이 이끈 삼성의 반도체 산업 성공은 기업전략(corporate strategy)의 성공에 달려 있었다고 보는 것이 옳다. 기업전략이란 과거 일본이 행했던 것처럼 '미국 회사에서 기술을 사들이고 해외의 확실한 수요자 없이도 수출을 위한 생산' 전략이었다.

이병철은 1987년 하이테크 기술의 수요를 충족시킬 수 있는 고

1970년대 말 미국 실리콘밸리 업체들이 불황을 겪으면서 생산 설비 투자를 줄였을 때 일본 기업들은 부족분을 하청으로 대신 메우며 크기 시작했다. 1970년대 들어 세계 전자산업계를 주름잡으며 달러를 벌어들인 일본 전자업계는 이를 반도체 등에 쏟아 부었으나, 이때까지는 미국의 실리콘밸리 업체들의 자금 압박을 완화시켜 주었기 때문에 큰 문제가 되지 않았다. 일본 기업은 제조 비용을 줄이기 위해 품질을 향상시키고, 미국의 생산 관리 전문가를 초빙해 생산 라인을 최적화하는 등 많은 노력을 기울였다. 그 결과, 일본 메모리 반도체업체들은 1980년대 들어 미국 시장을 잠식하기 시작해 256K D램의 가격은 폭락했고, 미국의 반도체업체는 매출이 하락하는 등 위기에 빠졌다.

미반도체산업협회(SIA)의 회장이자 집적회로(IC) 개발자인 로버트 노이스는 1985년 6월 14일 미무역대표부(USTR)에 1974년 만들어진 통상법(Trade Act) 301조 위반혐의로 청원서를 제출했다. 청원서에는 일본 시장 진입 장벽, 외산 반도체 차별, 일본 정부의 반개방적 보조금 지원, 일본 정부의 반도체 투자 및 생산 설비 지원 확대 등으로 당시 세계의 시장점유율을 자랑하는 미국 반도체가 일본에서는 점유율이 낮다고 주장한 것이다. 게다가 10일 후인 6월 24일에는 아이다호 소재의 마이크론테크놀로지가 일본의 64kD램 제조업체인 일본의 회사 네 곳을 반덤핑 혐의로 제소해 통상 분쟁이 시작됐다. 게다가 같은 해 9월 30일에는 인텔, AMD, 내셔널세미컨덕터 등에서 일본산 메모리인 EP롬에 대한 반덤핑 제소상을 제출해 미국 정부와 ITC는 덤핑 조사를 시작했다.

일본 내 반도체 시장이 열리지 않자 미국은 무서운 관세 보복을 통해 일본을 압박했다. 결국 일본은 1986년 3번의 협정 끝에 5년씩의 기한을 두고 미국 정부에 자국 내 미국 반도체 시장점유율 20퍼센트를 허용한다고 합의했다. 한국과 대만의 반도체업계는 미국과 일본의 이러한 분쟁 와중에 성장하게 된다.

급 인력을 만들어 내기 위해 1억 5,000달러를 들여, 삼성종합기술연구원(Samsung Advanced Institute of Technology)을 만든다. 이것은 자신의 반도체 산업의 모든 기술 기반이 위치한 '모방(imitation)'의 단계를 탈출하고, '혁신(innovation)'의 단계로 도약하고자 하는 야심찬 시도였다. 즉, 삼성이 최첨단 산업인 반도체 산업에서 모방에 머물러서는 미래를 기약할 수 없었기 때문에 10~20년 앞을 내다보고 기술 혁신에 모든 것을 걸었던 것이다. 그러한 기술 혁신을 위해 미국에서 반도체 연구에 몰두하고 있던 진대제 박사를 한국으로 초빙해 기술 개발을 진두지휘하게 하는 선견지명을 보인다. 이러한 기술 개발에 기초해 삼성의 반도체 산업은 성공을 기약할 수 있었다.

1980년대와 1990년대 초를 통해 삼성전자는 삼성그룹 내에서 줄곧 매출과 이윤에서 선두를 유지했을 뿐만 아니라 반도체는 한국의 가장 중요 수출품으로 자리잡게 되었다. 1987년 삼성전자의 총매출액은 3억 달러에 달했고 삼성 그룹 총수익의 14퍼센트를 차지했을 뿐만 아니라, 반도체는 84억 달러에 달하는 한국의 가장 큰 단일수출품이 되었다.

이병철 성공의 비결

시대의 흐름을 읽다

한국의 재벌은 부동산 투기나 정부의 특혜 같은 부정한 방법으로 돈을 벌어 부를 축적했다는 것이 일반적 인식이다. 따라서 재벌은 정경유착 비리의 근원이며 재벌의 힘은 정경유착을 가능하게 하는 돈에 있다고 비난을 받아 왔다. 그래서 재벌은 사회적으로 비난의 대상이 되어 왔다. 젊은이들도 삼성이나 LG 같은 대기업은 좋아하지만, 재벌은 싫어하는 의식을 보인다.

공제욱(상지대학교 교수)은 1950년대 대기업가가 되어가는 요인과 패턴을 분석했다. 그는 대기업가가 되는 요인을 6가지로 이야기하는데, 부모 재산의 영향, 귀속 기업체 및 국유 기업의 불하, 불하된 귀속 기업체의 인수, 원조 자금 및 정부 달러의 배정, 은행 융자, 정권과의 밀착 정도를 꼽고 있다. 지난 30년간 유명한 대자본가이자 기업가인 이병철·구인회·정주영은 이러한 범주에 거의 포함되는 것처럼 보인다. 그럼에도 위 6가지 요인에는 기업가 정신(entrepreneurship), 또는 사업 통찰력(business acumen)과 같은 요인은 포함되어 있지 않은 문제점이 있다. 또한 1950~1970년대까지 '정권과 밀착'하여 대기업을 키운 경우 오늘날 남아 있는 기업은 그다지 많지 않다. 부자 3대를 못 간다고 했다.

재벌과 정권의 밀착된 관계를 이해하기 위해서는 우리나라 같은 가난한 저개발국에서 기업을 세우고 운영할 충분한 돈을 가진 자본가들이 거의 없었다는 점을 고려해야 한다. 정부가 기업가를 지원하는 정책을 입안하거나 기업가들이 자신들의 역할을 충분히 수행할 수 있는 터전을 마련하는 정책을 채택할 수밖에 없었다는 점을 인식해야 한다. 일제가 철수하고 거의 아무것도 남지 않은 경제 사정에서 정부가 기업가를 도와 경제 부흥을 이루는 정책을 취할 수밖에 없는 것이고, 잘할 수 있는 기업가를 찾는 일은 그렇게 쉽지 않았다. 다시 말하면 일제 식민지 기간(1910~1945) 동안에는 한국인 기업가들이 클 수 없었고, 이 때문에 해방 이후 미군정과 이승만 행정부는 일본인 소유 공장의 운영에 필요한 자질을 갖춘 경험 있고 적당한 한국인 경영인을 찾는 것은 쉬운 일이 아니었다. 그리고 미군정과 이승만 행정부가 시장경제에 대한 확고한 신념을 가지고 있었기 때문에 정부는 기업가의 역할을 대신하는 것이 아니라 기업가들을 육성하는 것이 부득이했다. 자본시장이 아직 성숙되어 있지 않은 상태였으며, 일제에 부역한 이들을 제외하고는 귀속 자산을 시장 가격으로 매입할 수 있는 사람이 그다지 많지 않았기 때문에 귀속 기업체와 국유 기업은 1950년대 시장가격 이하로 매각되었다. 또한 정부에게서 불하받은 산업 시설을 복구하고 공장의 운영을 위해 운영 자금을 우선적으로 대부해 주었다. 해방 이후 일본 기계류와 원자재 공급이 중단되었기 때문에, 장비의 수입과 부족한 원자재를 메우고자 불하받은 기업인들에게 외환을 배당하는 것은 당연했다. 마지막으로 일본의 한국 경제 침투라는 역사적 경험 때문에 이승만 정부는 국내 생산품과 경쟁이 될 수 있는 물품의 수입을 제한해 맹아적으로 한국 산업을 보호해야 했다. 당시의 독특한 기업가 지원책은 그때 경제 상황의 산물이다.

그리고 귀속 재산으로 이병철이 부자가 되었다는 주장은 사실과 다르다. 예를 들어 이병철은 1939년 조선양조라는 일본인 소유의 양조장을 인수했지만, 이 양조장은 미군정과 이승만 행정부가 매각한 '귀속 재산'이 아니며 다른 귀속 기업체와 이 양조장의 가치를 비교해 볼 때 조그만 가게에 불과했다. 귀속 재산으로 국가가 운영하고 있었던 흥업은행을 1957년 이병철이 인수해 삼성의 자금원으로써 사용했지만, 1961년 5·16 군사쿠데타 이후 박정희 군부정권에 넘겨졌기 때문에 삼성이 대기업으로 성장하는 데 미친 영향은 그다지 크지 않다.

미래에 투자하다

이병철의 사업 성공에 가장 중요한 요인 중의 하나는 시장수요에 부응해 성장 산업으로 시의적절하게 다각화한 것을 들 수 있다. 새로운 분야로의 투자와 더불어 국내 시장 선점 전략이 주효했다. 즉 국내외 시장 규모가 크게 변화하는 것을 예측하고 사업을 다양화했다. 한국 사회는 한국전쟁 이후 산업화와 도시화, 개인소득 증가로 국내 시장이 급속히 확대되어 왔다. 구체적으로 1962년 2,600만 명이던 남한의 인구는 1992년 4,300만 명으로 증가했고, 1960년대 380만 명, 1970년대 560만 명의 농업 인구가 각각 감소했다. 수출 주도 산업화 정책과 중화학 공업화, 그리고 국제 시장의 변화로 사업 확대의 기회는 증가되었다. 이러한 국내 시장과 수출 시장의 급속한 확대로 기업에게 좀 더 많은 사업 영역이 열렸고 다각적 확장이 가능했다. 제조업 관련 회사들이 생산물품의 종류와 생산의 양을 증가시켜 대량소비사회 출현에 기여한 측면도 있다.

이병철은 인력 자원 문제에 관해 특별한 관심을 기울였다. 기업은 사람에 의해 운영되는 것이고 기업의 미래는 인재에 달려 있다는 생각 때문이었다. 삼성은 '인재제일'이라는 기치 아래 인재의 선발과 육성, 그리고 관리에 힘써 타 대기업을 앞서 나가는 발판이 되게 했다. 과거에는 정부기관, 한국은행, 사법부 등이 재능 있는 대졸자들에게 인기가 높았지만, 현재 삼성은 대졸자들이 가장 선호하는 기업이 되었다. 이 모든 것은 이병철이라는 삼성의 창업자에 의하여 기초가 세워졌고, 이어져 내려오는 전통이다.

완벽을 추구하다

이렇게 볼 때 초창기 삼성의 성공은 이병철이라는 기업가의 결단과 사업 능력에 기여한 것이다. 이병철의 사업 경영 능력은 당시에도 유명했다. 구영수 전 상공부장관(1958~1960)은 다음과 같이 증언했다.

> 모직 공장에는 일만모직(日滿毛織) 산하에 밀양모직(密陽毛織)이 있었다. 주로 일군(日軍)에 모포를 제조 납품한 군수 공장의 역할을 하고 있었던 공장으로 가동을 못하고 있었다. 6·25동란 후에 기계 시설을 일부 교체하여 경관 및 학생 복지를 제조하고 있었으나 경영진의 의견 대립으로 전혀 능률을 올리지 못했다. 그에 대하여 대구의 제일모직은 독일 기술에 의하여 약 5,000추 가량은 UNKRA 도입 영국 기계에 의존하고, 나머지는 자력으로 같은 영국 기계를 발주하여 비교적 단시일 내에 효과적으로 공장 건설과 기계 설립을 준공했다. (제일모직의 - 인용자주) 경영 면도 착실하고 양질의 모직물을 생산하여 국내 수요에 응했을 뿐 아니라 해외 시장에 진출하기에 이르렀다. 해방 후 모직 공장으로써 첫 페이지를 장식한 대표적 공장이라 하겠다. 수입 모직물을 제압하고 해외 수출에 선구적 역할을 한 점은 특기해야 할 것이다.
>
> — 구영수, 1981년.

이병철의 경영 스타일은 '강력한 추진력뿐만 아니라 완벽한 계획'으로 알려져 있다. 제당·모직·전자·반도체산업에의 신규 투자는 성공적이었던 반면에, 정부가 과도하게 유지하면서 투자하게 된 비

료·조선업·중공업은 실패했다.

이병철은 시장 환경 수요의 변화에 따라 자신의 주력 사업을 변화시켰다. 무역업에서 생필품 국내 생산으로, 수출에서 중화학과 전자로, 그리고 반도체로의 삼성의 주력 사업 전환은 대담한 기업가 정신에 기초한다. 앞서 언급한 것처럼 삼성은 1959년 회장의 전체 그룹에 대한 통제를 도우려는 목적으로 비서실을 조직한다. 이후 한국 대부분의 재벌들이 회장과 소유주 가족의 그룹에 대한 경영 통제를 위한 조직으로써 비서실을 운영했다. 비서실은 자회사들을 감독하고 그룹 운영에 전반적인 구상을 제공하며, 회장에게 제공되는 정보를 중계해 왔다. 삼성의 비서실은 그룹 회사들 간의 자본 유동을 감독하고, 신규 채용을 관리하며, 개별 회사 통제, 그리고 그룹들 간의 합병 이행, 신규 투자 조정과 계획, 정보 획득, 로비 활동 등을 수행하는 등 그 활동 범위가 광범위하다. "만일 비서실이 나태해진다면 모든 삼성 회사들이 빈둥거리게 된다", 그리고 "우리는 지팡이처럼 비서실을 따르고 회사를 관리해야 한다"고 강조한 이병철은 비서실을 통해 계열사들을 감시하고 신규 투자 계획을 추진했다.

이병철은 이렇게 비서실 강화를 통해 자신의 의도 아래 자회사를 관리·감독하려는 의도를 구체화해 나가고 있었다. 이것은 지금의 거대 기업 '삼성'을 유지·발전시킨 발판이 되었다고 할 수 있다.

김연수와 토착 자본가들

민족자본으로 다국적 기업을 세우다

김연수 집안의 재산 형성 과정은 한국 근대 경제사의 척도라고 할 수 있다. 개항 이후 식민지기에 걸친 시기 동안 미곡 무역, 지주 경영, 산업자본으로의 전환, 해외 진출 등 각 국면마다 시대의 움직임을 잘 파악하고 이를 잘 이용했다고 할 수 있다. 물론 성공의 배경에는 권력 및 금융권과 긴밀한 관계를 유지해 온 것도 간과할 수 없는데, 이것 역시 한국 자본주의의 전형적인 모습이었다. 그리하여 이들은 한국을 대표하는 산업자본, 지주자본으로 성장을 하게 된다.

김제정 : : 서울시립대학교 서울학연구소 연구교수

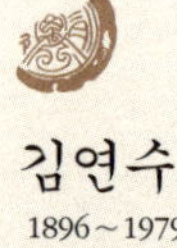

김연수
1896~1979

1896년 10월 1일 전라도 고부군 부안면 인촌리에서 김경중의 둘째 아들로 태어난 수당 김연수는 집안의 막대한 부를 바탕으로 새로운 사업을 모색해 나간다. 가난한 선비였던 조부 김요협이 고부 지방의 대지주인 정계량의 사위가 되면서 얼마간의 재산을 물려받는데, 그 뒤 상당한 재산을 모아 두 아들에게 유산을 물려준다. 두 아들 가운데 한 명이 김연수의 아버지 김경중이었다. 김경중은 "지주제를 발전시켜 나가면서도 서구문명을 수용해 근대화를 꾀하고 국권을 만회하려는 애국계몽적"이었다고 전해진다. 이들이 본격적인 부를 쌓게 된 것은 쌀을 일본으로 수출하고 면직물을 대표로 하는 공산품을 수입하는 소위 '미면교환체제' 무역이 성립되면서부터다.

그 뒤 김성수와 김연수 형제라는 새로운 세대가 등장한다. 이들은 경제적 발전에 대한 근대적. 민족주의적 사상을 갖고 있었고, 또 그 사상을 실행에 옮길 수 있는 재산과 역량을 구비하고 있었다. 재산은 선대에서 형성한 막대한 유산이었고, 역량은 주로 일본 유학 경험을 통해 습득한 것이었다. 이들 주변에는 문명개화론자, 애국계몽 운동세력, 대상인과 지주층, 그리고 일본 유학의 경험이 있는 청년 지식인 등 다양한 세력이 모여들었으며, 이들은 민족주의 이데올로기를 갖고 자본주의 근대화를 추구하는 세력의 핵으로 부상했다. 이중 기업가로 활동한 사람은 김연수였고, 훗날 부통령을 지낸 형 김성수는 초기에는 경성방직 설립을 주도했으나 1920년대 중반 이후에는 기업 경영을 김연수에게 맡기고 자신은 주로 언론.교육.정치 분야에서 활동했다. 이후 이들은 서로 보완적인 관계가 되었다.

3대 만에 만석군 반열에 오르다

김연수는 한국 근대사에서 박흥식과 함께 손꼽히는 가장 대표적인 자본가다. 박흥식이 화신 백화점으로 대표되는 상업자본가였다면, 김연수는 경성방직과 삼양사를 경영하는 산업자본가이자 대지주였다. 그럼 1945년 해방 당시 김연수의 재산은 얼마나 되었을까? 김연수의 변호인은 반민족행위특별조사위원회(반민특위)에 김연수의 총재산이 부동산 153만 7,949평과 유가증권 6,691주(20만 원)라고 제출했고, 김연수는 자신의 재산을 3,000만 원 정도라고 말했다. 그러나 이것은 그야말로 김연수 개인의 재산일 뿐 집안사람들의 재산과 그가 운영하는 회사를 포함한 전체적인 부라고 보기는 어렵다. 정확한 규모를 파악하기는 어려우나, 1949년 농지개혁법이 시행되었을 때 농장 경영회사이던 삼양사에서 정부에 넘긴 토지 규모를 보면 대강의 토지 소유 규모를 알 수 있다. 장성 농장을 비롯해 줄포 농장, 고창 농장, 영광 농장, 법성 농장 그리고 손불 농장까지 합쳐 총수확 15만 석에 해당하는 땅이었다고 한다. 만주에서 경영하던 대농장들이 해방 이후 관리 대상에서 제외된 것을 생각한다면 엄청난 규모라고 할 수 있다.

김연수의 이 정도 규모의 부는 어떻게 형성된 것일까? 그것은 김연수가 자수성가로 이룬 재산은 아니고, 선대가 물려준 재산을 기초로 만들어진 것이다. 그가 상속받은 재산은 2만 석이 넘는 토지와 50만 원 정도의 현금이었다. 이러한 김씨가의 재산이 조상 대대로 내려온 것은 아니었다. 이들의 부는 19세기 말에서 20세기 초를 거치면서 조선 중기의 학자·문신으로 본관은 울산(蔚山), 자는 후지(厚之), 호는 하서(河西) 또는 담재(湛齋)다. 전라남도 장성 출신이고, 아버지는 참봉 영(齡)이며, 어머니는 옥천 조씨(玉川趙氏)다. 열 살 때 김안국(金安國)에게서 《소학》을 배웠고, 1531년에 사마시에 합격, 성균관에 입학해 이황(李滉) 등과 교우가 두터웠다. 1540년에 별시문과에 병과로 급제해 권지승문원부정자(權知承文院副正字)에 등용되었으며, 이듬해부터 홍문과 박사, 세자시강원설서 등 주요 관직에 제수되었으나, 을사사화가 일어나자 병을 이유로 고향 장성에 돌아가 1554년까지 사직해 정계에 나아가지 않았다.

시문에 능해 10여 권의 시문집을 남겼고, 성리학 이론에 있어서는 유학사에서 중요한 위치를 차지한다. 김인후는 당시 이항(李恒)과 기대승(奇大升) 사이에 논란되었던 태극음양설에 대해 이항의 태극음양일물설(太極陰陽一物說)을 반대한 기대승에 동조해, 인심과 도심은 다 그 동처(動處)를 두고 이른 말이라고 주장함으로써 후일 기대승의 주정설(主情說) 형성에 깊은 영향을 미쳤다고 할 수 있다.

형성된 것이다. 먼저 김연수의 집안의 재산 형성 과정부터 살펴보자.

울산 김씨인 김연수 집안의 본래 근거지는 전라남도 장성이었다. 16세기 호남의 대표적인 성리학자인 하서 김인후(金麟厚, 1510~1560)를 배출한 명문가였으나, 경제적으로 부유하지는 못했다. 조부 김요협은 가난한 선비 집안의 막내로 고부 지방의 대지주 정계량의 딸과 결혼했다. 정계량은 가난한 선비인 사위에게 얼마간의 재산을 주어 장성을 떠나 고부군 부안면 인촌리로 이주하게 해 살게 했다. 어느 정도 규모였는지는 알 수 없으나, 김요협이 받은 재산은 '약간의 전답'으로 그 정도면 평범한 중소지주에 불과했다. 그러나 1909년, 그가 죽었을 때는 상당한 유산을 두 아들에게 물려주게 되었다. 김요협에게는 두 아들이 있었는데 큰아들은 김성수의 양부인 김기중이었고, 둘째는 김성수·연수 형제의 친아버지인 김경중이었다. 김기중은 천석을 산출하는 땅을 받았고, 김경중은 200석을 추수할 수 있는 땅을 받았다. 이른바 천석꾼이 된 것이다.

사학자 김용섭의 지주 분류에 의하면, 큰아버지 김기중과 아버지 김경중은 "지주제를 발전시켜 나가되, 일정한 범위 내에서 서구문명을 수용함으로써 자강(自强)과 근대화를 기하고, 반식민지화 상태로부터 국권을 만회하려는 이른바 애국계몽적인 입장에 서는 사람"이었다. 지역의 애국계몽 운동단체인 호남학회에 참여하면서 김경중은 《호남학보》의 발간에 관여했고, 김기중은 줄포에 영신학교를 설립해 교육 운동에 나섰다. 또한 그들은 식민지기인 1921년부터 1936년까지 '민족정신 함양'을 목적으로 순 한문으로 된 《조선역사》를 편찬해 각 향교와 사립학교, 기타 유지에게 무상 기증하기도 했다.

그런 김기중과 김경중이었지만 이들은 이재에도 밝았다. 1910년대를 거치면서 상속받은 유산을 몇 배로 불렸다. 1918년 기록에 의하면, 김기중 쪽의 땅이 약 750정보로 지대가 약 7,200석이었고, 김경중 소유의 땅에 대한 실질적 기록은 없으나 1,300정보였다고 전해진다. 그렇게 이 두 형제에 이르러 김씨 일가는 우리나라에서 제일가는 부자 중의 하나가 되었다.

그러면 이 집안은 어떻게 해서 이렇게 막대한 부를 축적할 수 있었을까? 김씨 집안에서는 김요협의 부인 정씨의 검소함과 철저한 가계 유지 덕분에 초창기 어렵던 시절을 견디고 재산을 모으기 시작했다고 한다. 정씨 부인은 아버지 정계량이 증여한 땅을 밑천으로 가산

을 철저히 경영해 재산을 늘리는 데 크게 기여한 것으로 보인다. 그러
나 근검절약만으로는 엄청난 부의 축적을 설명하기에 부족함이 있다.

부를 축적하는 데 일등공신은 단연 무역이었다. 다른 많은 지주
들과 마찬가지로 개항 이후 40년간의 세월은 행운의 시절이었다. 개
항 이후 쌀이 핵심 수출 품목으로 부각되어, 일본으로 쌀을 수출하고
면직물을 대표로 하는 공산품을 수입하는 소위 '미면(米綿) 교환체제'
가 성립되었다. 원료 및 식량을 공급하고 본국 공산품의 시장이 되는
전형적인 식민지 무역구조였다. 이에 따라 전체 수이출액(輸移出額)에
서 쌀이 차지하는 비중도 증가했다. 1910년에 이미 32퍼센트였고,
1919년이 되면서 50퍼센트로 증가했다. 토지생산성을 늘리기 위한 다
양한 조치가 취해져 생산량은 증가했으나 이출량은 그것보다 훨씬 빠
른 속도로 증가했다. 이러한 '기아 수출(飢餓輸出)'로 국내에 식량이 부
족해지자 중국이나 만주에서 잡곡, 특히 좁쌀을 수입해 충당했고 안
남미도 수입했다. 그러나 지주들과 무역업자들은 막대한 부를 축적할
수 있었다. 지주 경영은 1910년대의 쌀값 급등으로 인한 수익률의 상
승, 상품화의 진전, 높은 소작료 등을 기반으로 확대되었다.

또한 지주층은 식민 정책의 차원에서도 보호를 받았다. 이들은
식민 지배의 동맹자로서, 그리고 민족 분열 정책의 한 고리로서 적어
도 1930년대 초까지 조세 및 금융제도 면에서 확실하게 지위를 보장
받을 수 있었다. 먼저 조세 부문을 보면, 지세율이 1.3퍼센트로 일본
의 3퍼센트에 비해 훨씬 낮았다. 당시 일본의 지주층이 보호·육성 대
상이 아니라 자국 산업화의 재원 마련을 위한 집중적인 수탈 대상이

20세기 초 군산항에 쌓여 있는 미곡.

던 반면, 조선에서는 식민 지배의 유력한 동맹자이자 값싼 쌀의 공급
자로서 지주층을 육성할 필요가 있었다. 특히 대지주층에 대한 세제
혜택은 매우 컸다. 지세가 단순비례세로서 영세지주와 대지주에 대한
과세율이 같았고, 또 면세점(免稅點)이 규정되어 있지 않았기 때문에
소득 역진(逆進)의 모순을 안고 있었다. 한편 1910년대를 거쳐 1925년
까지 쌀값 상승률이 일반 물가 상승률보다 높았다. 이것은 지주층의
농업 경영에 대단히 유리한 조건이었고, 이 때문에 식민지 금융기구
를 매개로 한 금융자본이 농업 부문에 집중적으로 투자되었다. 이것
을 바탕으로 일부 조선인 지주는 기업가적 지주로 변화하면서 지주
경영을 확대해 나갈 수 있었다.

한편, 지리적 이점도 김연수 집안의 지주 경영 성공 요인으로 들
수 있다. 이들이 대부분의 토지를 소유하고 있던 전북 지역은 한국의
지형치고는 특이할 정도로 넓은 평야로 토질도 비옥했다. 이러한 평

야의 특질로 인해 자신들의 토지를 넓힐 여유가 생겼을 때 바로 인접한 비옥하고 관리가 편리한 땅들을 구할 수 있었고, 후에 김연수가 집안의 보유 토지를 대규모의 농장으로 통합하기 시작했을 때에도 크게 도움이 되었다.

또한 바다가 가까워서 상품화된 쌀을 항구로 쉽게 운송할 수 있다는 이점도 있었다. 1899년 군산항이 개항된 뒤, 이곳을 통해 일본으로 쌀을 수출했다. 김연수 집안이 20세기 초 이후 근거지로 삼은 줄포(茁浦)는 고창군 쌀의 주요 집산지로, 그곳에서 배로 군산으로 옮겨진 후 일본으로 이출했다. 그리고 바다에 면해 있는 토지는 개간 사업을 통해 확장할 수 있다는 점도 유리하게 작용했다.

철저한 농장 관리도 이 시기 김씨 일가가 부를 축적하게 된 주요 요소이다. 지대를 인상해 나가고, 지세를 소작인에게 부담시켰다. 그리고 그 과정에서 소작인을 자주 교체하고, 중간 관리인인 마름에게 철저한 관리를 요구했다. 물론 이와 같은 것이 이 집안만의 행태는 아니었지만, 이런 과정은 분명 부를 확장시켜 나갈 수 있는 기폭제가 되었다.

마지막으로 뛰어난 사업 감각을 지적하지 않을 수 없다. 지리적 이점과 새로운 시장이 있다 해도 그것을 이용하기 위해서는 날카로운 사업 감각이 필요한데, 김씨 일가는 변화의 바람을 측정하고 가장 수익성이 좋은 쪽으로 방향을 잡는 데 능력을 발휘했다. 이것을 잘 보여주는 일화가 있다.

서울 신림동 광신고등학교 교정에 있는 박흥식 동상.
박흥식은 일제시대 총독부와 결합해 사업을 벌여 부를 축적했다.

제1차 세계대전 중에 일반 물가가 등귀(騰貴)하여 쌀값이 특히 좋은 시세를 보였다. 이때 선생은 이미 수천 석의 추수를 가지시고 이것을 팔아 다시 토지를 구입하는 것이 아니라 건실한 은행에 장기 저축으로 예치시키곤 했다. (……) 1918년 말경 세계대전이 종결을 고하게 되매 경제계에는 세계적으로 일대 공황이 급습하여 물가가 급전직하로 하락하는 바람에 수많은 거상들이 일시에 문을 닫는 파산 지경에 빠지고 말았다. 이리하여 곡가도, 물론 지가도 급격히 하락했던 것이다. 선생께서는 지가가 떨어진 다음에 비로소 토지 구입에 착수했다. 그리하여 곡가 등귀 시에 살 수 있었던 토지의 서너 배, 네댓 배의 많은 농지를 구입할 수 있었으니 이것은 세상 물정을 살피실 줄 아는 선생의 명철한 달관(達觀)이라 아니할 수 없다.

— 이희승, 〈서문(序文)〉, 《지산유고(芝山遺稿)》

이렇게 경제적 변화를 예측하고 그것을 적극적으로 이용하는 능력이 매우 탁월했다. 사실 그때에는 화신의 박흥식 같은 경우도 그렇 듯 이런 방식을 통해 토지를 늘려 나가는 모습은 찾기 어렵지 않다.

1896년 10월 1일 전라도 고부군 부안면 인촌리에서 김경중의 둘째 아들로 태어난 수당 김연수는 이렇게 만들어진 집안의 막대한 부를 바탕으로 새로운 사업을 모색해 나갔다.

지주자본에서 산업자본으로 전환하다

개항 이후 상당한 자본을 축적한 지주와 상인들은 1차 대전의 영향으로 근대적 산업에 관심을 가지기 시작했다. 이러한 변화의 배경으로는 몇 가지를 들 수 있다.

먼저 일본 경제의 변화를 살펴보면, 1차 대전을 계기로 공업 생산력이 농업 생산력을 추월하는 역전 현상이 나타났다. 이것은 직접적인 교전국이 아니던 일본이 서구가 장악하고 있던 세계 시장을 잠식해 들어갔기 때문이었다. 특히 세계대전의 영향으로 전통적인 수출 산업이던 견직물 외에도 면직물 산업이 동아시아뿐만 아니라 인도, 이란, 아프리카까지 시장이 확대되어 급속히 발전했다. 한편 산업화의 진전으로 도시인구가 증가하고 쌀의 소비가 늘어남에 따라 쌀값이 폭등했고, 1918년에 일본 전역에서 '미소동(米騷動)'이 일어났다. 이후 일본은 저미가 정책을 취하면서 농업은 더욱 침체되어 갔다. 이러한 농업의 손실을 상쇄시켜 줄 방법은 공업을 포함한 비농업 분야에 투자하는 것이었고, 특히 면직물 공업에 투자하는 것은 이점이 명백했다.

일본 경제가 변화함에 따라 조선총독부의 산업 정책도 변화했다. 1910년대 총독부의 산업 정책은 회사령 체제였다. 회사의 설립·운영·해산에 걸친 전 과정에 조선총독의 개입을 명문화하고 회사 설립에 대한 허가주의를 채택해 기업 활동을 원천적으로 제약하고자 한 것이다. 식민지적 자본주의에 적합한 산업 구조를 창출하려는 의도도 있었으나, 그것보다는 1910년대 산업 정책의 기조상 식민지 조선의 공업화를 억제하고자 했기 때문이다.

그런데 1916년부터 1920년까지 기업 발흥기라 할 만큼 조선에서 회사 설립이 급증했고, 이중 다수가 조선인 회사였다. 물론 대다수는 소규모의 회사였으나, 자본금이 급증하고 업종이 다양화되는 등 질적·양적인 면에서 조선인 자본은 새로운 모습을 띠게 되었다. 지주와 상인들이 적극적으로 회사 설립에 나서기 시작한 것이다. 한편으로 식민지 조선으로 진출을 모색하고 있던 일본 자본도 걸림돌이던 회사령의 폐지를 계속해서 요구했다. 결국 1920년에 사실상 유명무실해진 회사령이 철폐되기에 이르렀다.

'회사령 폐지'로 대표되는 이 시기 경제 상황과 경제 정책의 변화 요인은 무엇인가? 먼저 1차 대전으로 서구에서의 수입이 격감한 것을 들 수 있다. 당시 우리나라는 아직 생필품의 상당 부분을 서구에서 수입하는 것에 의존하고 있었는데, 수입 격감이라는 상황은 그런 상품을 자급자족할 수 있는 기회였다. 1920년에는 일본과의 사이에 관세가 폐지되었다. 이것은 일본 상품의 조선 진출이 활발해진다는 측면도 있었지만, 회사나 공장을 설립하기 위한 자본재의 유입이 용이해진 면도 있었다. 또한 일본 자본의 경우, 1911년 일본에서 아동과 여성의 노동력 보호를 골자로 한 공장법이 제정되고 1916년부터 시행되면서 공장법이 적용되지 않던 조선을 매력적인 사업지로 인식하게 되었다. 그리고 1918년 1차 대전이 끝난 뒤에는 전시 경제 호황에 따라 과잉 투자되었던 일본 내 잉여자본의 출구를 마련할 필요성이 제기되었다. 일본 정부도 중국 대륙에의 제국주의적 야망을 위한 경제적 디딤돌로 조선을 이용하려 했다. 1910년대 말에서 1920년대 초의 이런 분위기 속에서 조선의 자산가들도 새로운 길을 모색했다.

1910년대의 조선인 지주·상인들의 대응은 크게 네 가지 방식으로 나타났다. 첫째, 금융·상업자본에서 금융자본 혹은 산업자본으로의 전환을 모색했거나, 둘째, 지주자본에서 금융자본으로 전환한 경우다. 셋째는 지주자본에서 산업자본으로 전환한 사례이고, 넷째는 전통적 상업자본에서 근대적 상업자본으로 성장한 경우다. 김연수 집안은 지주자본에서 가장 적극적으로 산업자본으로의 전환을 모색한 대표적인 사례였다.

김씨 일가에서는 김성수와 김연수 형제라는 새로운 세대가 등장했다. 이들은 경제적 발전에 대한 근대적·민족주의적 사상을 갖고 있었고, 또 그 사상을 실행에 옮길 수 있는 재산과 역량을 구비하고 있었다. 재산은 선대에서 형성된 막대한 유산이었고, 역량은 주로 일본 유학 경험을 통해 습득한 것이었다. 이들 주변에는 문명개화론자, 애국

창흥의숙 기념비.

창흥의숙의 전신인 상월정.

계몽 운동세력, 대상인과 지주층, 그리고 일본 유학의 경험이 있는 청년 지식인 등 다양한 세력이 모여들었으며, 이들은 민족주의 이데올로기를 갖고 자본주의 근대화를 추구하는 세력의 핵으로 부상했다. 이중 주로 기업가로 활동한 사람은 김연수였고, 김성수는 초기에 경성방직 설립을 주도했으나 1920년대 중반 이후에는 기업 경영을 김연수에게 맡기고 자신은 주로 언론·교육·정치 분야에서 활동했다. 이후 이들은 서로 보완적인 관계에 있었다.

　　김연수 형제는 일본 유학을 통해 근대적 산업의 필요성을 느끼게 되었다. 김성수는 장인이 운영하던 창흥의숙(昌興義塾)과 영학숙(英學

塾)에서 근대 교육을 받기 시작했고, 1908년 친구 송진우와 함께 일본 도쿄로 유학을 떠났다. 일본에서 세이소쿠(正則)영어학원, 킨죠(錦城)중학교를 거쳐 와세다대학 정치경제학부를 졸업하고 1914년에 귀국했다. 김연수는 1911년 15세의 나이로 일본으로 가서 만 10년 동안 유학하고 1921년에 귀국했다. 김연수는 아자부(麻布)중학교와 다이산(第三) 고등학교를 거쳐 교토제국대학(京都帝國大學) 경제학부를 졸업했다.

이들은 1910년대 일본의 경제 구조가 변화하는 것을 목도하면서 이전 세대와 달리 농업 이외의 근대적 산업에 관심을 갖게 되었다. 더욱이 김연수는 경제학을 전공하면서 1920년 일본 유학생 모임인 학우회(學友會)에서 주최한 하기순회강연대회(夏期巡回講演大會)에 참가해 〈조선과 공업〉, 〈현하 재계 공황의 원인에 대하여〉 등의 제목으로 강연하기도 했다.

일본에서 먼저 돌아온 김성수는 1917년 경영난에 봉착해 있던 경성직뉴 주식회사(京城織紐株式會社)를 인수했다. 경성직뉴는 1910년대 조선 직물 산업의 정점으로, 실질적 설립자는 확실치 않으나 윤치호의 사촌이자 윤보선의 부친인 윤치소가 초대 사장이었다. 1919년 김씨 일가가 경성방직을 설립하기 이전까지 이 회사는 조선인에 의해 설립된 가장 큰 기업의 하나로, 처음으로 주식회사의 형태를 갖춘 직물회사였다. 김연수 집안이 직물업으로 진출하는 데에는 김성수의 유학 시절 친구이자 도쿄고등공업학교 방직과를 졸업한 이강현이 결정적인 역할을 했다. 경성직뉴는 원래 이름 그대로 댕기·허리띠·대님 등의 끈 종류를 생산했으나, 한복을 입는 사람이 크게 줄면서 상품의 노론의 실력자인 박원양(朴元陽)의 아들로 1861년 수원에서 태어났다. 1872년 음력 4월 철종의 딸 영혜옹주와 혼인했으나 3개월 만에 사별하고, 금릉위(錦陵尉)에 책봉되었다. 1870년대 중반, 형 박영교(朴泳敎)를 따라 개화사상을 익히기 시작해, 유대치를 중심으로 김옥균·홍영식·서광범 등 개화당 요인들과 결속해 정치적 혁신을 부르짖고 일본 세력을 이용해 청나라의 간섭과 러시아의 침투를 억제하고자 했다. 1882년(고종 19) 제물포조약에 따른 사과 사절로 일본에 다녀왔는데, 이때 그가 대한민국의 국기 태극기의 원형이 되는 깃발 도안을 처음 그려서 사용했다고 알려지기도 했다. 일본 조야(朝野)를 시찰하고 돌아와 개혁을 기도했으나, 민태호·김병시·김병국 중심의 수구파들의 정권 장악으로 실패했다. 이후 개화당 요인들과 협의하여 1884년(고종 21) 음력 10월 17일 갑신정변을 일으켜 수구파를 제거하고 정권을 장악했다. 내각이 조직될 때 군사와 경찰의 실권을 장악했으나, 청나라의 개입으로 3일 만에 정변이 실패하자 역적으로 몰려서 일본으로 망명했다.

1894년 갑오개혁으로 사면되자 이듬해 귀국했다. 그는 김홍집의 친일 내각(제2차 김홍집 내각)에 내부대신으로 입각해 개혁을 시도했으나, 1895년(고종 32) 반역 음모사건(고종 양위 사건)으로 다시 일본으로 망명했다. 1907년(융희 1) 오랜 망명 끝에 박제순 내각의 알선으로 귀국하여 사면을 받고, 이완용 내각의 궁내부대신을 하다가 대신 암살 음모사건으로 1년간 제주도에 유배되었다.

1910년 한일 병합 조약 이후 일본 정부로부터 후작 작위와 매국공채 28만 원을 받고, 조선총독부 중추원 고문에 임명되었으며, 귀족원 의원(1932년)과 조선식산은행 이사, 조선사편찬위원회 고문, 선전 심사위원, 조선농회 부회장 및 조선농회 회장 등을 지내며 친일행위로 시종했다. 1935년 총독부가 편찬한 《조선공로자명감》에 조선인 공로자 353명 중 한 명으로 수록되어 있다.

수요도 격감하는 상황이었다. 인수한 뒤 역직기(力織機)를 도입하여 소폭 면직물을 생산했으나 소비자들의 외면을 받았다.

그러자 본격적으로 광폭 면직물을 생산할 필요를 느낀 김성수는 1919년 10월 5일 경성방직 주식회사를 설립했다. 경성방직의 초대 사장으로는 박영효를 영입했다. 박영효는 아직 젊은 나이였던 김성수를 대신해 총독부 및 금융권과의 관계 등 설립 초기의 어려움을 해결해 주었다. 그는 김성수가 세운 동아일보의 초대 사장이기도 했다. 박영효 자신은 스스로 명목상의 사장으로 자처하며 경영에 개입하지 않았고, 사실상 회사 실무는 전무 박용희와 지배인 이강현이 담당했다. 1921년 김연수가 귀국하자 김성수는 회사 운영을 맡을 것을 종용했다. 김연수는 만주 시찰을 다녀온 이후인 1922년부터 경성직뉴 전무와 경성방직 상무를 맡았고, 1924년부터는 경성방직 전무직을 맡아 회사 운영을 전담했다.

김연수는 먼저 경성직뉴를 고무신 제조회사로 전환시켰는데, 당시 고무신의 수요가 기하급수적으로 증가하는 추세였으므로 어느 정도의 수익은 올릴 수 있었다. 1926년에는 회사명을 중앙상공 주식회사(中央商工株式會社)로 바꾸고, 무역업·창고업·광산업 등으로 영업 종목을 확대했다. 그러나 일본 자본의 5대 고무제조업체 외에 대륙고무, 경성고무 등 200여 업체가 있어 경쟁은 매우 치열했다. 치열한 경쟁 속에서 중앙상공은 '고무신 품질 6개월 보증판매제'를 내세웠다. 6개월 안에 해지면 새 신으로 교환해 준다는 것이었다. 이 같은 파격적인 판매 전략에 힘입어 업계 1위였던 대륙고무를 앞지르는 판매 실적을 올리게 되었다.

한편 경성방직은 공장이 완공되기도 전에 선물(先物) 거래에 손을 댔다가 막대한 손실을 보는 난관을 겪었으나, 김씨 일가의 토지를 담보로 한 조선식산은행의 대출과 총독부의 보조금으로 이 문제를 해결하고 1923년 3월에 시운전을 시작했다. 그러나 처음 몇 개월은 직공을 양성하는 데 그쳤고, 10월부터 본격적으로 제품을 생산하기 시작했다.

하지만 초기의 경영 상황은 좋지 않았다. 이것을 두고 김연수는 이렇게 말했다.

생산품 판로에 잇서서도 처음에는 눈물겨운 곤란이 잇섯다. (……) 조선 사람을 본위로 하여 맨든 물건을 조선 사람에게 멸시적 불고(不顧)를 당하게 되니 그 고통이 엇더하엿스랴. 그때야말노 자가멸시적(自家蔑視的) 우리 동포의 심정이 몹시도 야속하엿섯다.

— 김연수, 〈금일(今日)에 이르기까지〉, 《신민》 제25호, 1927년 5월 1일

당시 시장은 일본산 이입면포, 그중에서도 동양방적(東洋紡績)의 3A표(標) 광목이 장악하고 있었고, 1917년 일본인 자본이 부산에 세운 조선방직도 상당히 성장한 상태였다. 경성방직은 스스로도 인정하듯이 아직 품질 면에서나 가격 면에서나 경쟁이 되지 않았다. 따라서 이미 동양방적의 독무대가 된 남한 일대에서 그들과 정면으로 대결하는 것은 승산이 없다고 생각하고, 아직 일본 상품의 진출이 미미했던 관서·관북 등 북한 지방으로 눈을 돌려 시장을 개척했다. 시장뿐만 아니라 제품 생산도 경쟁을 회피하는 전략이었다. 당시 시장을 석권했던 동양방적의 3A표는 17번수였으나, 경성방직의 제품 구성은 주로 17번수 이하의 제품 생산에 집중되었다. 1923년에는 주로 14번수 이하의 삼각산이 매출액의 85퍼센트를 차지했고, 1924년에는 16번수의 불로초가 매출액의 4.5퍼센트를 차지했을 뿐 나머지 96퍼센트는

을축년 대홍수는 1925년 을축년에 발생한 네 차례의 홍수를 말한다. 이 홍수로 특히 한강과 낙동강 유역의 피해가 심했다. 첫 번째 홍수는 7월 7일에 대만 부근에서 생성된 태풍이 11일과 12일에 중부 지방을 지나갔다. 이로 인해 한강과 금강, 낙동강, 만경강 등의 황해도 이남 지역의 강이 범람했고, 특히 낙동강의 피해가 심했다고 한다. 두 번째 홍수는 7월 14일에 대만 부근에 다시 태풍이 생성되어 중부 지방을 지나갔는데, 7월 15일부터 7월 18일까지 4일 동안 300~500밀리미터의 높은 강우량을 보였다. 연이은 홍수로 인해 한강의 수위는 최대를 기록했고, 제방이 무너지고 물이 범람해 용산 일대가 잠기고 숭례문 앞까지 만수가 되었으며, 서울 시내 교통과 통신 또한 마비되었다. 당시에 익사자만 400여 명에, 1만 2,000여 호의 가옥이 유실되었고, 살곶이 다리도 이때 파괴되었다고 한다. 하지만 이 홍수로 여러 가지 유적들이 발견되기도 하였는데, 이때 백제의 풍납토성과 암사동 선사주거지가 발견되었다. 세 번째 홍수는 창강에서 발달한 저기압이 한국과 만주의 국경을 지나 간도로 빠져나가면서 관서 지방에 호우가 내렸고, 이로 인해 대동강, 청천강, 압록강이 범람했다. 마지막으로 네 번째 홍수는 마리아나 제도에서 열대성 저기압이 발달해 북상했고, 9월 6일에는 제주도와 목포·대구를 거쳐서 동해로 빠져나갔는데, 남부 지방의 호우로 낙동강, 영산강, 섬진강 등이 범람했다.

네 차례의 홍수로 전국에서 사망자 647명, 6,000여 호의 가옥이 유실되고 1만 7,000여 호의 가옥이 붕괴되고 4만 6,000호의 가옥은 침수됐다. 그리고 3만 2,000단보의 논과 6만 7,000단보의 밭이 유실되었다. 홍수로 인한 피해액만 1억 300만 원에 달하였고, 그것은 당시 조선총독부 1년 예산의 58퍼센트에 달하는 금액이었다.

16번수 이하의 제품이었다. 1926년에는 17번수 태극성이 매출액의 12퍼센트, 불로초가 21퍼센트를 차지하는 데 불과했다. 따라서 경성방직 제품이 3A표와 직접적인 시장경쟁의 접점이 되었던 것은 1926년 생산을 개시한 태극성표에 국한되었다.

1920년대 중후반이 되자 상황은 호전되었다. 1925년의 '을축년 대홍수'로 영등포의 공장이 침수되는 피해를 보았으나, 광목의 수요가 늘고 가격이 급등하면서 회사의 사정이 좋아졌다. "해마다 증산을 하

지 않으면 수요를 따를 수 없을 만큼 성장"(《경성방직오십년》, 68쪽)했던
것이다.

> 판로에 잇어서도 이제는 용이히 되엿다. 제품의 부족을 감(感)할지언정
> 결코 판로 부진으로의 고통은 업다.
>
> — 김연수, 《경성방직오십년》

이렇게 경성방직이 의외로 빠른 시기에 호조를 보일 수 있던 요
인은 무엇이었을까? 앞에서 말한 경쟁 회피적 생산 및 판매 전략도 주
효했지만, 민족 감정에 호소하는 판매 전략을 지적하지 않을 수 없다.
경성방직은 창립 때부터 실력양성론에 입각한 조선 경제의 자립을 제
창했다.

> 조선에 있어서의 면포(綿布)의 수용(需用)은 통계가 제시하는 바에 의하
> 면, 연액(年額) 4,200만 원(圓)이며 그중 2,700만 원은 이수입품(移輸入品)
> 에 의존하고 있는 현상이니, 이의 자급을 기도함은 조선 경제독립상 급
> 무라고 하겠다.
>
> — 〈창립취지서(創立趣旨書)〉

또한 경성방직 제품의 상표로 태극성표가 있었다. 당시는 태극이
들어간 상표가 허가받을 만한 분위기가 아니었으나, 상표 등록 사무
는 조선총독부가 아닌 일본 본국의 특허국에서 담당하고 있었다. 조

경성방직의 태극성표 광고.

선의 사정을 잘 모르던 일본 중앙정부에서는 태극성표를 승인해 주었고, 이것을 총독부에서도 어찌할 수 없었다. 경기도 경찰부에서는 '태극성'이라는 상표가 불온하다고 하여 사용을 금지하라고 명령하는 해프닝이 벌어지기도 했다.

경성방직의 신문 광고를 보면, '백의동포들이여 우리 살림 우리 것으로!' 같은 문구가 대부분을 차지했다. 당시 신문에 게재된 경성방직의 광고는 대개 이런 내용이었다.

단기분전(單騎奮戰) 용감히 수입품을 당해내는 토산광목(土産廣木) 태극성
백의(白衣) 동포(同胞)의 힘 있는 후원에 의하여 이에 첩보를 돌릴 날이
박근(迫近)했다.
더욱 사랑하시오! 모두 「태극성」 편이 되시오!!
종래 광목 값으로 해외에 빠지는 돈이 매년 5,000만 원이라는 가경(可驚)

화신 백화점.

할 대금(大金)이였답니다.

내 살림 내 것!

조선 옷, 조선 광목을 입으면 우리 조선 안에 떨어져 퍼질 것입니다.

— 게재광고문, 《동아일보》, 1926년 10월 18일

화신백화점이 그냥 화신이 아니라 '조선의 화신'이었듯이 경성방직도 '조선인 경영의 경성방직회사', 즉 '민족자본'이었다. 또 화신백화점이 일본계 백화점인 미츠코시·조지아 등과의 대결에서 이겨야 했듯이, 경성방직은 일본인이 경영하는 동양방적·조선방직과의 경쟁에서 살아남아야 했다. 이와 같은 민족 감성에 호소하는 판매 전략은 물산장려운동이 일어나면서 더욱 힘을 받을 수 있었다.

그러나 경성방직이 초기의 어려움을 극복하는 데에는 총독부의

보조금도 커다란 역할을 했다. 이것을 두고 경성방직에서는 "표면상
으로는 산업 장려금의 명목을 띠고 있었으나, 그 이면에는 우리나라
의 산업을 감시·개입하고자 하는 배포가 있었던 것이다"(《경성방직오
십년》)라고 했으나, 사실 보조금은 경성방직 측에서 먼저 요청한 것이
었다. 경성방직은 1922년 경영 재건의 일환으로 총독부에 보조금 교
부를 청원했다. 일본인이 설립한 조선방직이 총독부에서 보조금을 받
고 있으므로 동일 업종인 경성방직에게도 보조금을 지급해 달라는 것
이었다. 총독부는 일본 대장성과 협의한 뒤 1924년부터 불입자본금
40만 원의 7퍼센트인 2만 8,000원의 보조금을 교부했다. 이것은 이
시기 경성방직의 주주배당금과 정확히 일치하는 규모였다. 경성방직
은 완전한 자립 단계에 이르는 1934년까지 보조금을 받았다.

한편 이입세(移入稅)는 보조금보다도 더 중요한 보호 기능을 했
다. 1920년 8월 이입세 존속 조치를 거치면서 실면(實綿) 및 조면(繰
綿)·면사에 대해 5퍼센트, 그리고 면직물에 대해 7.5퍼센트의 이입세
가 계속 부과되다가 1923년부터 면직물에 대해서만 이입세가 부과되
었고, 다시 1927년 4월부터는 세율이 5퍼센트로 인하되어 1937년까
지 유지되었다. 실면부터 면직물까지 모두 이입세가 부과되던 때에
이입세는 조선 내 면방직 산업에 대해 별다른 보호 기능을 하지 못했
으나, 1923년 이후 면직물에 대해서만 이입세가 부과되면서 조선 내
면방직 산업에 상당한 도움이 되었다. 비록 이 이입세율이 이입을 막
을 정도로 높은 세율은 아니었다는 점에서 적극적인 보호 기능을 한
것은 아니지만, 그것이 없었더라면 경영이 위태로웠을 것이라는 점에

경성방직.

서 그 의의를 인정할 수밖에 없다.

경성방직의 마지막 성공 요인으로 총독부나 금융기관과의 긴밀한 관계를 지적할 수 있다. 금융기관에서 대출, 기업 설립의 승인과 더불어 전시기에 접어들어서는 원료 및 각종 기자재의 공급 등 회사 경영의 가장 중요한 부분을 개인적인 관계가 좌우하는 경우가 많았기 때문이다. 초기에 아직 젊은 김연수 형제를 대신해 이러한 역할을 담당했던 것이 박영효였고, 시간이 흐르며 특히 1935년 김연수가 경성방직 사장에 취임한 뒤에는 직접 나섰을 것이다. 총독부 고위 관리를 지낸 일본인 관료들의 서간을 보면, 김연수 형제는 이들이 일본으로 돌아간 이후에도 친밀한 관계를 유지하려고 노력한 것을 알 수 있다. 그러나 구체적으로 어떤 부탁과 대답이 오고 갔는가는 확인하기 어려운 부분이기 때문에 이것은 역사가의 추적 범위 밖에 있다고 할 수 있다.

하지만 정부와 기업 간의 사적인 만남은 지금과 마찬가지로 정책의 결정과 수행의 전체적인 역학 관계에 중요한 요소로 언급하지 않을 수 없다.

본궤도에 오른 경성방직은 1920년대 말부터 시작된 세계대공황 와중에도 별다른 타격 없이 순조로운 성장을 계속해 나갔다. 세계대공황이 일어난 1929년에는 처음으로 20만 필이라는 판매 실적을 올릴 정도였다.

> 비유적으로 말하면 아직 체구가 작았기 때문에 바람을 맞는 면적이 그만큼 적었다고나 할까. 그건 어쨌든 대공황의 태풍 속에서 우물 안 개구리처럼 평온하기만 했던 것은 그 당시 국내에서 면포 소비액이 연평균 6,600여 만 원이나 되던 데 비하여, 국내 생산액은 겨우 2,200여 만 원에 불과하여 부족량을 일본에서 수입해 썼던 형편이었으므로 판로의 개척에 따라서는 아직도 많은 신대륙이 있었던 데 그 원인이 있다.
>
> —《경성방직오십년》, 73쪽

한편 김연수 집안은 경성방직이라는 대표적인 근대 기업을 운영하고 있었지만, 지주자본에서 시작해 당시도 많은 토지를 계속 보유하고 있었고 그 규모 역시 점점 증가했다. 그들은 지주이면서 동시에 산업자본가인 이 시기 자본가의 성격을 규정하는 표본 같은 존재였다. 그러나 1919년 이후 일본의 저미가 정책으로 지주 경영의 수익률이 줄고 그 수입이 감소하자 대책을 세우지 않으면 안 되었다. 앞에서

장성 농장.

살펴보았듯이 적극적이고 근본적인 대책으로 지주자본을 일부 산업
자본으로 전환함으로써 새로운 활로를 타개하기도 했고, 다른 한편으
로는 재래의 지주제를 변혁해 이것을 일본인 농업자본가들이 하고 있
던 농장제로 개편함으로써 수입을 증대시키려 하기도 했다.

전라도 일대에 널리 퍼져 있던 엄청난 땅을 근대적인 농장 경영
방식으로 운영하기 위해 1924년 삼수사(三水社)를 설립했다. 농장제로
의 개편이 쉬운 일이 아니었으므로 가능한 지역부터 점진적으로 수행
했다. 김연수는 1924년에 처음으로 장성 농장을 개설한 이래 1925년
에는 줄포 농장을, 1926년에는 고창 농장과 고명 농장, 신태인 농장을
설립했고, 같은 해 1927년에는 법성 농장, 1931년에는 영광 농장을
설립했다. 1931년에는 삼수사를 삼양사(三養社)로 개칭했다. 이중 고
명 농장은 1929년 2월 중앙고등보통학교의 재단 설립기금으로 희사
했고, 연 5,000석을 수확하는 대규모 농장인 신태인 농장은 1932년 3
월 보성전문학교 인수기금으로 학교법인 중앙학원에 기부했다.

삼양사는 전북 지역에 있던 일본인이 경영하는 농장을 모범으로 삼았다. 기존의 토지를 농장 조직으로 재편성했는데, 농장 경영이 편리하도록 농지를 가능한 한 한곳으로 집중시켰다. 또 그렇게 하기 위해 자가 농지와 타인 농지를 교환하기도 하고 다른 농지를 사들이기도 했다. 그리고 한 지역에 대규모의 토지를 얻기 위해 간척사업을 벌이기도 했다.

농장이 설치된 후에는 소작농을 새로 선정하고 이들에게 경지를 재분배하는 작업을 했다. 농가 1호당 최소 2정보 이상을 경작할 수 있도록 했는데, 이는 농장의 전속 소작인으로 삼고자 한 것이었다. 선발된 농민은 2정보 이상을 경작할 수 있었으므로 비교적 안정된 생활을 할 수 있었을 것이다. 또 농가를 농지 안에 있게 한 방침 역시 당시로서는 획기적인 것이었다. 이렇게 개편된 농장을 운영하기 위해 농장 단위로 본부가 마련되었고, 그 책임자로 총대(總代)를 임명했다. 그렇게 해서 농사 개량, 소작료, 계약 조건 등 농장 경영에 관한 모든 규정을 근대법적 계약으로 마련할 수 있었다.

이러한 자본가적인 합리적 농장 경영은 성공을 거두었다. 예를 들어 장성 농장은 개설 10년째인 1934년에는 논, 밭, 기타 잡종지와 부속 대지까지 합쳐 약 410정보(약 120여 만 평)로 늘어나 이 농장 한곳에서만 연 수확량 1만 석에 가까운 대농장으로 성장했다.

한편 간척사업을 통해서도 토지를 늘려 나갔다. 1931년 4월 함평군 손불면 일대의 공유수면 매립을 허가받아, 1933년 약 400정보 규모의 손불 농장을 만들었다. 이 농장은 제염 작업이 끝나 가는 1940년에 가서는 총수확이 1만 2,000석에 이르렀다. 또 1936년 4월에는 고창군 해리면 앞바다를 간척해, 총면적 681정보의 해리 농장을 설립했다.

사업 확장과 해외 진출

세계대공황 속에서도 별다른 타격을 받지 않은 경성방직은 오히려 1931년 일본이 만주로 진출하면서 시장을 확대할 기회를 맞이하게 되었다. 1931년 9월 만주사변을 일으킨 일본은 1932년 3월 만주국이라는 괴뢰국가를 수립했다. 이로써 만주가 일본의 세력권으로 들어오게 되었고, 침체에 빠진 조선 경제에 기회가 찾아왔다. 만주라는 광대한 사업 기회와 시장이 열리게 되었고, 당시 이것은 '만주붐'으로 불렸다. 만주붐은 일본 독점 자본이 중화학 분야에 대거 진출한 것에 편승해 일부 조선의 방직·경공업 산업의 자본과 상품이 만주에 진출해 경제특수를 누렸던 것으로, 여기에서 크게 이익을 얻은 대표적인 회사가 경성방직이었다.

경성방직의 사업 확장은 방적업부터 시작되었다. 경성방직은 자체적인 방적 시설이 없어 면사를 대일본방적(大日本紡績)의 아카시(明石) 공장에서 구입하고 있었다. 면사를 생산하는 방적 시설이 없는 방직회사의 경우, 생산원가가 많이 들어 제품 판매로 얻는 이익이 줄어들 뿐 아니라 품질을 개선하는 데에도 한계가 있었다. 품질은 둘째로

만주 봉천 사무소.

하더라도 가격 경쟁력에서 밀리는 형국이었다. 경성방직은 1920년대부터 방적 시설의 필요성을 절감하고 있었고, 결국 1936년 영등포 공장 내에 방적 시설을 만들었다.

한편 일본은 전쟁을 확대하면서 군비 조달에 허덕이게 되었고, 미국이나 인도에서의 원면 도입이 격감했다. 원면 사정이 악화되자 국내 면으로 눈을 돌리게 되었다. 당시 면화는 공판제로 조면(繰綿) 자본가에게 수매권을 주어 일정 지역의 면화를 독점 매수하게 했다. 원면 확보를 위해 경성방직도 공판제에 참여해 1937년 12월 황해도 남천에, 1938년에는 은율에 조면 공장을 세웠다. 1943년에는 평양의 삼성면업을 인수하기도 했다.

경성방직은 이와 같은 사업 확대에 따라 단순한 면방직 공장으로부터 벗어나 종단적으로 통합된 일관생산체계를 갖춘 면직물 운영조직으로 발전했다. 황해도 남천과 은율, 그리고 평양에 조면 공장을, 영등포에 방적과 방직 시설을, 시흥에 표백염색 공장을, 쌍림동에 피복

공장을 소유하게 되었다. 나아가 양평동에 고무제품 공장을, 의정부에 견직물 공장도 갖고 있었다.

그런데 전시기 기업 확대의 주요 방향은 역시 만주였다. 1930년을 전후해 경성방직의 제품 중 불로초가 만주 지역에서 인기를 얻었다. 만주 사람들이 불로초를 좋아한 이유는, 불로초라는 상표가 중국인의 기호에 맞았다는 점, 가격이 저렴하다는 점, 비교적 두껍다는 점 등이었다. 대만주 수출이 본격화된 것은 1934년 12월 '만주국의 제2차 잠정관세 개정'에 의한 만주 면포 시장의 식민지적 재편 이후였다. 경성방직은 1935년, 1934년에 비해 3배에 달하는 당기 순이익을 계상할 수 있었다. 1935년 방적 부문 신설 및 직포 부문 확장도 이것을 배경으로 한 것이었다. 총독부의 보조금이 1935년경에 중단되었던 것도 대만주 수출로 인한 수익구조의 개선 때문이었다. 1937년 중일전쟁 이후에는 불로초의 시장이 만주에서 화북으로 확대됨에 따라 봉천(奉天) 출장소를 봉천 지점으로 승격시켰다. 폭발적인 대륙 특수에 편승한 적극적인 수출드라이브 전략으로 회사 설립 이래 본격적인 투자이익의 회수기를 맞이할 수 있었다.

나아가 1939년 말 경성방직은 만주 최대의 방적회사 신설이라는 대만주 투자를 단행했다. 경성방직은 1930년대 조선에 진출하기 시작한 종연방직(鍾淵紡織)·동양방직(東洋紡織) 등과 경쟁하기 위해서는 제2공장을 설립해야 한다고 생각한다. 처음에는 경기도 시흥에 공장을 세우기로 해 10여 만 평의 공장 부지를 마련하고 기계 일부분까지 구입했다. 그러나 전시경제 아래에서 국내에 새로운 공장을 설립하는 것은 거의 불가능했다. 그리하여 불로초를 앞세워 시장을 확대해 가던 만주로 눈을 돌리게 되었다. 경성방직 측의 설명에 의하면 또 다른 이유로 "만주에 거주하는 우리 200만 교포의 대표적인 공장을 창설하여 실직자인 교포들의 구제와 편리를 도모하기 위하여" 만주를 선택했다고 한다. 그리고 공장의 직공 1,200명 중 외국인은 한 사람도 없이 조선인만을 채용했다고 자랑했다.

만주 진출의 또 다른 요인으로는, 1938년 9월 일본 정부가 이른바 '9·18 가격통제령'을 공포하고 엔블록에 대한 강압적인 무역통제를 실시한 것을 들 수 있다. 이것은 결국 중일전쟁 이래 만주에 대한 수출 급증으로 막대한 고수익을 획득할 수 있던 경성방직의 입장에서는 대만주 수출에 대한 결정적인 타격이었으며 만주 시장의 상실 위기를 의미했다. 그래서 이것을 적극적인 생산의 현지화로 돌파하고자 한 것이다.

1936년 만주국 정부에 방적회사 설립 허가원을 제출했고, 1937년 9월 설립 허가를 받아 1939년 11월에 봉천 근처의 소가둔(蘇家屯)에 자본금 1,000만 원 규모의 남만방적 주식회사(南滿紡績株式會社)를 설립했다. 1940년 봄부터 본격적인 공장 건설에 착수했으나, 건설자재인 시멘트와 철재의 확보가 문제였다. 당시는 전시경제체제로 자재가 배급·할당되고 있어 입수가 쉽지 않았음에도 불구하고, 남만방적의 경우 총독부와 만주국 정부의 적극적인 지원이 있어 공장이 상대적으로 급속하게 건설될 수 있었다. 남만방적은 1943년부터 본격적으로 조업(操業)을 개시했다.

만주 천일 농장.

그러나 당시 만주 방적업은 중일전쟁 발발 이래 만주국 정부의 무분별한 자본유치 정책에 의한 과당경쟁과 원면 수입 단절에 의한 심각한 원면 부족 사태, 에너지 부족 등 경영 조건이 크게 악화되어 고율의 조업 단축이 불가피한 상황이었다. 자료의 부족으로 1943년 이후 남만방적의 구체적인 경영 실태는 알 수 없지만, 만주국 정부의 단순한 임가공 공장으로 전락해 심각한 적자를 보았을 것으로 보인다. 1943년경 남만방적이 만주흥업은행에서 자본금 규모를 상회하는 1,200만 원에 달하는 자금을 차입하는데, 이것은 남만방적이 설립과 동시에 막대한 자금 부족과 극단적인 경영 위축에 직면했음을 간접적으로 시사한다.

결국 만주에 대한 경성방직의 투자는 경성방직의 자본(당시 자본금 280만 원)과 경영 능력을 크게 넘어서는 일이었다. 막대한 은행 차입이 불가피했고, 과잉 성장에 지나지 않았다. 나아가 종전에 의한 대

만주 투자자산의 상실과 실패는 해방 직후 김연수의 퇴진과 전면적인 경영진 교체를 초래했다.

만주로의 진출은 김연수 재산의 또 다른 한 축인 토지자본의 경우도 마찬가지였다. 1937년에 봉천에 '만주 삼양사'를 설립했다. 삼양사가 만주에 설립한 대규모 농장으로는 천일 농장과 반석 농장, 매하 농장이 대표적이다. 1937년에 개설된 천일 농장은 200여 호 규모로 출발해 1941년에는 1,785정보에 600여 호 규모의 초대형 농장으로 성장했다. 1937년 9월에 설립된 반석 농장은 220가구에 700여 정보의 규모였다. 그리고 매하 농장은 1938년에 만주의 중국인과 일본인 소유지 약 380정보의 땅을 매수해 설립되었다. 지역 사정에 익숙해지면서 1938년과 1940년에 각각 교하 농장과 구대 농장을 설립했는데, 두 농장에서는 연간 1만 2,500여 석에서 1만 6,000석 가까이 수확했다. 만주에도 엄청난 규모의 농장을 소유한 것이다.

반민특위 피의자

반민족행위처벌법이 1948년 9월 7일 국회를 통과해 9월 22일 공포되었고, 이것에 의거해 반민족행위특별조사위원회(이하 반민특위)가 설치되었다. 반민특위는 7,000여 명의 친일파를 반민 피의자로 선정하고, 1949년 1월 8일 화신 사장 박흥식을 필두로 식민지기 관료와 경제

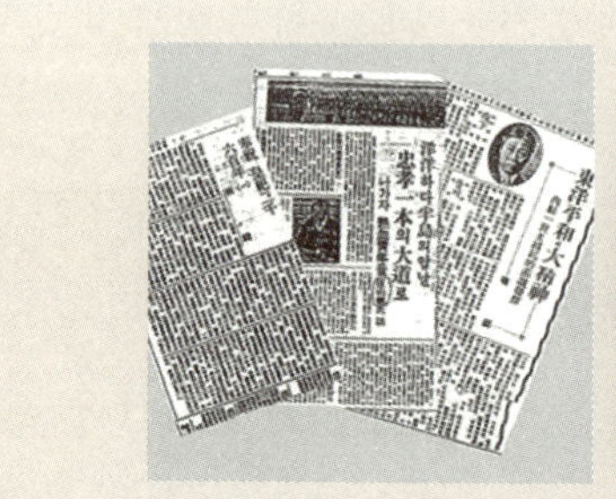

반민특위 당시 기사와 김연수.

계·문화계·종교계 인물 등을 체포했다.

김연수는 1949년 1월 21일 반민특위에 연행되었다. 특별검찰부가 공소장에서 밝힌 김연수의 범죄 사실은 다음과 같다.

단기 4266년〔1933〕에 경기도 관선도평의원(官選道評議員)으로 피선되었고, 동(同) 4272년〔1939〕에 만주국 명예총영사(名譽總領事)로 피임되었고, 동(同) 4273년〔1940〕에 총독의 자문기관인 중추원 칙임 참의(中樞院 勅任參議)로 피임되었고, 동(同) 4273년〔1940〕에 조선인으로 하여금 일본의 전쟁 완수에 적극 협력시키기 위하여 소위 임전보국단(臨戰報國團)이라는 것이 결성되자 동단(同團) 이사로 피선되었고, 동(同) 4275년〔1942〕초경에 조선인을 총동원하여 전쟁에 적극 협력시키기 위하여 조직 결성된 국민총력조선연맹(國民總力朝鮮聯盟)의 후생부장(厚生部長)으로 피임되었고, 1942년 말경에 조선의 장래 유위(有爲)한 지식인 청년학도를 여지

없이 말살시키기 위한 일본의 가장 악랄한 방법으로 제정한 소위 학도지원병제도를 실시함에 있어서 기(其) 제도의 정신과 취지를 고의로 호도 선전하여 순진한 청년학도의 심리를 혼돈시켜 학병을 지원하도록 하기 위한 학병제도 유세 강사 동경파견단(東京派遣團)에 참가하여 동경(東京) 소재 메이지 대학(明治大學) 강당에 참집(參集)한 재동경(在東京) 조선인 유학생에게 학병제도 정신함양 강연을 한 것이다.

이외에 1944년 대표적인 전시 군수기업이었던 박흥식의 조선비행기 주식회사에 관계했던 것도 친일행위로 간주되었다. 김연수의 행위가 사실관계로 논란이 되는 부분은 없었다. 있다면 《매일신보》에 게재된 글을 직접 작성했는가, 아니면 기자가 김연수의 이름을 빌려 작성한 것인가 하는 정도였다. 다만 친일 행위의 능동성 여부, 그리고 그것을 상쇄할 만한 공적 여부가 초점이 되었다.

김연수는 반민특위 활동의 역사적 당위성을 인정하고 자신의 친일 행적에 대해 포괄적으로 반성의 뜻을 표하면서도, 경기도 관선도평의원에 임명된 것부터 만주국 명예총영사·중추원 참의·국민총력조선연맹의 후생부장으로 임명된 것이 모두 총독부의 강제에 의한 것으로 당시 상황에서 이것을 거절하기 어려웠다고 주장했다. 그리고 그 자리에 있으면서 실질적인 활동을 한 것은 없었다며 선처를 호소했다.

저의 입장은 그렇게 하려면(처음부터 임명 자체를 거절하려면—글쓴이 주) 제가 관할하는 사업 전체를 포기하고, 동시에 전연 사회에서 은퇴 내지 혹은 외국으로 가지 않으면 안 될 경우였었다고 생각할 수 있습니다. 따라서 그렇게 되면 저의 관계 사업에 관련된 수만 생명과 저의 가족의 생명은 전연 구할 방도가 없었을 것입니다.

이에 대해 반민특위 조사관도 "본인의 진술과 증인 7명의 신문을 종합해 보면 일체의 범과(犯過)가 피동적이었으며, 개전(改悛)의 정상이 현저하고, 과거나 현재에도 피의자 김연수의 사회사업 등은 경시(輕視)치 못함을 부언(附言)함"이라 하여 김연수에 대해 상당히 우호적으로 평가했다.

여기에서 이야기하는 김연수의 사회사업이 어떤 것이었는지 간단히 살펴보면, 먼저 식민지기 가뭄이 발생한 1924년·1935년·1939년에 연 2천 석을 내어 이재민을 구휼했고, 재단법인 중앙학원과 보성전문학교에 총농지 808정보와 378만 원을 기부했다. 또 1939년에는 자연과학 연구를 장려하고 공업 기술을 양성하기 위해 설립한 재단법인 양영회(養英會)에서 1940년부터 1948년까지 총 685명에 대해 323만 8,900원을 지원했다. 이 지원금을 받은 학자들로는 이승기·이태규·김양학·최상준 등이 있었다. 해방 이후에는 1947년 서윤복이 보스턴 마라톤대회에서 우승한 것을 계기로 한국마라톤협회에 100만 원을 기부했고, 사법부의 미국사법제도시찰단에 대해 50만 원을 원조했다. 그리고 대한민국 임시정부에 500만 원, 이승만에게 150만 원, 김규식에게 100만 원의 정치자금을 원조했다는 것을 들고 있다. 이러한 지원 때문이었는지, 손기정·남승룡·서윤복 등 대한마라톤보급회 인사들과 이승기 서울대 공대학장을 비롯한 서울대 교수들 및 섬유공업 관계자들은 김연수에 대한 선처를 호소하는 진정서를 재판부에 제출하기도 했다.

그러나 반민특위는 1949년 5월 국회프락치 사건으로 소장파 의원 다수가 검거되면서 지지 세력이 크게 약화되었다. 국회프락치 사건은 일부 소장파 의원이 남로당에 포섭되어 외국군 철수에 대한 결의안의 상정을 지령받았다는 것이다. 엎친 데 덮친 격으로 반민법 운영에 관한 반민특위 내의 강온 대립으로 일부 특위 재판관이 사직했다. 6월 6일에는 '6·6 사건'으로 불리는 경찰의 반민특위 습격이 있었다. 국회프락치 사건을 계기로 특위에 대한 압력이 가속화되자 반민특위는 최운하 시경 사찰과장을 구속했고, 경찰이 이에 반발해 반민특위의 본부를 습격하고 특경대를 해산시킨 것이다. 이런 가운데 7월에는 반민법의 공소시효를 1950년 6월 20일에서 1949년 8월 31일로 단축하는 개정안이 통과되었다. 반민법 개정으로 반민특위의 활동이 사실상 봉쇄당하자 김상덕 위원장 이하 전 위원이 그 다음 날 일제히 사퇴했다. 7월 14일에 이인을 위원장으로 하는 반민특위가 새로 구성되었으나, 이들에게 남겨진 공소기간은 49일밖에 없었다. 따라서 이들의 활동 범위는 고작 잔무 정리의 테두리에서 벗어날 수 없었다. 반민특위가 사실상 업무를 수행할 수 없는 실정에 놓이게 된 것이다.

이런 와중에 검찰은 1949년 6월 15일 피고 김연수에 대하여 공민권 정지 15년, 4분의 3의 재산 몰수를 구형했으나, 8월 6일 재판부는 무죄라고 판결했다. 판결문의 일부를 소개하면 다음과 같다.

우리는 피고인의 공적을 추장(推獎)할 무엇이 있을지언정, 사리사욕을 위하여 동족을 구박하고 명예와 지위를 위하여 독립정신을 방해한 반민족행위자로 규정할 논거는 없으며, 위로는 망부(亡父)의 민족정신을 받들고 아래론 자질(子姪)의 방향을 탈속(脫俗) 지도한 피고인이 자기 혼자 세인의 구주(口誅)를 받는 반족(反族) 태도를 취행(取行)할 리가 없으며, 피고인이 권력을 동경하고 공명을 희구하는 허영심이 있었다면 학창을 나와 관료 전성의 풍경을 목도한 후 다이쇼(大正) 및 쇼와(昭和) 초기의 관리 황금시대를 버리고 추복(醜服)과 전모(戰帽)로 언동이 부자유한 비영(非榮)의 쇼와(昭和) 말기를 택할 리가 없었을 것이다. 만일 그렇지 않더라도 피고인의 과거 공적을 보아 소위 장공속죄(將功贖罪)의 관용을 시(施)할 수 있거든 하물며 본건 공소사실은 전단(前段) 설정과 같이 먼저 범의(犯意)의 점에 있어서 이를 긍인(肯認)할 만한 자료가 없으니 그 악질 여부를 구명할 여지도 없이 결국 증거 불충분에 귀착되지 아니할 수 없으므로 형사소송법 제362조에 의하여 주문과 같이 판결하노라.

재판부는 공소 사실이 모두 피고 김연수의 자유의사에서 따른 것이 아니라 당시의 정치적 탄압과 아울러 사회적 협박으로 말미암아 저항하기 어려운 주위 사정에서 반사적으로 취한 행동에 불과하다고 인정했다. 또한 김연수가 중앙학원, 고려대학교 기타 사회학생단체에 대한 막대한 물적 제공을 했고, 금융·제사·정미·농사 및 상공 관계 각 회사를 설립하여 산업을 개발한 선구자인 점을 인정해 공죄상쇄(功罪相殺)의 의미에서 무죄를 언도한 것이었다.

이와 같은 판결은 큰 논란을 불러왔다. 소위 '당연범 논란'이었다. 반민특위와 특별재판부 사이에 당연범에 대한 법적 해석을 둘러싸고 갈등이 빚어졌다. 김연수가 중추원 참의를 지낸 경력은 당연범이었는데, 당연범으로서 무죄가 된 판례는 김연수가 처음이었다. 이것을 두고 반민특위 측에서는 "당연범의 규정은 그 자체가 벌써 악질적인 반민행위를 인정하고 있는 것이니 피고의 죄상을 참작할 수 있을지언정 악질이란 요소를 전연 부인하고 무죄로 한다는 것은 이해 곤란하다"는 견해였고, 특별재판부 측에서는 "당연범이라고 해도 사법상은 아직 혐의자에 불과하니 공판에 있어서도 당연범행을 인정하고 들어갈 수는 없다"는 견해였다. 논란 가운데 김연수는 무죄 판결로 친일 행위의 면죄부를 받게 되었고, 다시 기업 경영자의 자리로 돌아갔다.

한국경제협의회 초대 회장

1945년 8월 15일 김연수는 38선 이북의 수많은 기업체와 재산을 해방과 함께 잃게 되었다. 만주의 남만방적, 대농장들과 삼척 기업, 황해도 남천·은율, 평양의 조면 공장 등이 대표적인 것들이었다. 일례로 삼척기업의 경우를 보면, 이 회사는 원래 김여백이라는 사람이 만주국으로부터 북간도 화룡현 숭선촌 고성리에 있는 원시림 9,000만 평을 불하받아 벌목하기 위해 발족한 회사였다. 그러나 이를 추진할 능력

해리염전.

이 없자 김연수에게 인수를 간청하여 1939년 삼양사에서 인수했다. 삼양사는 여기에 300만 원이라는 거금을 투입하여 1944년 겨울부터 본격적으로 벌목을 시작했으나 해방으로 한 푼도 회수하지 못했다.

그리고 1945년 12월에는 경성방직 사장직에서 물러나면서 경성방직의 운영에서 손을 떼었다. 1958년에는 보유하고 있던 주식도 전부 매각했다. 이후 경성방직은 김연수의 매제인 김용완이 경영하게 된다.

또 1949년 농지개혁법 시행으로 삼양사가 남한에 소유하고 있던 농장 대부분을 정부에 넘기고 지가증권으로 보상받았다. 이때 정부에 넘기게 된 토지는 장성 농장을 비롯하여 줄포 농장·고창 농장·영광 농장·법성 농장 그리고 손불 농장까지 합쳐 연 수확 15만 석에 달하는 광대한 농지였다. 이로써 이제 삼양사에는 1946년 해리 농장을 염전으로 전용했던 해리 염전만이 남게 되었다.

이승만(대통령, 우)과 김성수(부통령, 좌).

김연수는 유명무실해진 삼양사를 근대기업으로 전환할 것을 꾀했다. 1951년 식품공업과 섬유공업으로 사업 방향을 설정하고, 울산에 제당 공장과 한천 제조 공장을 세웠다. 이후 제빙·제염·화학섬유·모방·수산업·사료·양돈 농장 등으로 사업 분야를 넓혀 나갔다. 그러나 전체 경제계에서 차지하는 위상은 식민지 시기만 못했다.

1950년대까지 친형인 김성수의 정치 활동으로 이승만 정권의 지원은 그다지 받지 못한 듯하다. 김성수는 1945년 12월 30일 평생지기였던 송진우가 암살되자 1946년 1월 한국민주당 수석총무로 정계에 입문했다. 이후 남한 단독정부 수립방침을 지지했고 1951년 5월부터는 제2대 부통령을 지냈으나, 이승만과의 대립으로 1년 만에 사임하면서 이승만과 정치적으로는 불편한 관계에 있었다. 이승만의 자유당과 대립하는 야당의 역할을 했기 때문이다.

솔직히 말해서 형님께서 정당에 간여하지 않았거나 또 한때 부통령 자리에 앉지 않았더라면 나는 훨씬 편했을 것이고 또 내 사업도 융성했으리라 생각해. 그런 일들로 받은 피해는 음으로 양으로 여간 큰 것이 아니었어.

—《수당 김연수》, 258쪽

김연수는 제2공화국 때인 1961년 1월 10일 현 전국경제인연합회의 전신인 한국경제협의회 초대 회장으로 추대되었다. 한국경제협의회는 장면 정권 등 정치권에 정치자금을 제공하고 부정축재특별처리법을 무력화시키는 활동에 주력했다. 이후에는 독일로부터 차관 및 기술을 도입하는 문제와 함께 한일 국교 정상화와 경제협력 문제를 담당하기로 했다. 한일 국교 및 경제협력을 민간경제계가 맡기로 한 것은, 민주당 정부의 장면 총리가 미국에서 공부한 까닭에 일본과의 인맥이 거의 없었기 때문이다. 반면에 경제계 인사들은 교육 배경이나 사업상의 이유로 식민지기부터 일본인과 오랜 관계를 맺고 있었다. 그러한 대표적인 인물이 김연수였던 것이다. 그러나 일본과의 교섭은 초기 단계에서 5·16 쿠데타로 중단되었고, 김연수는 한국경제협의회 회장직에서 물러났다. 김연수는 1979년에 84세로 사망할 때까지 기업 경영에 관여했다.

김연수 집안의 재산 형성 과정은 한국 근대 경제사의 척도라고 할 수 있다. 개항 이후 식민지기에 걸친 시기 동안 미곡 무역, 지주 경영, 산업자본으로의 전환, 해외 진출 등 각 국면마다 시대의 움직임을 잘 파악하고 이를 잘 이용했다고 할 수 있다. 물론 성공의 배경에는 권력 및 금융권과 긴밀한 관계를 유지해 온 것도 간과할 수 없는데, 이것 역시 한국 자본주의의 전형적인 모습이었다. 그리하여 이들은 한국을 대표하는 산업자본, 지주자본으로 성장을 하게 된다. 그러나 해방과 함께 그동안 축적해 온 부의 상당 부분을 상실했고, 이후에는 이전의 위상을 되찾을 수 없었다. 그 요인으로는 권력과의 관계가 이전에 비해 소원해진 것도 있었겠지만, 새롭게 진출한 사업 분야 자체가 한계를 가지고 있었다고도 할 수 있다. 하지만 개인의 명망을 바탕으로 김연수는 한국 경제계의 중심인물로 활동할 수 있었다.

임상옥과 중인 거부들

조선 사람들을 꿈꾸게 한 당대의 명인

다른 사람들에게 비친 임상옥의 삶은 어떠했을까? 그와 함께 살면서 그의 부를 지켜보던 일반 민중들, 그리고 그 민중들의 말을 전해 들은 후세의 사람들은 임상옥을 빼어난 능력을 갖춘 이인으로 생각했다. 눈앞에 닥친 위험을 감지하는 능력이 있고, 중국 상인들을 제압할 배짱이 있으며, 거기에 상품의 진위를 한눈에 알아볼 수 있는 감식안을 가진 인물로 그리고 그런 재주가 있었기 때문에 막대한 부를 쌓은 인물로 그렇게 기억하고 싶어 했다. 그렇게 사람들은 그를 전설로 만들었다.

이욱 : : 한국국학진흥원 고전국역실장

임상옥
1779~1855

1779년(정조 3) 12월 10일 평안도 의주에서 태어난 임상옥의 집안은 일찍부터 장사를 해온 상인 집안이었다. 증조부는 물론 그의 아버지 봉핵도 중국 북경을 왕래하던 무역상이었다. 임상옥도 18살부터 장사에 나섰다. 어려서 임상옥은 상인이 아닌 지식인으로서의 삶을 꿈꾸었으나 아버지 대에서 가세가 기울어 어쩔 수 없이 일찌감치 장사에 나선 것이었다. 그러나 임상옥은 이후 안목과 덕을 갖춘 상인으로 성장한다.

이후 임상옥은 한국 최초로 국경지대에서 인삼무역권을 독점해 막대한 재화를 벌어들인다. 또 1821년(순조 21) 변무사의 수행원으로 청나라에 갔을 때는 북경 상인들의 불매동맹을 교묘하게 와해시키고 원가의 수십 배로 매각하는 등 천재적인 장사수완을 발휘한다. 당시는 중국상인들의 횡포에 의주 상인들이 몸살을 앓던 때인데, 그랬기 때문에 당대에 손꼽히는 임상옥 같은 명인은 사람들 사이에서 '신화'가 되었다. 가뭄이나 수재 등의 재난 시에는 자선사업을 벌이기도 했는데, 그로 인해 곽산군수, 구성부사 등에 발탁되기도 했다.

그러나 임상옥이 조선을 대표하는 거부로 성장하는 데는 역시 권력과의 결탁이 필요했다. 당대의 세도가 박종경의 비호를 받을 때는 다른 의주 상인들에게까지 특권이 주어지기도 했다. 그러나 임상옥은 아무리 많은 재산을 모아도 양반과 관리들은 다양한 명목으로 그의 재산을 빼앗으려 할 뿐 자신이 그토록 갈망한 양반의 삶을 살기는 어렵다는 것을 깨닫고 이후 빈민구제와 시주로 여생을 보냈다.

전설에서 신화가 된 상인, 임상옥

상인 임상옥. 절대 넘치지 않는 술잔인 '계영배(戒盈杯)'로 널리 알려진 조선 시대 최고 부자 중 한 사람이다. 그가 엄청난 부자였다는 것은 틀림없는 사실이다. 임상옥이 죽은 해인 1855년에 태어났고, 그가 살았던 평안북도 의주와는 정반대쪽인 전남 광양에 살던 매천 황현(1855~1910)마저 이렇게 언급할 정도였으니 말이다.

의주에 사는 임상옥은 돈을 버는 재주가 비상했다. 그는 한중(韓中) 양국의 금리를 독차지하여 왕실처럼 부를 누리므로, 북경 사람들은 지금도 그의 이름을 들먹였다.

— 황현, 《매천야록》

한국과 중국 사이의 무역 이익을 독점해, 왕 같은 부와 호사를 누

계영배.

린 인물. 그가 죽고 수십 년이 흘렀어도 북경 사람들이 여전히 기억할 정도의 인물. 그가 임상옥이다.

그런데 《상도》라는 소설이 인기를 얻으면서, 임상옥에 대한 인상이 많이 바뀌었다. 게다가 소설의 인기를 업고 드라마로도 제작해 방영됐는데, 거기에서 그려진 임상옥은 많은 미덕을 갖춘 상인으로 오직 신용과 진실 하나로 온갖 모함과 음모를 물리친 인물로 묘사되었다.

당시 한국 사회는 정관계 로비의혹사건이 불거지면서 추악한 정경유착과 부정부패, 보일 듯 보이지 않는 부패의 고리 때문에 시끄러웠고, 대다수의 국민들은 권력의 배후에서 일어나는 추악한 뒷거래에 염증을 느끼고 있었다. 이런 상황에서 비록 드라마 속 인물이긴 하지만, 임상옥 같은 상인의 모습은 청량제 역할을 했다. 그러면서 임상옥은 역사 속 인물이 아닌 신용과 도덕의 화신으로 신화적인 인물이 되었다.

흔히 장사는 온갖 수단을 가리지 않고 저울을 속이고, 물건 값을 속여서라도 이문을 남기는 직업이라고 생각하기 쉽소이다. 때문에 예부터 사람들은 장사꾼을 '간상배'라고 불러 왔던 것입니다. 그러나 상업에 있어 천도는 범중엄의 말처럼 '남을 속이지 않음'에 있는 것이오. 남을 속여서 일시로는 이익을 남겨 재미를 볼 수는 있을 것이오. 그러나 남을 속이면 절대로 큰 상업을 이룰 수 없는 것이오. 왜냐하면 남을 속여서는 절대로 신용을 얻을 수 없기 때문이오. 신용이야말로 장사에 있어 최대의 자본이요, 재물인 것입니다.

— 최인호, 《상도》

장사에 있어 신용이 가장 중요하다고 역설하는 임상옥. 그리고 드라마 속 임상옥은 당대의 권세가 박종경을 만나 이렇게 이야기한다. "쉰네 불가근불가원(不可近不可遠)이옵니다."

중국과의 인삼 교역 독점권을 따낸 임상옥에게 박종경은 뒷배를 봐주겠다고 했다. 그런데 임상옥은 가까이 하지도, 그렇다고 멀리하지도 않겠다면서 거절했다. 권력의 필요는 인정하지만, 그렇다고 부정한 방법과 결탁하지 않겠다는 것이다. 최고 권력자의 달콤하고 거절하기 힘든 유혹마저 받아들이지 않고, 상인으로서의 정도를 걷겠다는 것이다. 참으로 곧은 상인이다. 그리고 이렇게 정도를 걸으면서도 그 누구보다 막대한 부를 이뤘으니, 정말 대단한 상인이다. 신화의 주인공이 될 자격이 있다.

그런데 우리가 알고 있는 이런 정보가 과연 조선 시대의 상인 임

1976년(영조 36) 1월부터 1910년 8월까지 조정과 내외의 신하에 관련된 일기다. 임금의 입장에서 펴낸 일기의 형식을 갖추고 있으나 실질적으로는 정부의 공식적인 기록이다. 현재 이 책은 2,329책이 모두 전하고 있으나, 21개월분이 빠져 있다. 이 책은 정조의 세자 시절 《존현각 일기》에서 작성되기 시작해 즉위 후에도 계속 쓰였는데, 《일성록》은 이 일기에 많은 기반을 두고 있다. 조선 후기에 문화 사업을 크게 일으켰던 정조에 의해 기록되기 시작해 그 뒤 정부의 업무로서 계속되었다. 정조는 각종 기록을 집대성하는 데에 큰 노력을 기울여 국가의 의례에 이용된 문장, 과거의 답안, 신하들의 상소문 등을 종류별로 모아 책으로 엮게 했고, 그 뒤로도 계속 수정하도록 명했다. 《일성록》을 펴낸 목적은 그 형식이 일기인 만큼 날마다의 생활을 반성한다는 것이다. 이 책은 당시 펴낸 의도대로 임금이 국정을 파악하는 데에 매우 중요한 역할을 했으나, 임금이 쉽게 열람할 수 있도록 모든 기록을 다시 분류해 편집한 것이라서 임금의 취사선택이 있었고, 임금의 뜻에 거슬리는 내용은 제외되었을 가능성이 있다. 하지만 《조선왕조실록》을 보충할 수 있는 귀한 자료로 실록과는 다르게 더욱 자세한 상황을 기록하고 있어 조선 후기를 연구하는 데 매우 귀중한 자료다.

상옥의 진면목이라고 할 수 있을까? 애석하게도 조선 시대의 상인은 그렇게 중요하지도, 고귀하지도 못한 사람들이었다. 당시의 역사가들은 임상옥 같은 인물을 위해 그 비싼 종이를 할애할 생각이 전혀 없었기 때문에 임상옥과 관련된 자료를 많이 남기지 않았다. 아니 아예 없다고 표현해도 틀린 말이 아닐 것이다. 방대한 《조선왕조실록》에 임상옥과 관련된 자료는 딱 하나가 나온다. 그것도 상인으로서의 임상옥이 아니라 관료로서의 임상옥과 관련된 것이다. 상인 출신의 비천한 임상옥이 '구성부사'라는 고위 관직에 임명되자, 비변사의 대신들이 반대하는 내용이다. 《일성록》이나 그 밖의 관찬 사료에서도 상인으로 활약하는 임상옥의 모습은 찾아볼 수 없다. 《의주읍지》에는 임상옥의 신상과 관련된 내용이 일부 나오긴 하지만, 이것도 홍경래가 주도한 평안도의 농민전쟁이 일어나자 이에 맞서는 의병에 가담한 내용과 흉년이 들었을 때 자신의 재산을 희사했다는 내용뿐이다. 조선 시대 국가와 지식인들은 상인 임상옥을 거의 기억하고 있지 않은 것이다.

상인으로서의 임상옥을 더욱 슬프게, 아니 비참하게 하는 것은 스스로도 상인으로서의 자신을 기억하려 하지 않았고, 그 후손들 역시 기억하려고 하지 않았다는 것이다. 임상옥의 후손들은 그가 쓴 글을 모아《가포집(稼圃集)》이라는 문집을 냈고, 거기에 임상옥의 일생을 정리한 행장을 실었다. 그러나 애석하게도 그 문집은 지금 전해지지 않는다. 따라서 그 내용을 지금으로서는 알 길이 없다. 다만 일제 시대 역사학자인 호암 문일평이 그에 관한 짧은 평전을 쓸 때까지만 해도 《가포집》이 남아 있던 것으로 보이는데, 이것을 통해 몇 가지 사실을 알 수 있다. 그에 따르면,《가포집》에는 상인이 아닌 지식인으로서 그리고 시인으로서 세월과 풍경을 노래하는 임상옥의 이미지로 가득 차 있었다고 한다. 또 그의 후손들이 정리한 임상옥의 행장에도 국가와 사회에 끼친 임상옥의 업적에 대해서는 온갖 미사여구를 사용해 자랑하면서도, 정작 상인으로서의 활약에 대해서는 일언반구 없었다고 한다. 다시 말해 임상옥과 그 후손들도 상인으로서의 과거를 잊고 싶어 한 것이다.

그럼에도 상인 임상옥의 모습은 지금까지도 전해 내려오고 있다. 상인으로서 임상옥의 모습을 구체적으로 복원한 사람은 앞에서 말했듯 문일평이었다. 그는《조선명인전》에서 조선 시대 최고의 무역상으로서 임상옥을 조명했다. 지금까지 남아 있는 임상옥과 관련된 많은 글들이나 지식은 모두 문일평의 글에 근거하고 있다. 당시 문일평의 작업이 가능했던 이유는 사람들의 입으로 전해 내려오는 이야기가 있었기 때문이었다. 문일평은 임상옥과 같은 의주 사람으로, 어려서부터 많은 사람들에게 임상옥과 관련된 일화를 들었다. 그리고 임상옥과 관련이 있다고 전해지는 집과 땅 등을 직접 보기도 했기 때문에 그런 경험을 토대로 임상옥을 재구성했다.

임상옥은 조선 시대에도 이미 하나의 전설이었다. 어쩌면 임상옥 본인은 감추고 싶어 했던 상인의 모습을 당시 사람들은 끝까지 기억하고, 대를 이어 간직한 것이다. 그리고 거기에는 실제의 임상옥과 함께 다른 사람들이 만들어 낸 임상옥도 있었을 것이다. 임상옥과 같은 장사 수완이라면 이렇게 했을 것이라는 기대, 혹은 임상옥 같은 사람이라면 자신들이 장사를 하면서 겪었을 어려움이나 부당한 행동을 두고 이렇게 대처했을 것이라는 상상 등이 결합되어 있었다.

그러므로 이 글에서는 조선 시대 사람들의 꿈과 기대의 산물이라는 시각에서 임상옥을 조명해 보려고 한다. 자료가 없기 때문에 사람들의 기억과 이야기가 어느 정도 진실인지 판별하기는 어렵다. 임상옥과 관련된 이야기 전부가 사실일 수도 있고, 극히 일부분만이 사실일 수도 있다. 그러나 그것은 중요하지 않다. 거기에는 그 당시 중국 무역에 참여해서 부를 축적했던 상인들의 애환이 그대로 녹아 있기 때문이다. 무역상, 그리고 거부로서의 삶과 애환, 그것에만 초점을 맞춰 서술할 것이다. 글 속의 일화들을 사실로 믿든, 상당한 부분이 거짓이라고 믿든 그것은 이 글을 읽는 분들의 몫으로 남긴다.

유소년 시절의 임상옥

임상옥은 1779년(정조 3) 12월 10일 평안도 의주에서 태어나, 1855년
(철종 6) 5월 29일 77세의 고령으로 의주의 자기 집에서 죽음을 맞았
다. 전주 임씨로, 자는 경약(景若)이고, 호는 가포(稼圃)였다. 선대는 본
래 평안남도 안주에 거주했는데, 증조 때 의주로 옮겼다고 한다. 증조
역시 일찍부터 장사를 했고, 아버지인 봉핵(鳳翮)도 중국 북경을 왕래
하던 무역상이었다. 임상옥도 18살부터 장사에 나섰다고 술회하고 있
다. 그의 집안은 대대로 상업에 종사했던 것이다.

그런데 임상옥이 기억하는 어릴 적 삶은 당시 일반적인 상인과는
다른 것이었다.

의주 남쪽 성곽의 아래에 거주하는 곳은 곧 조상들이 사시던 곳이다.
6~7살 때부터 15살까지는 스승님에게 유교 경전과 중국 역사서를 배워
어느 정도 문리(文理)를 익혔다. 이후에는 뛰어난 선비를 찾아 배우기도
하고, 혹은 절에서 혼자 공부했다. 시가 거의 스스로 이루어진 것은 마
치 꽃이 저절로 피고 달이 절로 둥글어지는 것과 같았다. 하루에는 하루
의 공부가 있었고 한 달 동안 공부하면 한 달만큼의 효과가 있었다.

(……) 아! 이때에 이르러 부친께서 연로하시고 가정이 매우 곤궁해졌다. 위로는 부모님을 봉양할 재산이 없었고, 아래로는 식솔을 거느릴 방법이 없었다. 이때 생각을 잘못해 장삿길에 들었으니, 18세였다.

— 임상옥, 《가포집》 자서(自序)

이 글은 임상옥이 만년에 자신의 삶을 회고하며 쓴 것인데, 자신이 꿈꿨던 인생은 상인이 아니었다고 강변하고 있다. 그는 어려서 지식인으로서의 삶을 지향했으나, 기울어가는 가세 때문에 장사를 시작했고 그것은 잘못된 선택이었다고 했다. 여기서도 우리는 임상옥이 상인이었다는 사실을 잊고 싶어 했다는 것을 확인할 수 있다.

그런데 과연 임상옥의 기억은 정확할까? 1780년에 박지원이 쓴 《열하일기》에 보면 임상옥 집안과 임상옥이 상업에 투신하게 된 계기를 추측할 수 있는 내용이 나온다.

중국에 사신으로 가게 되면 공식 사신 일행에게는 8포를 준다. 공식적인 일행은 비장(裨將)과 역관을 합하여 30명이다. 8포는 옛날에는 이들에게 인삼을 몇 근씩 정해 주었는데, 요즘은 이것을 관에서 주지 않고 각각 자기 돈으로 은을 준비하게 했다. 나라에서 당상관의 포는 3,000냥, 당하관은 2,000냥으로 액수를 정해 주면, 각자가 알아서 은을 준비해 북경에 가서 무역하도록 하고 있다. 그런데 이들 중에서 자비로 은을 마련할 길이 없으면, 자기가 얻은 무역권인 포를 개성이나 평양, 안주 등지의 중국 무역상들에게 팔아 은을 마련하여 간다. 그러나 포를 산 중국 무역상들은 법이 금하고 있어 자신이 직접 북경에 갈 수는 없었다. 대신 이 포를 무역 특권을 갖고 있는 의주 상인에게 부탁하여 물건을 사오게 한다.

의주 상인 중에서도 한씨 성과 임씨 성을 가진 자들은 매년 북경 드나들기를 자기 집 안방 드나들 듯하여 북경 시장의 상인들과 아주 절친한 사이가 되었다. 그래서 물건을 사고팔거나 값을 올리고 낮추는 것은 모두 이들의 손아귀에 달려 있어서, 중국 수입품의 가격이 자꾸 오르는 것은 모두 이들의 농간이었다. 우리나라 사람들은 이 사정을 잘 모르기 때문에 모두 역관들의 소행인 줄 알고 있다. 실상 역관들도 자신들의 권리까지 의주 상인들에게 다 뺏기고 팔짱을 끼고 구경만 할 뿐이다. 각지의 중국 무역상들도 의주 상인들의 농간을 잘 알고 있지만, 보지 못했으니 속만 태울 뿐 직접 항의하지는 못하는 실정이다. 그래서 그 폐단이 아주 오래되었다. 오늘도 이들은 몸을 잠시 숨겨 얼굴을 내놓지 않는 것은 필시 또 어디서 무슨 잔재주를 부리고 있음에 틀림없다.

— 박지원, 《열하일기》

박지원은 임상옥이 태어난 바로 이듬해의 중국 무역의 실상과 의주 상인에 대해 생생하게 말해 주고 있다. 당시 중국으로 은을 가지고 가서 비단과 같은 상품을 수입하는 모든 권한은 의주 상인들이 독점하고 있었다. 중국으로 가는 사신이나 역관에게도 일부 상품의 무역 권한이 주어졌지만, 그들은 무역 자금을 마련할 길이 없어서 평양 상인이나 개성 상인에게 그 무역권을 팔기도 했다. 그런데 평양 상인이나 개성 상인은 중국에 들어갈 수 없었고, 어쩔 수 없이 의주 상인에게 무역을 대행시킬 수밖에 없었다. 따라서 중국에서 상품을 수입하고 가격을 결정하는 것은 전적으로 의주 상인에게 달려 있었다. 그런 의주 상인 중에서도 한씨 성과 임씨 성을 가진 상인들이 가장 대표적이었다. 특히 주목할 것은 임씨 성을 가진 상인이다. 물론 박지원이 말한 임씨가 곧바로 임상옥의 부친이나 친척이라고 단정 지을 수는 없다. 그러나 이후 임상옥이 자연스레 의주 상인을 대표하는 상인으로 성장할 수 있었던 것은 의주 상인 중에 그의 일족들이 있었고 나름대로 발언권을 행사하고 있었기 때문에 가능했다라고 추론할 수 있다. 증조부대에 의주로 이사하고, 나아가 대외무역에 참여할 수 있던 것도 이런 친족 기반이 있었기 때문에 가능했을 것이다. 그리고 임상옥이 막대한 부를 축적한 이후 굉장히 거대하고 화려한 집을 지으면서, 일족들이 모여 살기 위해서는 어쩔 수 없다고 한 것도 의주 일대에 임상옥 일족이 상당히 많았다는 것을 반영한다.

이처럼 임상옥의 집안은 일찍부터 중국 무역에 깊이 관여하고 있었다. 때문에 임상옥은 대외무역상으로 활동하는 데 필요한 지식, 즉 중국어와 한문을 어려서부터 배웠을 것이다. 그리고 이런 지식을 토대로 자연스럽게 중국 무역에 참여하게 되었을 것이다. 그런데 이러한 경험들을 임상옥은 유학자가 되기 위한 훈련이었다고 왜곡해 기억하거나 혹은 그렇게 기억하고 싶어 한 것으로 보인다. 그것은 만년에 임상옥이 느꼈던 좌절감 때문이었을 것이다.

임상옥의 장사 수완과 그 전설의 이면

이처럼 임상옥은 상인의 집안에서 태어나 상인으로서 살아가야 할 숙명을 갖고 있었다. 그러나 임상옥이 본격적으로 장삿길에 나선 이후 초반 10여 년간은 상당히 힘든 시간이었던 것으로 보인다. 다시 한 번 그의 회고를 들어 보자.

> 18세에 처음 장사를 시작했다. 이로부터 10여 년을 북경을 왕래했다. 28세 때인 1806년에 아버님이 돌아가셨다. 하늘이 노래지고 울음이 솟구쳤다. 그러나 빚은 산처럼 쌓였고 가세는 완전히 기울어, 앉아서 먹고살수 없었다. 비록 상중이었지만 계속 장사를 할 수밖에 없었다.
>
> — 임상옥, 《가포집》 자서

임상옥은 아버지가 돌아가셨어도 호구(糊口)를 위해 장삿길에 오를 수밖에 없는 형편이었다.

사실 중국 무역은 매우 남는 장사였다. 앞에서 예로 들었던 박지원의 설명에 따르면 역관 등은 스스로 은을 마련해서 무역한다고 했다. 그러나 임상옥이 상업에 나설 때는 그 제도가 바뀌었다. 조선에 비축된 은이 거의 고갈되면서, 사행길에 오르는 역관이 은을 마련하기가 쉽지 않았다. 그래서 1797년(임상옥이 19살 때다)부터 은 대신 홍삼을 가져갈 수 있도록 했다. 정규 사행에서 가져갈 수 있는 홍삼은 대략 90근이었다. 이때 홍삼 1근은 인삼뿌리 대략 160개 정도였다. 그리고 이것을 구입하는 가격은 은으로 환산할 때 순도 100퍼센트의 은 100 냥이었다. 상당히 고가였다. 물론 시가가 아닌 법정 가격으로 환산한 것이지만, 은 100냥을 쌀로 바꾸면 60석에서 80석에 해당하는 가격 이었다. 이것을 중국에 가지고 가면 싸게는 천은(天銀) 300냥에서 많 게는 700냥씩에 팔 수 있었다. 한 마디로 최소 3배에서 많게는 7배까 지 이문을 남길 수 있는 장사였다. 따라서 홍삼 90근을 가져갔을 때 은화로 최대 약 6,300냥을 남길 수 있었다. 물론 이것을 상인 한 사람 이 독점할 수는 없었지만, 그렇지 않더라도 엄청난 이익을 보장하는 것이었다.

그런데 당대의 귀재라고 일컬어지는 임상옥이 중국 무역에 10년 이나 참여했으면서도 부를 쌓기는커녕 빚만 지게 되었다는 것이다. 여기에서 우리는 임상옥의 뛰어난 상술과 관련된 전설에 대해 다시 한 번 생각할 필요가 있음을 알게 된다. 또 임상옥이 당대의 거부로 성 장할 수 있던 데는 뛰어난 상술 이외의 무엇인가가 있을 것이라고 추 측할 수도 있다. 여기서는 우선 그의 뛰어난 상술과 관련된 전설의 이 면을 살펴보기로 하자.

임상옥의 상술과 관련된 일화로 이런 얘기가 있다. 어떤 사람이 몸집이 큰 산삼을 가지고 와서 임상옥 앞에 내놓으며 감정해 줄 것을 청했다. 임상옥은 그 산삼을 아침 햇빛에 자세히 검사하더니 산삼이 아니라 경삼(驚蔘), 즉 장뇌삼이라고 했다. 이에 그 사람이 감히 숨기 지 못하고 과연 어떤 산사 우물가 숲 속에서 채취했다고 고백했다.

이것은 임상옥이 산삼과 장뇌삼을 정확히 구분할 능력을 가지고

인삼, 홍삼, 장뇌삼.

있었다는 것을 말하는 것인데, 그의 상업적 재능 중 하나로 전해지는 일화다. 물론 상인으로서 자기가 취급하는 물품의 가치와 진위를 판별하는 것은 가장 기본적으로 갖춰야 할 재능이다.

그런데 왜 임상옥의 이야기 중 이런 일화가 전해졌을까? 이것도 당시의 상황을 반영하는 것이라고 생각한다. 당시는 산삼이 거의 나지 않았다. 반면 중국이나 일본에는 산삼이 신비의 영약으로 알려졌기 때문에 수요가 매우 많았다. 공급이 수요를 따라가지 못할 때, 통상 그것에 대체할 수 있는 새로운 상품을 개발하거나 아니면 가짜가 등장하게 된다. 산삼의 경우도 마찬가지였다. 조선에서는 산삼을 재배하는 데 성공했다. 그리하여 자연스레 이 시기에는 재배삼인 인삼이 산삼을 대신하게 되었다. 그러나 자연 상태의 재배삼은 열이 많은 체질에는 부작용이 있었다. 그러자 이것을 보완한 가공품인 홍삼을 개발했다. 그렇지만 역시 효능에 있어서나 가격에 있어서 산삼은 재배삼에 비할 것이 아니었기 때문에 장뇌삼 등을 산삼이라고 속이는 예도 적지 않았다. 따라서 장사에서 큰 낭패를 보지 않으려면 진짜 산삼과 가짜를 잘 구별해야 했다. 그런데 아무리 경험 많은 상인이라도 한두 번은 실수할 수밖에 없었다. 자신의 어처구니없는 실수를 깨달은 상인들은 이렇게 되뇌었으리라. "임상옥이었다면……"이라고. 실제 임상옥이 탁월한 감식안을 가졌었는지도 모르지만, 이렇게 임상옥의 뛰어난 면모는 사람들의 입을 거치면서 전설이 되지 않았을까 생각한다.

다음 이야기는 잘 알려진 중국 상인의 불매동맹과 관련된 것이다. 임상옥의 인삼 독점을 시기한 중국 상인들은 불매동맹을 체결했다. 그래서 임상옥이 머무는 곳에 인삼을 사려고 오는 이가 하나도 없었다. 조선으로 돌아갈 기일은 다가오는데 산더미처럼 싣고 온 인삼을 전혀 팔 방법이 없으니, 싼 값에라도 팔지 않으면 안 되는 상황이 되었다. 그런데 임상옥은 과감하게 그 인삼을 모두 마당에 쏟아 놓고 불태워 버렸다. 귀한 인삼이 모두 잿더미가 될까 깜짝 놀란 중국 상인들은 훨씬 비싼 값에 그것을 살 수밖에 없었고, 임상옥은 막대한 이익을 차지했다는 것이다.

그런데 이것과 아주 유사한 이야기가 1798년 중국에 사신으로 갔던 서유문이 남긴 《무오연행록(戊午燕行錄)》에 남아 있다. 거기에는 다음과 같은 이야기가 나온다.

이때 중국의 홍삼 시가가 매우 높다. 작년 사행에는 매근에 300냥이던 것이 올 가을에는 600냥, 지금은 700냥이나 된다 한다. 그런데 북경에 조선 후기에 서유문(徐有聞)이 지은 연행록이다. 1798년(정조 22) 10월 삼절연공 겸 사은사(三節年貢兼謝恩使)의 서장관으로 연행(燕行)했던 작자가 다음 해 4월 초 2일 복명(復命)하기까지 왕복 160여 일 동안 일어난 일을 일기로 쓴 기행문이다. 이 책은 북경 체재 일기가 그 중요한 내용을 차지하고 있지만, 홍대용이나 박지원의 연행록보다 그 관찰의 폭이 제한되어 있다. 그것은 홍대용이나 박지원처럼 자유스러운 신분이 아니었고, 서장관으로서의 체모가 있었기 때문이라 생각된다. 한편, 그때 청나라는 건륭제(乾隆帝)의 상중(喪中)인 관계로 나들이가 자유롭지 못했다는 것도 이유가 될 것이다.

그러나 《무오연행록》은 홍대용의 한글본 《을병연행록》보다는 30여 년, 박지원의 《열하일기》보다는 17년 뒤인 18세기에 나온 것이지만, 18세기에도 드물게 보이는 한글로 된 기행문학작품이라는 점에서 주목된다. 뿐만 아니라 작자의 특유한 대청관(對淸觀)·문명관 및 자기비판의 필치가 돋보이는 기행문학이기에 문학사적 의의가 크다.

이르렀더니 중국 상인들이 사기를 거부하면서 350냥에 팔라고 강요한다. 역관들이 낭패할 지경이다. 그런데 이들의 횡포는 여기에 그치지 않았다. 중국 상인은 인삼을 사들이는 값으로 은이나 돈을 주지 않고 비단을 준다. 그런데 비단 가격을 올려서, 이전에 100냥으로 치던 것을 120냥으로 계산하겠다는 것이다. 이렇게 되면 전혀 이윤이 남지 않아 역관들은 큰 낭패를 볼 판이다. 나는 중국 상인들이 매우 괘씸했다. 저들 중국 상인이 반드시 비단을 사야만 하는 사정을 알기 때문에 배짱을 부리기 때문이다. 이에 굳이 비단을 무역하지 않아도 되니 사들이지 말고 그냥 가자고 통보했다. 중국 상인들이 이전 가격대로 다시 거래하자고 흥정을 붙였고, 나 역시 그렇게 하자고 하여 일은 순조롭게 마무리되었다.

— 서유문, 《무오연행록》

의주의 무역상들은 자주 중국을 다녔기 때문에 중국 상인들과 서로 단골이 될 정도로 밀접한 관계를 유지했다. 그러나 그런 인간관계는 이윤을 앞에 놓고서는 전혀 작용하지 않았다. 게다가 의주 상인들은 중국 상인과의 거래에서 불리한 입장에 설 수밖에 없었다. 거래할 수 있는 날짜가 한정되어 있기 때문이었다. 당시 사행은 보통 3개월 남짓 걸렸다. 의주에서 북경을 오고 가는 데 각각 한 달 정도 걸렸고, 북경에서 한 달 정도 머물렀다. 따라서 의주 상인들은 석 달 동안 모든 상품의 매매를 마쳐야 했다. 중국 상인들은 이런 사정을 잘 알았기 때문에 횡포를 부리기 일쑤였다. 서유문의 이야기를 또 들어 보자.

서반이라고 하는 이가 북경 사신이 머무는 곳의 거래를 주관한다. 그는 자신 이외에는 아무하고도 거래하지 못하게 한다. 그런데 물건을 팔면서도 가격을 흥정하지 않고, 다만 판매한 물품 명목만을 작성해 둔다. 그리고는 떠나려고 하는 날짜가 다 되어서야 비로소 가격을 말해 준다. 떠나기에 바빠 가격에 이의를 제기하지 못하고 달라는 대로 주고 만다.

— 서유문,《무오연행록》

중국 상인들은 한 달 이내에 모든 거래를 마쳐야 하는 의주 상인의 약점을 철저히 이용했다. 그들은 조선의 상품은 억지에 가까울 정도로 싸게, 그리고 자신의 상품은 매우 비싸게 팔아넘기려 했다. 게다가 중국 상인들은 의주 상인들이 다양한 상인들과 접촉하지 못하도록 했다. 때문에 의주 상인들은 현지 시가보다 싸게 팔고 비싼 값에 비단

등을 사들이는 것을 알면서도 어쩔 수 없이 그들이 부르는 값에 팔아 넘길 수밖에 없었다.

의주 상인들은 억울했다. 이런 불평등한 교역 때문에 훨씬 더 많은 이윤을 남길 수 있음에도 불구하고 그럴 수 없었던 것이다. 심지어는 큰 손해를 보고 패가망신할 수도 있었다. 게다가 상인들은 서유문처럼 배짱을 부릴 수도 없었다. 서유문이 배짱을 부릴 수 있던 것은 국가에서 필요한 비단을 수입하는 일이었기 때문이다. 그는 조선에도 비단이 생산되기 때문에, 중국 상인들의 횡포와 그것을 묵인했을 때 있을 수 있는 훗날의 폐단을 염려해 사 오지 않았다고 보고하면 괜찮을 것이라고 생각했다. 그래서 아예 비단을 사가지 않겠다고 엄포를 놓을 수 있었다.

그러나 의주 상인들은 그렇지 못했다. 그들은 무역에 참여하기 위해 여기저기서 빚을 내어 물건을 사 가지고 왔다. 게다가 그들이 팔아야 하는 물건에는 개성 상인이나 평양 상인에게 위탁받은 물건도 있었다. 그들은 반드시 가지고 온 물건을 모두 팔아야 했다. 때문에 어느 정도 손해를 감수할 수밖에 없었던 것이다.

의주 상인들은 평소에는 매우 살갑게 굴다가도 정작 거래를 할 때는 야멸치게 안면을 바꾸는 중국 상인들을 한 번쯤은 혼내 주고 싶다거나 차라리 가져온 물건을 도로 가져가고 싶다는 생각이 들 때도 많았을 것이다. 어쩌면 그들 눈앞에서 가져온 인삼을 태워 버리는 호기라도 한 번 부려 보고 싶었을지도 모른다. 그러나 현실에서는 도저히 그럴 수가 없었다. 당장 조선에서 자신을 기다리는 처자와 채권자,

그리고 개성·평양 상인들의 얼굴이 떠올라 적당한 가격에서 타협을 볼 수밖에 없었다. 그럴 때 그들은 자조적으로 "조선과 중국에서 당당하게 호령하던 당대의 장사꾼 임상옥이었다면, 이것들을 불태워 버리지 않았을까? 아니면 기지를 발휘해서 중국 상인들 농간을 미리 간파하고 가져온 도라지를 태워서 시위한 다음, 혼비백산한 중국 상인들에게 진짜 인삼을 아주 비싼 값에 팔아넘기지 않았을까" 하는 푸념을 늘어놓지 않았을까. 그렇게 해서 처음에는 상상이던 것이 몇 사람의 입을 거치면서 기정사실이 되고, 나중에는 중국 무역상 임상옥을 빛내는 무용담으로 전해 내려왔을 가능성도 없지 않다.

물론 임상옥이 실제로 그랬는지 정확한 사실은 알 수 없지만 임상옥이 뛰어난 장사꾼이었다는 것은 틀림없는 사실이다. 뛰어난 장사꾼은 앞에서 보았던 것처럼 결정적인 순간에 모든 것을 걸고 모험할 수 있는 배짱도 갖추어야 하지만, 평소에는 아주 작은 손실에도 민감해야 한다. 임상옥은 그런 세밀함을 갖추고 있었다. 후손들이 쓴 행장에 의하면, 임상옥은 매우 근검해 아무리 사소한 물건이라도 반드시 제자리에 간수했고, 회계 장부를 작성할 때 매우 세밀하게 하여 조금도 틀리지 않았다고 한다. 이러한 미덕이 있었기 때문에 그는 상인으로 성장할 수 있었다.

독이 든 성배—정권과의 결탁

그러나 임상옥이 조선을 대표하는 거부로 성장하기 위해서는 역시 권력과의 결탁이 필요했다. 그가 당대의 세도가였던 박종경의 비호를 받았으며, 그렇게 되기까지 많은 노력을 했다는 일화도 전해지고 있다. 임상옥은 박종경의 부친상에 당시로서는 상상하기 어려운 금액을 조의금으로 바침으로써 당장 박종경의 관심을 끌었고, 마침내 그들은 대면하게 된다. 박종경은 임상옥을 몇 마디 말로 시험했고, 이 시험에 통과한 임상옥은 이후 큰 도움을 받았다고 전해진다.

이것 역시 사실 여부를 알기는 어렵다. 그러나 박종경이 권력의 중심에 있던 무렵, 의주 상인에게 큰 특권이 주어졌던 것은 사실이다. 1810년 이전까지 조선 정부는 중국 무역의 주도권을 역관과 포삼계(包蔘契)라고 불리던 서울 상인들에게 주려고 했다. 그런데 1810년 조선 정부는 공식적인 홍삼 무역권을 가졌던 포삼계를 혁파하고, 의주 상인 6명에게 10년이라는 기간 동안 그 역할을 대신하도록 결정했다. 이들 6명 중에 임상옥이 포함된 것은 물론이다.

이러한 제도 변화는 의주 상인에게 큰 이득을 주는 계기가 되었다. 의주 상인들은 인삼 재배지에서 그들에게 할당된 인삼 120근을 독점적으로 살 수 있었다. 뿐만 아니라 의주 상인이 아닌 상인이 인삼 생산자와 몰래 매매하는 것도 단속할 임무와 권한을 부여받았다. 또한 이들은 사신을 따라 북경에 가서 인삼 무역을 전담했고, 동시에 인삼 밀수 상인들을 정탐하는 임무도 맡게 되었다. 의주 상인은 이제 포삼

별장(包蔘別將)이 되어 인삼 무역의 중심에 서게 된 것이었다. 게다가 이듬해인 1811년에는 홍삼 수출량을 120근에서 200근으로 늘려 주면서, 그에 따른 세금은 전혀 올리지 않았다. 그만큼 의주 상인의 이익을 고려한 것이었다.

1814년에는 의주상인들의 이익을 위해 '관세청'이라는 관청을 세우고, 의주 상인에게 운영하게 했다. 관세청은 의주 상인 이외의 상인들이 몰래 사행에 참여해 무역 이익을 탈세하는 행위를 금지하는 한편, 밀수 상인을 단속하는 책임을 맡은 자들이 의주상인들을 불법적으로 침탈하지 못하도록 하기 위해 설립한 것이었다. 비록 사행에 필요한 경비를 모두 책임지게 하는 반대급부가 있었지만, 당시 중국 무역과 관련해서 거둬들이던 세금, 즉 모자를 수입할 때 부과하던 모자세, 포삼에 부과하던 포삼세, 국경 무역시장에서 거둬들이던 후시세 등을 거둬들이는 임무도 의주 상인에게 주었다. 이런 관세청의 설립과 운영은 의주 상인에게 또 다른 특권이었다.

이처럼 1810년 이후 몇 년 동안 의주 상인이 막대한 이윤을 획득할 수 있는 여러 가지 조치들이 이어졌다. 그리고 이런 조치를 통해 임상옥은 막대한 부를 축적할 수 있었다. 1806년 28살 때만 해도 빚에 허덕이던 임상옥이 불과 5년 뒤인 1811년 평안도농민전쟁(홍경래의 난)이 일어나자, 의병에 가담해 자비로 소와 곡식을 풀어 군사들을 대접하고, 또 자비로 유격부대를 조직해 의주 성을 야간 순찰할 정도의 재력을 갖추게 되었다. 38살 때인 1816년에는 의주 백마산성 서쪽 삼봉산으로 부친의 묘를 이장하고, 그 이듬해 묘 아래에 매우 화려한 집을 지었는데, 집을 짓는 데만 4~5년이 걸릴 만큼 굉장한 공사를 벌일 수 있을 정도의 재력가가 되었다. 그 스스로 자신의 재산에 대해 "내가 가진 은괴를 쌓으면 의주에 있는 마이산 정도가 되고, 가지고 있는 비단은 의주 남문루 정도의 높이가 될 것"이라고 했다고 한다. 당시로서도 고가였던 은과 비단을 산이나 문루 높이로 쌓을 수 있을 만큼 소유하고 있다고 자부할 정도로 그는 막대한 부를 축적했던 것이다.

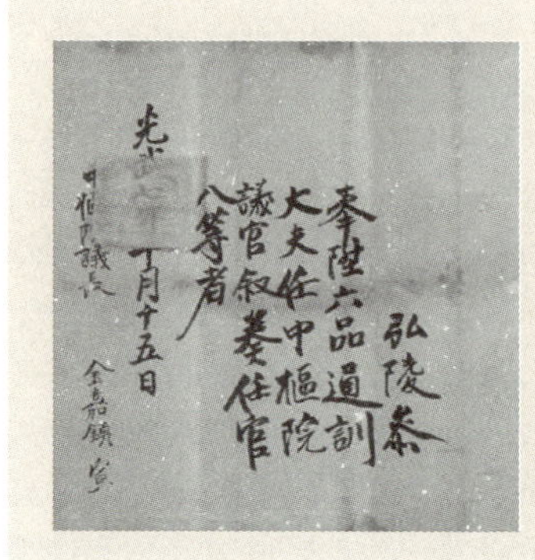

공명첩.

그러나 늘 양지 뒤에는 그림자가 있는 법이다. 권력과의 결탁을 통한 부의 축적은 권력자에 의한 수탈 내지 침탈이 뒤를 잇는다. 게다가 권력자에 의한 침탈은 때론 자원의 형식을 띠기도 한다. 이른바 권분(勸分)이라고 하여, 흉년 때 부유한 사람에게 억지로 재산을 희사하도록 강요하는 것이었다. 또 이 시기에는 국가에서 공공연하게 공명첩(空名帖)을 발매했다. 공명첩이란 말 그대로 이름을 비워 놓은 관리 임명장이다. 예를 들어 100석을 내면 절충장군이나 통정대부라는 관계(官階)를 주도록 하는데, 누가 100석을 낼지 알 수 없기 때문에 임명 당사자의 이름을 적는 난을 비워 둔 채로 발행하는 것이다.

임상옥 역시 흉년 등이 있으면 적극적으로 재산을 희사했다.《의주읍지》를 보면, 그가 행한 빈민구제 행위가 여기저기에 나오고 있다.

임상옥은 천성이 어질고 후덕하여 가난한 자들을 행여 제대로 보살피저 못할까 걱정할 정도였다. 그는 평안도농민전쟁 이후 의주부 재정이 궁핍해지자, 1,000냥을 희사하여 돌다리를 만들고 2,000냥을 내어 배를 만들게 했다. 그리고 2,000냥을 내어 의주부 재정에 사용하도록 했다. 쌀 1,000석과 돈 350냥을 내어 의주산성 군사들의 사기를 북돋고 부식을 마련하는 경비로 사용하게 했다. 또 의주부에 큰 화재가 네 차례에 걸쳐 일어나자 8,500냥을 내어 진휼에 사용하게 했다. 이때의 희사로 그 자손들에게는 지방의 잡역을 면제시켜 주는 특권이 내려졌다. 그리고 임상옥 본인에게는 첨추오위장, 전라중군, 곽산군수, 구성부사, 가선오위장 등의 관직이 주어졌다.

—《의주읍지》

그는 의주의 재정이 어려워지거나 흉년을 당했을 때 상당한 자금을 지원했고, 이를 통해 실제 군수나 부사 같은 관직에 임명되었다. 그의 자손에게는 일부 세금을 면제시켜 주는 특권이 주어졌고, 부친에게는 참판이라는 고위의 증직(贈職)이 주어졌다. 이와 같은 재산 희사로 주어진 관직은 국가와 임상옥 모두에게 이로운 것이었다. 특히 상인이라는 신분에서 벗어나 양반 사회로 진입을 꿈꾼 임상옥에게는 설령 그것이 거의 반강제로 이루어진 것이든, 아니면 임상옥의 자원에 의한 재산 희사든 상관없이 매우 바람직한 것이었다고 할 수 있다.

그러나 이처럼 서로에게 득이 되는 재산 희사 이외에도, 단순히 미천한 상인이면서 부자라는 이유만으로 다양한 침탈이 이루어졌다. 그 좋은 예가 전라 감영 이방과 관련된 일화다.

한번은 전주 감영인가의 어느 이방이 공금을 많이 횡령해 장차 그 목숨이 위태롭게 되었다. 그는 더 이상 방법이 없자 비장한 결심을 하고 멀리 의주까지 가서 임상옥을 찾았다. 그리고 당돌하게 5만 냥을 빌려 달라고 했다. 이에 임상옥은 즉석에서 허락하고 서울에서 5만 냥을 찾을 수 있도록 해 주었다. 일면식이 없는 과객에게 거액의 금전을 주는 것이 너무 이상해서 곁에 있던 사람이 임상옥에게 물었다. 그러자 임상옥이 말하기를, "그 사람의 얼굴에 살기가 가득하더라. 돈 5만 냥을 아끼면 두 사람이 죽고, 5만 냥을 주면 두 사람이 살게 되기 때문이다"라고 했다. 이에 그 사람이 사람을 시켜 은밀히 이방의 뒤를 살피니, 과연 가슴에 칼을 품고 임상옥을 만나서 만약 돈을 빌려 주지 않으면 임상옥을 죽이고 자신도 자살하려 했다고 한다.

— 문일평, 《조선명인전》

임상옥이 사람의 관상을 잘 본다는 것, 그리고 궁한 처지에 빠진 사람을 잘 돌보는 후덕한 인심의 소유자라는 것을 강조할 때 이 일화가 종종 거론되곤 한다. 그런데 다른 한편으로 생각해 보면, 임상옥의 집 안에는 하인들도 매우 많았고, 따라서 생면부지의 사람이 아무리 살기를 띠고 덤빈다고 해도 쉽게 해코지 당하지 않았을 것이다. 게다가 5만 냥은 엄청난 액수의 돈이다. 임상옥이 의주에 네 차례 큰 화재가 일어나자 희사한 돈이 8,500냥이었는데, 그 액수의 여섯 배에 가까운 큰돈이다. 네 차례의 화재로 많은 사람이 곤궁에 처했을 때 8,500냥을 냈던 그가 단 한 사람의 목숨을 구하기 위해 5만 냥을, 그것도 돌려받을 가망이 거의 없는데 순순히 내주었다는 것은 쉽게 납득이 가지 않는다.

임상옥이 왜 그랬을까? 여기서 주목하고 싶은 것은 그가 감영의 영리(營吏)라는 점이다. 감영의 영리는 한 도(道)의 재정과 형벌을 좌우할 정도로 막강한 힘을 지녔다. 그러므로 이것을 빌미로 임상옥과 모종의 거래가 이루어졌거나 아니면 협박을 해왔을 수도 있다. 임상옥은 여러 가지 이유로 그의 요구를 받아들일 수밖에 없는 상황이었을 것이다. 하여간 정확한 속내는 알 수 없지만, 이렇게 막대한 부를 축적한 그에게 권력자와 그 주변에서 이런저런 요구가 끊임없이 있었음은 능히 짐작할 수 있다.

사소한 예이긴 하지만, 의주부윤은 자신이 아끼던 옥로(玉露, 갓의 맨 윗부분을 장식하는 것)가 부서지자 임상옥에게 옥로를 부탁했다. 또 홍도정은 임상옥을 방문했다가 자신이 갖고 있던 산호로 만든 지팡이가 부러지자 임상옥 집에 있는 산호 지팡이 중 가장 좋은 것을 골라 가졌다고 한다. 또 한번은 임상옥의 집에 원접사(遠接使)·평안감사·의주부윤의 일행 700명이 한꺼번에 찾아와 음식을 대접받고 간 일도 있었다. 물론 이 정도 수준을 침탈이라고 할 수 있느냐 하는 데는 이견이 있을 수 있겠지만, 그 횟수가 잦아지면 그만큼 경제적인 부담이 커질 것이다. 가랑비에 속옷 젖는다고 하지 않는가.

때문에 임상옥은 자신의 재산을 자손에게 그대로 물려주면 유지하지 못할 것이라고 하여 자신 소유의 토지를 궁방(宮房), 즉 왕실 명의의 소유로 바꾸었다고 한다. 당시 평안도 등지에서는 지방관이나 조선시대 명나라와 청나라의 사신을 맞아들이던 관직 또는 그 관원을 말한다. 조선 조정은 2품관 중에서 문명과 덕망이 있는 이를 조정에서 선발하여 원접사로 삼고 의주까지 가서 중국 사신을 마중하여 잔치를 베풀고, 선위사(宣慰使)를 도중 다섯 군데에 보내 설연(設宴)·위로했다. 그런데 만일 도사가 사신을 따라올 경우에는 따로 3품 당상관을 보내어 도사를 선위했는데, 조선 중기 이후로는 도사가 따라오지 않았다. 명·청에서는 황제의 등극, 황태자의 책봉, 조선 국왕의 사호(賜號) 및 책봉, 기타 큰일에는 반드시 사신을 보내 황제의 조칙을 반포했다. 명나라 초에는 조선의 문물을 멸시하여 주로 탐학한 환관(宦官)이 오다가 세종 때부터는 문명이 높은 자로 대신했다. 그러나 중국의 일로 올 때는 문신이 오고, 조선의 일로 올 때는 환관이 그대로 왔다. 중국 사신이 돌아갈 때는 반송사(伴送使)라 개칭하여 다시 의주까지 환송하게 했다. 이들은 도중에서 시를 읊으며 창화(唱和)했는데, 이를 모아 1773년(영조 49)에《황화집(皇華集)》이라는 시집을 간행하기도 했다.

향리의 침탈을 견디지 못해 자기 소유의 토지인데도, 명의를 궁방으로 옮기는 경우가 적지 않았다. 그렇게 되면 지방관의 침탈에서 벗어날 수 있기 때문이다. 그리고 자신은 여전히 중답주(中畓主)라고 하여 토지의 실제 주인으로서 권리를 행사할 수 있었다. 궁방에는 국가에 바치는 토지세보다 조금 더 바치면 되었다. 임상옥은 자신의 부를 유지하기 위해 지방관보다는 더 큰 권력에 의탁했던 것이다. 그리고 그 의도는 맞아떨어져 그의 증손대까지 그 토지는 유지되었다고 한다. 그러나 조선이 망하면서 그 토지를 유지시켜 주던 궁방이 없어져 그 토지는 결국 총독부 소유가 되었고, 다시 일본인에게 그 토지가 불하되어 저 유명한 불이 농장이 되었다고 한다.

다시 말해 임상옥은 조선 최고의 부상이 되기 위해 당대 최고의

권력이라는 성배를 들었다. 그러나 그 성배 안에는 조금씩 임상옥의
재산을 갉아먹는 독이 들어 있었던 것이다.

만년의 임상옥, 그 쓸쓸함에 대하여

그런데 그가 마신 성배에는 또 다른 독이 있었다. 그것은 권력이 지닌
힘을 알게 되면서 점차 자신도 그런 권력의 세계에 발을 들여 놓고 싶
다는, 자신도 그런 지배층의 세계에 편입되고 싶다는 유혹이었다.

임상옥은 비천한 상인의 아들로 태어나 막대한 부를 이뤘다. 부
친상을 당하고도 먹고살기 위해 장삿길에 나서야 했던 임상옥에게 부
친이 남긴 것이라곤 엄청난 빚뿐이었다. 그 빚을 갚기 위해, 그리고 천
형(天刑)으로 주어진 가난에서 벗어나기 위해 그는 온갖 고초를 마다
하지 않았다. 의주에서 북경을 오가는 길에는 목숨을 위협하는 추위
와 더위, 그리고 호랑이의 습격 같은 것이 그를 기다리고 있었다. 그
와중에 그가 목격한 동료들의 죽음은 이루 헤아릴 수 없이 많았다. 그
래도 임상옥은 운이 좋은 사람이었다. 목숨을 부지할 수 있었을 뿐 아
니라, 막대한 부를 얻을 수 있었으니 말이다.

거기에서 만족을 느끼고 자신이 지닌 상인으로서의 재능을 더욱
꽃피우는 데 주력했다면 임상옥의 삶은 또 달라졌을 것이다. 그러나
대부분의 인간은 어느 정도의 부를 쌓은 다음에는 명예와 권력을 얻

고 싶어 한다. 하지만 명예와 권력을 얻기 위해 임상옥이 할 수 있는 일은 별로 없었다. 평안도농민전쟁에 의병장으로 참전한 공과 1821년 변무사(辨誣使)를 따라 중국에 간 공을 인정받아 오위장(五衛將)에 임명되었고, 54세 때는 곽산군수에 임명되었다. 그리고 다음 해에 의주에 흉년이 들자 자기 재산을 내어 굶주린 백성을 구휼한 공로를 인정받아 구성부사에 임명되었다. 그러나 거기까지였다.

　전해지는 말에 의하면, 그는 곽산군수로서 매우 훌륭한 정사를 폈다고 한다. 그러나 정작 관리들의 성적 평가에서는 하위권에 있었다. 그리고 그가 구성부사로 임명되자 비변사에서 바로 반론을 제기했다. 군수와 부사는 격이 다르고, 임상옥의 곽산군수로서 치적 평가가 형편없었는데 그를 부사로 임명하는 것은 문제가 있다는 것이다. 비변사의 명분은 그랬다. 그러나 그 속을 들여다보면 역관도 아니고 비천한 상인 출신인 그가 구성부사라는 고위 관직에 오르는 것이 마뜩지 않았기 때문이었다.

임상옥은 아무리 많은 재산도 양반이 되기에는 부족하다는 것을 절감했다. 양반과 관리들은 그가 가진 재산을 다양한 명목을 붙여 빼앗으려 할 뿐 그를 동료로 인정해 주지 않았다. 돈을 벌기 위해 아등바등할 때는 그런 현실을 잊고 살 수 있었다. 그러나 어느 정도 재산을 모으고 삶에 안정을 찾기 시작하자 비천한 신분이 임상옥을 괴롭혔다. 이상과 현실의 괴리, 그것도 극복하기 어려운 괴리는 사람을 체념하게 한다.

그토록 갈망했음에도 이루기 어렵다는 것을 깨닫는 순간, 사람들의 반응은 다양하다. 임상옥은 화려한 생활과 양반 흉내내기라는 형식으로 반응했다. 만년의 임상옥은 자신이 지닌 부를 즐기기로 작심한 듯했다.

임상옥은 어느 정도 기반을 닦은 서른여덟 살에 의주 백마산성 서쪽 삼봉산으로 부친의 묘를 이장했다. 그리고 이듬해 묘 아래에 매우 화려한 집을 지었다. 숲과 아리따운 연못, 꽃과 괴석으로 치장했다. 집의 규모도 매우 커서 훗날 대부분이 철거되었는데도 여전히 100칸을 헤아릴 정도였다. 임상옥도 스스로 집을 너무 호화롭게 지었다고 생각했던지, '담과 기둥이 매우 크고 화려하여 너무 사치스러워 보이지만, 내 친척들과 함께 살아야 하기 때문에 어쩔 수 없다'고 변명했다고 한다. 여하튼 그의 집은 당대로서는 그 유를 찾아보기 어려울 정도로 호화 주택이었다. 또 음식 사치도 만만치 않았다. 한번은 임상옥의 집에 평안감사와 의주부윤, 그리고 중국으로 가는 사신 일행이 방문했다. 그 수가 자그마치 700명이었다. 그런데 그 집에서는 700명이 먹을 요리를 각상으로 준비해서, 그것도 일시에 대접했다고 한다. 그 음식이 진귀한 것은 물론이요, 700명을 대접할 수 있는 상과 그릇을 준비하고 있었다는 데서 그 화려한 생활을 엿볼 수 있다.

이처럼 임상옥은 호화 주택에서 온갖 보물로 장식하고 진귀한 음식을 먹는, 겉보기에 매우 화려한 만년을 보냈다. 이것은 임상옥에 국한된 일이 아니었다. 당시 역관이나 시전상인 등 상업을 통해 많은 돈을 벌었던 이들의 삶은 대부분 이와 비슷했다. 지금도 음식은 개성이나 서울 종로의 음식을 최고로 친다. 그것은 장사로 큰돈을 벌었던 개성 상인이나 역관, 시전 상인 등이 그들의 낮은 신분을 바꾸지 못하는 현실에 좌절하고, 음식 사치로 그 한을 풀었기 때문이었다. 또 그들의 집 사치 역시 만만치 않았다.《청구야담(靑丘野談)》에서는 당시 부잣집을 이렇게 묘사하고 있다.

집에 들어가니 화원(花園)의 둘레가 수백 보에 이르렀고 사방을 회칠한 담으로 둘렀다. 그 담장 안으로 연못을 팠는데, 연못가에 2~3명이 탈 수 있는 작은 배가 대어져 있었다. 그 배를 타고 향내를 맡으며 한참을 올라가자 동산이 가로막고 있었다. 무늬 박힌 돌로 축대를 쌓고 가운데로는 층계를 만들어 위로 올라가도록 되어 있는 동산이었다. 그 계단이 끝난 곳에 열두 난간이 있었는데 화문석이 화려했고 주렴이 휘황했다. 놀라 사방을 둘러보니 진기한 풀, 묘한 돌, 이름난 꽃, 아름다운 새들이 바닷가의 신기루처럼 황홀해 이루 형용할 수가 없었다.

《청구야담》. 조선 후기 편찬된 편자 미상의 야담집으로, 하층민들이 겪는 사회적 갈등과 세태 묘사가 자세하다.

— 〈결방연이팔낭자(結芳緣二八娘子)〉, 《청구야담》 권8

집 안에 호수 같은 연못을 파고 그 안에 인공 산을 만들어 온갖 보물과 값비싼 가구로 치장한 이 집의 주인은 대외무역을 통해 큰돈을 벌었던 역관의 집이었다. 이들은 양반이 될 수 없는 자신들의 처지를 자각하고, 보란 듯이 집 사치와 음식 사치로 그 한을 대신했던 것이다.

그런데 현실은 이런 사치마저 마음껏 즐기지 못하게 했다. 임상옥 역시 마찬가지였다. 당시 의주에 파견되었던 어사가 상인으로서 그의 집이 지나치게 화려해 분수에 어긋난다고 하여 그 집을 허물게 하는 한편, 그를 감옥에 가두기까지 했던 것이다.

관직에 올랐으나 제대로 대우받지 못하고, 만년을 즐기기 위해 지은 집도 제재를 받았다. 그래서 그가 택한 마지막 방법은 경치 좋은 곳에 거처하면서 자연을 노래하는 시인으로 사는 것이었다. 그 스스로 새 집을 짓고 나서는 이렇게 말했다고 한다.

1820년에 새 집에 들어와 살게 되었다. 숲과 연못, 꽃과 돌 사이에 새들
이 집을 지으니 책이나 읽으면서 만년에 휴식할 만한 장소가 될 만하다.

— 임상옥, 《가포집》 자서

책이나 읽고 자연을 노래하는 삶. 그것으로 그는 인생을 마무리
하고 싶어 한 것이다. 《가포집》에는 천 편이 넘는 시가 실렸으며, 만년
에는 자신이 지은 시 중 몇 편을 따로 간추려 《적중일기》라는 명목으
로 묶기도 했다. 그리고 그가 쌓은 그 많던 부는 흔적도 없이 사라지고
그가 지은 시 몇 수만이 세상에 전할 뿐이다. 그중에서 다음과 같은 시
한 수를 소개한다.

깊은 밤 관아에서 켠 촛불은 꽃샘추위에 겁을 내는데
몇 년 만에 만난 사람들은 이야기꽃을 피우네.
누각의 주인은 전날의 태수이고
시 읊는 반가운 손은 늙은 선비로다.
즐거운 시간을 보내며 오늘의 만남을 기뻐하니
이 지방에 순박한 풍속이 어찌 이리 많은가.
그가 떠난 후 이 땅에는 온갖 일이 있건마는
영청교 위의 달은 유유히 흐르는구나.

— 〈영청각야회〉

이 시에서 누각의 주인은 군수를 지낸 임상옥이고, 그가 반갑게 맞이한 이는 신분을 따지지 않는 양반인 듯하다. 그가 양반과 상인이라는 신분에 구애받지 않고 격의 없이 대하자 임상옥은 매우 감격했고, 이런 사람이 있는 이곳의 풍속은 순박하기 이를 데 없다고 느꼈다. 그러나 그가 떠난 후 임상옥에게는 또다시 상인이라는 자신의 현실을 되돌아보게 하는 사건들이 일어났고, 그때마다 치솟는 수많은 회한을 그와의 만남을 그리며 풀고 있다. 상인이라는 굴레에서 벗어나 양반 사회에 끼고 싶었던 그의 욕망과 한이 한껏 드러난다.

그러면서도 임상옥은 중소상인들을 위해 들고 일어났던 홍경래의 편에는 서지 않았다. 상인들이 사람답게 살 수 있는 세상을 만들기 위해 권력에 대항하려 하지 않았던 것이다. 그저 그 시대가 만들어 놓은 논리에 적응해 살 뿐이었다. 만약 양반이 그가 차지할 수 없는 것이라면, 그저 지난 삶을 관조하면서 내 스스로 양반들의 생활 방식을 흉내내고, 또 저 늙은 선비처럼 자신을 인정해 주는 사람이 있으면 양반들의 대화 방식인 시를 지어 서로 노래하는 삶을 살며 만년을 보냈던 것이다.

그렇다면 다른 사람들에게 비친 임상옥의 삶은 어떠했을까? 그와 함께 살면서 그의 부를 지켜보던 일반 민중들은, 그리고 그 민중들의 말을 전해 들은 후세의 사람들은 임상옥을 빼어난 능력을 갖춘 이인(異人)으로 생각했다. 눈앞에 닥친 위험을 감지하는 능력이 있고, 중국 상인들을 제압할 배짱이 있으며, 거기에 상품의 진위를 한눈에 알아볼 수 있는 감식안을 가진 인물로, 그리고 그런 재주가 있었기 때문에 막대한 부를 쌓은 인물로 그렇게 기억하고 싶어 했다. 그렇게 사람들은 그를 전설로 만들었다.

그의 죽음을 듣고 누군가가 지어 그 영전에 바친 만시(輓詩) 한 수가 있다.

財上平如水　　재물 위에서는 물처럼 평평하고
人中直似衡　　사람 가운데는 저울처럼 곧네.

이 시에 대해 최인호는 다음과 같이 풀이하고 있다.

평등하여 물과 같은 재물을 독점하려는 어리석은 재산가는 반드시 그 재물에 의해서 비극을 맞을 것이며, 저울과 같이 바르고 정직하지 못한 재산가는 언젠가는 그 재물에 의해서 파멸을 맞을 것이다.

— 최인호, 《상도》

당대의 거상 임상옥을 신용과 정직을 무기로 부를 쌓은, 매우 이상적인 상인으로 그리고 싶던 작가는 이 만시에 대해서도 매우 긍정적으로 해석하고 싶어 한다. 재물에 집착하지 않았다는 것, 그래서 정직하게 장사를 했다는 것, 그리고 그 결과로 막대한 부를 쌓을 수 있었다고 말이다.

그러나 내게는 이마저도 달리 해석된다. 재산을 모을 때는 위에서 아래로 흐르는 물의 이치처럼 그 시대가 만들어 놓은 순리에 따랐고, 사람을 대할 때는 늘 중도에 서서 치우치지 않음으로써 적을 만들지 않았던 삶이라고. 그리고 임상옥이 내심 조선의 신분 사회에 불만이 있었더라도 끝내 그것을 밖으로 표현하지 않았기 때문에, 평안도 농민전쟁에서 조선 정부의 편에 섰기 때문에, 적어도 죽은 뒤에는 학봉사(鶴峰祠)에 배향되는 영광(적어도 그가 살았던 당대의 관념에서는 영광)을 얻게 되었던 것이라고 그의 삶을 평가하고 싶다.

윤선도와 해남 윤씨 가문

갯벌을 농토로 바꾼 만석꾼 가문

윤선도는 좀 더 구체적으로 자손들에게 가문의 일원으로서 지켜야 할 교훈을 남겼다. 윤선도가 74세 때 함경도 삼수에 유배된 상황에서 아들 윤인미에게 앞으로 지켜 나가야 할 바를 편지에 적어 보냈는데, 이 편지가 〈충헌공가훈〉이라는 이름이 붙어 가문 내에서 존숭되고 있다. 〈충헌공가훈〉에서 윤선도가 자손들에게 남긴 행동강령은 크게 두 가지였다. 하나는 적선이고, 다른 하나는 근검이었다.

염정섭 : : 한림대학교 사학과 교수

윤선도
1587~1671

18세에 진사초시, 20세에 승보시에서 1등을 하고 향시와 진사시에 연이어 합격한 윤선도는 1616년(광해군 8) 성균관 유생으로서 당시 집권 세력의 죄상을 격렬하게 규탄하는 〈병진소〉를 올려서 이이첨 일파의 모함을 받아 함경도 경원에 유배되기도 했다. 이후에도 20여 년의 유배 생활과 19년의 은거 생활을 하는 등 관직에 있는 내내 유배와 모함의 연속이었지만 그는 조상에게 물려받은 재산으로 풍족한 은거 생활을 누릴 수 있었고, 이런 환경 속에서 탁월한 문학적 역량을 나타내 조선 중기의 대표 문신이자 시조작가로 손꼽힌다.

치열한 당쟁으로 일생을 거의 벽지의 유배지에서 보냈으나 경사에 해박하고 의약·복서·음양·지리에도 통하였으며, 특히 시조(時調)에 더욱 뛰어났다. 그의 작품은 한국어에 새로운 뜻을 창조하였으며 시조는 정철의 가사와 더불어 조선시가에서 쌍벽을 이루고 있다. 한성서윤·예조참의·중추부첨지사 등을 역임하였고, 남인의 거두로서 예송 때는 송시열 등과 대립하였다.

사후 1675년(숙종 1) 남인의 집권으로 신원되어 이조판서가 추증되었다. 저서에 《고산유고(孤山遺稿)》가 있다.

해남 윤씨 윤선도 가문과 연동 마을

전라남도 해남군 해남읍에서 동쪽으로 들판을 가로질러 가면 덕음산
아래 연동(蓮洞) 마을을 찾을 수 있다. 녹우당(綠雨堂)이 자리 잡고 있
는 연동 마을은 예전에는 하얀 연꽃 마을이라는 뜻의 백련동(白蓮洞)이
라는 이름으로 불렸다. 연꽃은 청렴(淸廉) 또는 염결(廉潔), 즉 깨끗함
과 고결함을 상징하는 꽃으로 녹우당과 잘 의미가 통하는 이름이라고
할 수 있다. 연동 마을의 가장 높은 곳에 자리 잡고 있는 녹우당은 해
남 윤씨 윤선도 가문의 종택(宗宅)이다.

연동 마을의 공간은 크게 세 부분으로 나누어 지는데, 녹우당은
가장 위쪽에 자리 잡고 있다. 조선 시대에 형성된 양반 마을의 경우,
가장 높은 곳에 자리 잡은 집은 대개 그 양반 마을 형성에 직접 관련된
인물이 만든 건물이다. 마을의 다른 집들을 내려다볼 수 있고, 또 집안
의 소유지인 논밭을 멀리서도 바라보기 쉬운 곳에 건물 터를 잡았기

녹우당(위)과 추원당(아래)의 모습.

146

때문이다. 바로 녹우당 자리는 이곳에 해남 윤씨의 뿌리를 내리게 해 준 어초은(漁樵隱) 윤효정(尹孝貞, 1476~1543)이 잡은 곳이다.

연동 마을의 녹우당을 중심으로 윤효정 이래 고산(孤山) 윤선도 (尹善道, 1587~1671)로 이어지는 해남 윤씨 어초은공파의 종가(宗家)가 약 500년 동안 이어져 현재까지 내려오고 있다. 그리하여 녹우당은 편액(扁額)이 붙은 건물 한 채만 가리키는 것이 아니라 윤선도 가문의 종택 전체를 가리켜 부르는 명칭이 되었다.

연동 마을 녹우당의 '녹우'는 늦봄이나 초여름 무렵에 내리는 비를 가리킨다. 나무와 풀의 빛깔이 초록으로 변하는 시기에 생명의 힘을 더해 주는 푸른 비가 녹우이다. 현재 남아 있는 건물은 안채, 사랑채, 행랑채, 헛간 그리고 안 사당, 어초은 사당, 고산 사당 등이며, 가옥 뒤편 숲 안에 추원당(追遠堂)이라는 건물도 있다. 사랑채에 걸린 편액에 녹우당이라는 당호가 적혀 있다.

녹우당 안으로 들어가면 여느 조선 시대 양반 가옥과 마찬가지로 안채 뒤쪽에 사당이 있다. 담장 바깥에 두 개의 사당 건물이 더 자리 잡고 있는데, 하나는 녹우당의 자리를 잡은 윤효정의 사당이고, 다른 하나는 윤선도의 사당이다. 그리고 사당에서 숲길로 들어가면 윤효정의 묘소가 있고, 근처에 윤효정을 모시는 재각(齋閣)인 추원당이 있다. 녹우당을 구성하는 60여 칸 가운데 예전에 집안일을 하던 하층민이나 농사일을 하던 머슴 등이 머물던 공간이 훨씬 많은 부분을 차지하고 있다. 녹우당에는 해남 윤씨 가문의 주요 인물, 재산 형성과 경영 등을 눈여겨볼 수 있는 많은 실마리가 담겨 있다.

조선 중기의 문신이자 시조 작가다. 본관은 해남(海南), 자는 약이(約而), 호는 고산(孤山) 또는 해옹(海翁)이다. 18세에 진사초시, 20세에 승보시(陞補試)에서 1등을 했으며 향시와 진사시에 연이어 합격했다. 1616년(광해군 8) 성균관 유생으로서 이이첨(李爾瞻)·박승종(朴承宗)·유희분(柳希奮) 등 당시 집권 세력의 죄상을 격렬하게 규탄하는 〈병진소(丙辰疏)〉를 올려서 이이첨 일파의 모함을 받아 함경도 경원으로 유배되었다. 이후의 관직 생활은 모함과 유배 생활의 연속이었다. 그는 정치적으로 열세에 있던 남인 가문에 태어나서 집권 세력인 서인 일파에 강력하게 맞서 왕권 강화를 주장하다가, 20여 년의 유배 생활과 19년의 은거 생활을 했다. 그러나 조상에게 물려받은 재산으로 풍족한 은거 생활을 누릴 수 있었고, 탁월한 문학적 역량은 이런 생활 속에서 표출되었다.

윤선도는 자연을 문학의 제재로 채택한 시조 작가 중 가장 탁월한 역량을 나타낸 것으로 평가받는다. 문집 《고산선생유고(孤山先生遺稿)》에 한시문(漢詩文)이 실려 있으며, 별집(別集)에도 한시문과 35수의 시조, 40수의 단가(어부사시사 포함)가 실려 있다. 또, 친필로 된 가첩(歌帖)으로 《산중신곡》, 《금쇄동집고(金鎖洞集古)》 2책이 전한다. 정철(鄭澈)·박인로(朴仁老)와 함께 조선 시대 삼대가인(三大歌人)으로 일컬어지는데, 이들과는 달리 가사(歌辭)는 없고 단가와 시조만 75수나 창작한 점이 특이하다.

녹우당을 중심으로 해남 윤씨 가문의 역사를 다양한 측면에서 살펴볼 수 있고 실제로 많은 연구가 이루어졌다. 우리는 그중에서도 윤선도 가문의 재산 축적과 관리의 실상을 살펴보는 역사적 탐구를 해 보려고 한다. 윤선도 가문의 치부(致富)와 가산(家産) 유지의 사례 연구를 통해 우리는 조선 시대 부자가 어떻게 재산을 모았는지, 그리고 어떻게 관리했는지 짐작해 볼 수 있을 것이다. 그리고 재산을 지키기 위한 방편이 무엇인지도 알아차릴 수 있을 것이다.

해남 윤씨 윤선도 가문이 재산을 축적해 나가는 과정은 조선 시대 양반 가문의 그것과 크게 다르지 않았다. 여느 양반 가문과 마찬가지로 토지와 노비로 구성된 가문의 재산을 지키기 위한 노력을 기울였다. 그런데 해남 윤씨 가문은 토지를 장만하는 과정에서 해안 간석지의 간척(干拓)을 통한 농지 개발이라는 투자를 보여 주었다. 그리고 재산을 유지 관리하기 위해 노력하면서도 빈한한 사람을 위한 적선(積善)을 소홀히 하지 않았다. 윤씨 가문의 이런 특성이야말로 오랜 세월 동안 가문의 품격을 유지하고, 주변 사람들의 높은 평가를 받을 수 있었던 배경이었다.

윤선도 가문의 유래와 세거지

녹우당의 중심인물이라면 두말할 나위 없이 윤선도다. 그런데 윤선도 이야기를 하더라도 선대와 후대의 역사를 되짚어 보지 않을 수 없다. 먼저 해남 윤씨 가문이 녹우당에 자리를 잡게 되는 과정을 살펴보자.

윤선도의 선대들 중 사료에서 분명하게 등장하는 인물은 윤광전(尹光琠)이다. 고려 공민왕대인 1354년에 작성된 문서에서 윤광전은 아들인 윤단학(尹丹鶴)에게 노비 1구를 내려 주는데 아들에게 노비를 내려 준 사실을 확인하는 입안(立案)을 발급해 달라고 탐진감무(耽津監務)에게 요청하고 있었다. 이 문서를 통해 윤광전과 그 아들이 탐진, 즉 강진 지역에 거주하고 있었던 것을 알 수 있다.

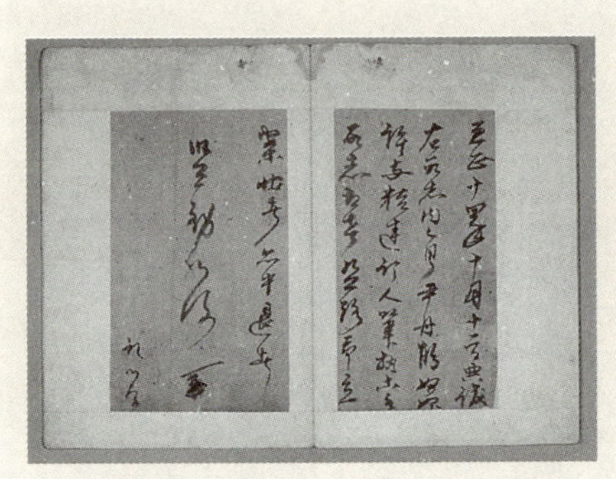

지정14년 노비문서.
1354년(공민왕 3)에 윤광전이 아들
단학에게 노비를 상속한 문서.

윤광전이 살았던 지역이 강진 어디인지 분명하게 찾을 수 없지만, 그의 무덤은 지금도 강진군 도암면 계라리 한천동 영모당(永慕堂) 뒤편에 남아 있다. 영모당은 1687년에 건립된 제각(祭閣), 즉 제사를 모시기 위한 건물이다. 윤효정의 증손자인 윤유익(尹唯益, 윤복의 손자)이 영모당을 창건하는 데 주도적인 역할을 담당했다. 강진 한천동에서 은거하던 윤유익이 이곳에서 윤광전과 그의 아들 윤단봉·윤단학의 묘소를 새로 찾아냈기 때문이었다. 1812년에 한 차례 보수를 거친 영모당 건물은 정면 5칸 측면 2칸의 건물로 양반 가문의 대표적인 제각 형태를 간직하고 있는 것으로 평가받고 있다.

강진 지역에서 해남 윤씨가 자리를 잡고 살아갔던 세거지는 해남과 고개 하나를 사이에 두고 바로 붙어 있는 도암면 강정리 덕정동이었다. 윤효정의 아버지인 윤경(尹耕)의 묘소가 모셔져 있고, 윤효정 형제의 무덤과 제각도 모여 있는 곳이다. 윤경의 아버지는 윤사보(尹思

해남 윤씨 족보 목판.

甫)인데, 고려말 공민왕대 작성된 〈노비허여문기〉에 나오는 윤단학의 아들이 바로 윤사보다. 그러니까 이상의 계보를 정리하면 고려 말 이후 윤광전-윤단학-윤사보-윤경-윤효정으로 혈통이 이어지고 있었다. 덕정동에는 또 다른 제각이 있는데 바로 추원당이다. 윤선도가 주도해 1649년에 윤효정의 할아버지 윤사보와 아버지 윤경을 향사(享祀)하기 위해 건립했다.

추원당에는 해남 윤씨 가문의 재력과 향촌 사회에서의 지위를 알려주는 유물이 하나 보존되어 있다. 바로 1702년 제작된 해남 윤씨 족보 목판 93매가 그것이다. 조선 시대에 책을 편찬하여 목판으로 간행한다는 것은 경제적으로 많은 비용이 들어가는 힘든 일이었다. 하지만 목판은 영구적으로 보관할 수 있다는 점에서 가문의 위세를 떨치고 과시하기 위한 뜻깊은 사업이기도 했다. 또한 후대에 자손들이 목판을 이용해 다시 족보를 찍어 낼 수 있었다. 이런 점에서 목판으로 족보를 만드는 것은 당시 양반 가문 중에서 일부만이 누릴 수 있었던 특권이기도 하였다.

윤효정과 녹우당 자리 잡기—부자의 첫걸음

강진 덕정동에 거주하던 윤경은 슬하에 7형제를 두었다. 7형제 가운데 막내인 윤효정이 강진 땅을 벗어나 해남으로 넘어와 새로운 터전을 만들었는데 그곳이 바로 녹우당이다. 윤효정이 넘은 것은 거리상으로 불과 고개 하나일 뿐이었지만, 이런 작은 차이가 커다란 역사를 만들게 되었다. 윤효정이 해남으로 건너오게 된 계기는 혼인하면서 처가 근처에서 살게 되었기 때문이었다. 당시 해남 지역의 대부호로 이름 높았던 해남 정씨 정귀영(鄭貴瑛)의 딸과 혼인한 것이다. 윤경의 아들 7형제와 그 윗대의 몇몇 인물을 중심으로 해남 윤씨의 주요한 지파(支派)가 형성되어 있는데, 윤효정을 파조(派祖)로 삼는 분파가 어초은공파이고, 현재까지 해남읍 연동 녹우당을 중심으로 종가를 잇고 있다.

윤효정은 금남(錦南) 최부(崔溥, 1454~1504)의 제자가 되어 유학을 공부했다. 최부는 김종직(金宗直)의 문인으로 성리학을 연마했고,

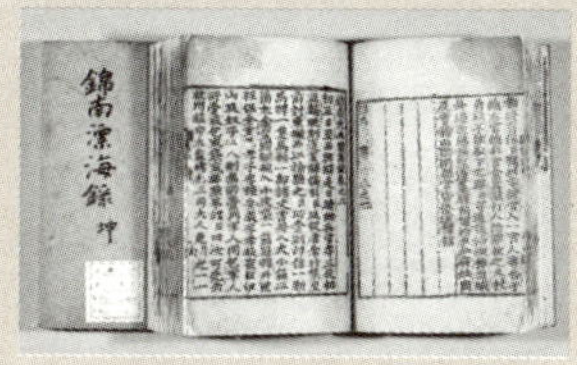

《표해록》. 최부의 호를 따 《금남표해록(錦南漂海錄)》이라고도 하는데, 다른 중국 여행기와 비교해 조선인의 내왕이 없던 중국 강남 지방에 표착해 육로로 귀국하기까지의 경험을 기록하고 있다.

문과를 거쳐 중앙 관계에서도 활약한 인물이었다. 최부도 해남 정씨 가문의 사위로 처향(妻鄕)인 해남에 거주하고 있었다. 최부는 사우(師友) 관계를 통해 성리학을 전파하고 있었다. 그는 윤효정 이외에 유희춘(柳希春)의 부친인 유계린을 사위로 맞아 학문을 가르쳤고, 많은 제자를 길러 냈다. 이런 과정에서 해남 지역은 유학의 맥이 굵어지고 꽃을 피우게 되었다.

윤효정은 자식을 많이 두었는데, 구(衢) · 항(衖) · 행(行) · 복(復) · 후(後) · 종(從) 그리고 이학(李鶴)과 혼인한 딸 · 문량(文亮)과 혼인한 딸 등이었다. 이중 구(衢) · 행(行) · 복(復)이 문과에 급제하면서 해남 윤씨 집안의 기틀이 완전히 갖추어졌다. 특히 첫째 아들인 귤정(橘亭) 윤구(1495~1542)는 1516년 식년문과에 급제해 관직에 나아가 1517년 이후 승정원 주서에 이어 홍문관의 수찬 등의 자리를 거쳤다. 1520년 5월 주서로 있을 때 일 처리를 잘못해 전라도 영암에 유배되었다가 나중에 풀려났다. 해남으로 내려온 이후 윤구는 벼슬에 대한 뜻을 버리고 은거 생활을 이어 나갔다. 윤효정 이후 해남 윤씨는 어엿한 사족(士族)으로 해남 지역에 가문의 이름을 크게 떨칠 수 있었다. 윤효정 아들 대에 가문이 크게 현달할 수 있었던 것에 대해서 해남 윤씨 가문에서는 앞서 윤효정이 세 번 옥문(獄門)을 열어 젖힌 적선(積善)에 대한 하늘의 보답인 경사(慶事)로 풀이하고 있다.

윤효정의 처족(妻族)인 해남 정씨 가문은 해남 일대에서 당시 막강한 힘을 발휘하고 있던 향족(鄕族)이었다. 고려 말 이래 호장(戶長) 자리를 계속 자손들이 맡아 수행하면서 향촌 사회에서 커다란 권세를 누리고, 막대한 재산을 소유하던 집안이었다. 권력과 재력을 아울러 갖추고 있던 해남 정씨 가문의 일원이 된 윤효정은 처를 통해 가문의 재산 일부를 확보했고 녹우당에 터를 잡고 경제적인 힘도 키워 나가게 되었다. 장차 해남 윤씨 윤선도 가문의 재산 형성의 종잣돈, 마중물이 마련된 것이었다.

종가 재산의 집중 — 윤선도 가문의 재산 형성

윤선도를 중심으로 해남 윤씨 가문의 계보를 상세하게 살피는 것은 바로 이러한 계보에서 윤선도 가문이 어떻게 재산을 쌓았는지 찾아볼 수 있기 때문이다. 17세기 이전까지 조선 시대 양반 가문의 재산 상속

원칙은 자녀균분상속이었다. 부모의 재산을 자녀들이 균등하게 나누어 갖게 되면 대규모 재산이라도 자연히 자잘하게 쪼개지기 마련이다. 그래도 남자 쪽에서 물려받은 재산과 여자 쪽에서 물려받은 재산이 더해지면 어느 정도의 수준은 유지할 수 있었다. 그런데 윤선도 가문의 경우는 자손이 귀해 다른 집안과는 다른 특별한 계보를 보이고 있었다. 윤선도를 중심으로 앞뒤로 이어지는 계보 관계를 재산 형성의 커다란 배경으로 파악할 수 있다. 종손 윤선도를 중심으로 재산이 흩어지지 않고 한곳에 모여 있었던 것은 바로 이 가문의 특별한 계보 때문이었다.

윤선도 선대의 계보를 먼저 살펴보자. 윤선도의 5대조인 윤효정의 첫째 아들 윤구는, 두 아들 윤홍중(尹弘中, 1518~1572)과 윤의중(尹毅中, 1524~1590) 그리고 이중호(李仲虎, 1512~1554)와 혼인한 딸, 윤공중(尹恭中) 등을 슬하에 두었다. 윤홍중은 명종대인 1546년 문과에 급제한 인물로 예조정랑, 영광군수 등을 거쳤고, 을묘왜변이 일어났을 때 왜적을 물리치기도 했다. 동생인 윤의중도 1548년 문과에 급제한 후 성균관대사성, 홍문관부제학, 도승지, 형조판서 등 중앙 정계에서 중요한 관직을 역임했다. 그런데 1589년 정여립(鄭汝立)의 옥사가 일어났을 때 전라도 유생 정암수(丁巖壽) 등이 이산해, 유성룡 등을 배척하는 상소를 올렸는데, 그때 윤의중 등이 탐욕스럽게 축재했다고 비난하였다. 당시 이발(李潑)이 정여립 역모에 가담한 혐의로 고문을 받다 죽었는데, 윤의중은 이발의 외숙이라는 이유로 탄핵을 받아 삭직되었다. 세월이 흘러 1610년(광해군 2)에 이르러 윤유기가 아버지 조선 중기의 사상가로, 본관은 동래(東萊), 자는 인백(仁伯)이다. 전주(全州) 출신으로, 15세 때 익산군수인 아버지를 대신하여 일을 처리할 때 아전들이 군수보다도 더 어려워했다 한다. 자라면서 체격도 늠름하고, 통솔력이 있었으며 두뇌가 명석해 경사(經史)와 제자백가서에 통달했다. 1570년(선조 2) 식년문과 을과에 급제한 뒤 이이(李珥)와 성혼(成渾)의 각별한 후원과 촉망을 받았다. 본래 서인이었으나 1583년 수찬이 된 뒤 당시 집권세력인 동인 편에 반부(反附)해 이이를 배반하고 박순(朴淳)·성혼을 비판한 뒤, 벼슬을 버리고 고향으로 돌아갔다. 전라도 일대에서 정여립의 명망이 높았는데, 그는 진안 죽도(竹島)에 서실을 지어 놓고 대동계(大同契)를 조직하여 매달 사회(射會)를 여는 등 세력을 확장해 갔다. 1587년 왜인의 침입을 대동계를 이용해 물리치는 등 대동계의 조직은 전국적으로 확대되었는데, 1589년 이들이 한강의 결빙기를 이용, 황해도와 호남에서 동시에 입경해 대장 신립(申砬)과 병조판서를 살해하고, 병권을 장악하기로 했다는 고변이 급보되어 관련자들이 차례로 잡혔다. 한편, 정여립은 아들 옥남(玉男)과 함께 금구의 별장에서 죽도로 피신했다가 관군의 포위가 좁혀 들자 자살했다. 이로써 그의 역모는 사실로 굳어지고, 정철(鄭澈)이 위관(委官)이 되어 사건을 조사·처리하면서 동인 정예 인사 1,000여 명이 제거되었다.

정여립 사건에 대해서는 무옥과 모역이라는 양설로 나뉘어 있어 확실한 것을 알 수 없다. 그러나 그는 기축옥사의 장본인이 되어 동인의 정치권에 큰 타격을 주었고, 전라도 전체가 반역향이라는 낙인을 찍히게 해 호남 출신 인사의 관계 진출을 어렵게 만들었다.

윤의중의 신원을 요청하였고 결국 받아들여졌다. 당시 의금부에서 보고하기를 이발은 비록 반역(叛逆)으로 논단한다고 해도 외친(外親)을 연좌하는 법은 없으며, 또한 이발 등의 신원도 단서가 열려 있으니 윤의중을 속히 죄적(罪籍)에서 빼내야 한다고 했다. 이원익, 이항복 등도 이발로 인해 아무런 근거 없이 연루된 사람을 속히 신원시켜 주어야 한다고 주장했는데, 이에 따라 윤의중도 신원되었다.

해남 윤씨 가문은 윤의중 당대에 이미 '호남 제일의 갑부(富冠湖

南)'로 지목되고 있었다. 1581년 윤의중이 형조판서에 제수되었을 때 사헌부와 사간원에서 윤의중이 염치없이 치부했다며 교체할 것을 주장했지만, 선조는 염치없다는 설은 유언비어에 불과하다며 받아들이지 않았다. 당시 사정을 《조선왕조실록》에 기록한 사신(史臣)은 윤의중이 "한미(寒微)한 바탕에서 일어나 재주가 크게 뛰어난 것으로 이름을 얻었고, 청요직(淸要職)을 두루 거쳐 아경(亞卿)에까지 관직이 이르렀으며, 일생토록 가산을 끌어모아 드디어 호남 제일 갑부(一生營産自肥, 富冠湖南)가 되었다"고 평가했다. 또한 《실록》에는 당시 사람들이 그를 탐욕스럽고 비루하다고 지목했다는 비판도 같이 소개하고 있다.

16세기 말 호남 제일 갑부라는 이름을 얻었던 윤의중에게 3명의 적자녀로 윤유심(尹唯深)과 윤유기(尹唯幾) 그리고 윤공(尹鞏, 파평 윤씨)의 처(妻) 등이 있었다. 그런데 윤의중의 형인 윤홍중은 적자가 없었으므로 윤의중의 차자(次子) 윤유기가 윤홍중에게 입양되었다. 종손인 윤홍중의 계보를 잇기 위하여 차자의 차자를 양자로 들인 것이었다. 형제 사이에 자식을 입양시키는 일은 윤의중 한 대에 그치지 않고 후대에 재차 나타난다. 윤홍중의 양자로 들어간 윤유기에게도 아들이 없었는데, 반면 윤의중의 장자 윤유심에게는 두 아들 윤선언(尹善言)과 윤선도(尹善道)가 있었다. 그리하여 윤유심의 둘째 아들 윤선도가 다시 윤유기에게 출계(出系)되었다. 동복형(同腹兄)인 윤유심이 동복동생이지만 종손(宗孫)의 계통을 잇고 있는 윤유기에게 자신의 차자 윤선도를 입양시킨 것이다. 윤선도 입장에서 보자면, 양부 윤유기는 출생으로 따지면 숙부(叔父)이지만 가문 계보로 따지면 종숙(從叔)이었다. 이

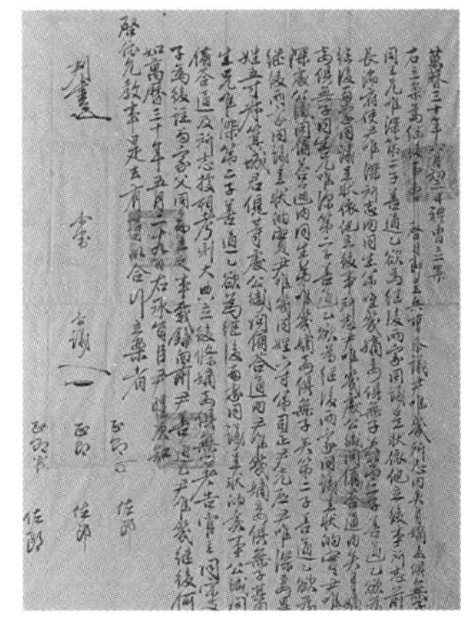

예조입안.

리하여 윤선도는 이제 윤효정에서 이어지는 해남 윤씨 가문의 종손(宗孫)의 위치를 계승하는 자리를 차지하게 되었다.

윤선도가 윤유기의 양자로 들어간 것은 현재까지 전해지고 있는 고문서로 분명하게 확인할 수 있다. 1602년에 당시 16세인 윤선도가 윤유기의 양자로 들어가는 것을 예조(禮曹)에서 허가하는 내용의 입안(立案)이 현재까지 전해지고 있기 때문이다. 예조는 윤선도를 윤유기의 계후(繼後)로 삼는 것을 허가하는 입안을 발급하기 위해 양부 윤유기의 소지(所志), 생부 윤유심의 소지, 동성(同姓) 및 이성친(異姓親)의 동의서 등을 확인했다. 그리고 《경국대전》 입후(立後) 관련 조목에 의

거해 임금의 재가를 받아 입안을 발급한 것이었다. 입안에는 예조 판서, 예조 참의, 그리고 예조 정랑 두 명의 수결(手決)이 기재되어 있다.

윤유기의 양자가 되면서 윤구에서 이어지는 종가의 종손이 된 윤선도는 아들 셋(인미(仁美), 의미(義美), 예미(禮美))과 딸 둘(각각 심광면〔沈光沔〕, 이보영〔李保暎〕과 혼인)을 슬하에 두었다. 그런데 동복형으로 친부인 윤유심의 뒤를 이은 윤선언이 아들이 없자, 윤선도는 둘째 아들 윤의미를 양자로 보냈다. 윤선언과 윤선도의 아들 대에 이르러 종가의 구성원은 윤선도의 아들 3명에 불과했고, 이렇게 종가를 구성하는 자식이 희소한 상황은 계속 이어졌다. 윤선도의 뒤를 이은 윤인미는 윤이석(1626~1694)이라는 아들 하나를 두었고, 윤선언의 뒤를 이은 윤의미는 윤이구, 윤이후 두 아들을 두었으며, 윤예미는 아들이 없었다. 윤의미는 윤선도가 50세 되던 해(1636년)에 24살의 나이로 요절했지만 둘째 아들인 윤이후를 부인 뱃속에 남겨 놓았다. 이에 따라 윤예미의 뒤를 윤의미의 둘째인 윤이후가 잇게 되었다. 당시 윤선도는 윤씨 가문의 양자를 주고받는 관계를 주관하고 있었다. 85세라는 천수(天壽)를 누린 윤선도가 집안에서 벌어지는 계후(繼後), 재산 상속 등을 주관했던 것이다.

윤구의 아들 대 이후 그래도 아들이 둘인 형제가 있었다는 것 자체가 어찌 보면 커다란 천운(天運)이라고 하지 않을 수 없다. 해남 윤씨 가문의 천운은 계속 윤선도의 손에 의해 이어지고 있었다. 가문의 종손 윤이석에게는 아들이 없었지만, 다행스럽게 윤예미의 뒤를 이은 윤이후는 아들을 다섯이나 두었다. 넷째인 윤두서(尹斗緒, 1668~1715)

가 태어났을 때 윤선도는 점을 쳤는데, 길하다는 하늘의 계시를 받았
고, 그리하여 윤두서가 종손 자리를 잇게 되었다. 천운인지 천운이 다
한 것인지 윤두서는 9명의 아들을 두었고, 첫째 아들인 윤덕희가 윤두
서의 뒤를 이었다.

복잡한 계보지만 윤구의 아들 윤홍중부터 종손의 계승을 따지면,
윤홍중-윤유기-윤선도-윤인미-윤이석으로 이어지는 5대에 걸치는
사이에 양자를 주고받는 입양이 반복되면서 실제로 불과 12명의 적자

윤덕희의 〈마상부인〉.

만 생존했다. 한 대에 적자가 2명 정도에 불과했기 때문에 종손의 계보를 가까운 형제 사이의 입양으로 해결할 수 있다는 점이야말로 참으로 다행스러운 일이었다. 그리고 이렇게 가문의 구성원이 지극히 적었기 때문에 윤구의 뒤를 잇는 종가가 분명하고 확고한 뿌리 노릇을 제대로 할 수 있었다. 무엇보다 중요한 것은 종손의 계보가 분명하고, 가문의 구성원이 많지 않았기 때문에 윤홍중 이후 4대에 걸쳐 재산을 크게 축적하고 또한 유지할 수 있었다. 다시 말해서 한번 종손을 중심으로 모여든 재산이 크게 분산될 겨를이 없었던 것이다. 이 점이 바로 해남 윤씨 윤선도 가문이 국부(國富)라는 지목을 받을 정도로 막대한 부를 축적할 수 있던 이유 가운데 하나이다. 계후와 입후가 형제 사이에 반복되는 사정이 이어지면서 종손을 중심으로 재부(財富)가 집중되었던 것이다.

여기에서는 만석꾼 해남 윤씨 가문 가운데 윤선도를 중심에 놓고, 위로 윤효정부터 아래로 윤덕희(1685~1766)까지 이어지는 9대 사이로 한정해 윤선도 가문으로 부르려고 한다. 윤선도에게 윤효정은 5대조이고, 윤덕희는 윤선도의 현손이다. 윤덕희는 81세까지 살면서 아들 다섯을 두었는데, 1756년 셋째 아들 탁(悰)이 요절하고, 1757년에는 장남인 종(悰)마저 세상을 떠났다. 둘째인 윤용(尹愹)은 33세의 젊은 나이로 부모의 곁을 떠났다.

윤선도 가문의 토지 소유 규모 — 얼마나 될까

조선 시대 양반 가문의 경제 규모는 얼마나 많은 토지를 소유하고 있고, 얼마나 많은 노비를 소유하고 있는지에 따라 가늠할 수 있다. 양반 가문의 구성원이 갖고 있던 토지와 노비 규모는 여러 가지 고문서를 통해서 확인할 수 있다. 부모에게 물려받게 될 토지와 노비를 형제자매들이 잘 합의해 나누어 갖고 이를 정리하여 화회문기(和會文記)를 작성하였다. 또한 부모 살아 생전에 따로 특별히 과거에 급제하거나 혼인을 치른 특별한 자식에게 재산을 떼어 줄 때 별급문기(別給文記)를 작성했다. 토지나 노비를 매입하게 될 경우에도 이를 문서로 작성해 확인했다. 따라서 해남 윤씨 윤선도 가문에 현전하고 있는 고문서를 통해서 당시의 토지와 노비 소유 규모 등 경제력의 크기를 찾아볼 수 있다.

16세기 말 당시 해남 윤씨 윤선도 가문의 전체 재산 내역을 제대로 확인할 수 있는 문서가 바로 1596년 윤의중의 적자녀인 윤유심, 윤유기, 윤공의 처 등 3인이 부모의 재산을 화회하여 분집한 내역을 기록한 〈윤유기동생화회문기(尹唯幾同生和會文記)〉이다. 노비와 토지, 가옥 등을 형제들이 모여서 잘 합의하여 나누어 갖으면서 작성한 것이다. 이때 부모의 재산을 나누면서 그 기준을 마련해 두고 있었다. 법전(法典), 즉《경국대전》의 분재(分財) 규정을 따를 것, 멀리 떨어진 노비(奴婢) 가운데 빠뜨린 노비는 후에 상세히 찾아서 다시 평분(平分)할 것 등을 규정으로 마련해 놓고 있었다. 빠뜨린 노비를 찾아내게 되면 다시 형제들 사이에 평분한다는 규정에서 당시의 자녀균분 상속의 원칙이 제대로 적용되고 있다는 점을 알 수 있다.

윤유기 형제는 노비와 전답을 분재하면서 모변(母邊)과 부변(父邊)으로 나누어 화회문기에 기재하고 있었다. 그런데 17세기 이후에 작성된 분재기(分財記)에서는 부변과 모변을 나누지 않고 공유 재산으로 간주해 형제들 사이에 분재하고 있었다. 이러한 재산 귀속처에 대한 인식 변화는 다른 가문의 경우도 마찬가지로 나오고 있는데, 이는 노비와 토지의 소종래(所從來)를 중시해 모변과 부변을 나누는 것 대신, 재산을 분재할 당시 이미 가문의 재산으로 일원화되었다는 것을 중시한 인식 태도라고 할 수 있다. 즉 재산의 분할된 출처가 중요한 것이 아니라 가문의 재산으로 통합된 현황을 중시하는 인식 전환이라고 볼 수 있다.

〈윤유기동생화회문기〉에 의거하여 당시 해남 윤씨 어초은공파 종가 형제들이 나누어 가진 전체 토지와 노비 소유 규모를 보면, 노(奴) 198구(口), 비(婢) 186구로 모두 384구이고, 토지는 두락(斗落)으로 총 2,017두락이고, 결부(結負)로 총 7결 47부에 달했다. 전답으로 나누어 보면, 답은 1,294두락, 전은 429.5두락, 전답을 나누지 않은 244두락 으로 나누어진다. 244두락을 답이 3분의 2(163두락) 정도, 전이 3분의 1(81두락) 정도일 것으로 추정하면, 전체적으로 답이 약 1,457두락, 전 이 510두락 정도일 것으로 보인다. 토지 합계가 잘 들어맞지 않는 것 은 원문서에서 유래하는 것이기 때문에 바로잡기 어렵다.

당시에 통용되던 1두락이란 토질에 따라서 그 실제 면적이 천차 만별이었고, 지역적인 관행의 차이에 따라서 그리고 시기에 따라서 두락당 실제 면적이 달라지고 있기 때문에 현재 토지를 재는 단위로 정확하게 환산하기 어렵다. 그런데 1921년에 작성된 해남 윤씨 가문 의 지세(地稅) 장부에 의거하여 두락당 평수(坪數)를 뽑아내어 답 1두 락 평균 223평, 전 1두락 평균 120평이라 환산한 연구 결과를 이용할 수 있다. 이 수치를 적용하면, 윤유기 3형제가 나눈 토지는 답은 약 32 만 5,000평, 전은 약 6만 2,000평 정도로 추산된다. 전답을 합해서 40 만 평 정도나 되는 규모이다.

막대한 토지와 노비를 대상으로 윤유기 형제 3인은 당시 사회적 인 관행인 자녀균분상속의 원칙에 따라 충실하게 평분하고 있었다. 노비의 경우 3남매가 각각 126구, 133구, 108구씩 차등되었지만, 윤 유기가 과거에 급제하여 따로 획득한 6구를 제외하고, 삼녀의 남편인 윤공이 과거에 급제한 일이 없어 별득한 것이 없다는 점을 감안하면

거의 균분이라 할 수 있었다. 토지의 경우 승중조(承重條), 즉 제사를 위해 따로 떼어 놓은 답 40두락을 제외하고, 3남매가 649.5두락, 553두락, 814두락을 나누어 갖고 있었다. 두락 수에서 적지 않은 차이가 나고 있지만, 토지비옥도를 반영하면 균분에 가까운 것이었다.

조선 시대에 토지 면적을 수치로 나타내는 방법이 결부(結負)였는데, 이는 토지의 절대면적에 비옥도를 감안한 토지 파악 방식으로, 1등전 1결과 6등전 1결이 실제 면적에서 1 대 4의 관계를 갖고 있지만, 전세(田稅)를 동일하게 부담하게 하는 것이었다. 그런데 3남매가 나누어 갖은 토지의 결부는 4결 81부 4속, 85부, 1결 80부 7속로 기재되어 있었다. 가장 많은 두락 수를 보인 막내 몫 토지가 결부로는 그렇지 않았던 것이다. 이러한 관계는 곧 토지의 비옥도에서 차이가 있었고, 이를 감안하여 분재(分財)했기 때문에 3남매 몫의 토지 두락 수가 수치상으로 적지 않은 차이가 난 것으로 봐야 할 것이다.

경제적인 측면에서 자녀균분상속이 이루어지면서 또한 자녀들은 동일한 의무의 부담을 짊어지고 있었다. 부모와 자식 사이에 맺어질 수 있는 의무란 봉양일 수도 있지만, 부모가 돌아가신 이후에 재산의 분배가 이루어지는 사정을 감안한다면 주된 의무는 제사였다. 자녀들은 균분의 원칙에 따라 나누어 받은 재산에 의거해 봉사(奉祀)의 의무를 교대로 맡았다. 이를 윤회봉사(輪回奉祀)라고 하는데 제사 드릴 날에 자녀 각각의 집에서 제사를 드리는 방식으로 운영되었다.

부모가 살아 있을 때 따로 토지나 노비를 자손에게 나누어 주기도 했다. 해남 윤씨 가문의 경우도 윤선도가 진사시에 합격한 1612년 전분육등법(田分六等法)과 연분구등법(年分九等法)은 1444년(세종 26)에 확정된 공법(貢法)에 규정된 세법(稅法) 규정들이다. 전분(田分)이란 토지의 비옥도를 가리키는데 전품(田品)과 비슷한 의미이다. 농사를 짓는 필지마다 비옥도에 따라 1등에서 6등으로 전품을 나누어 정하게 한 것이 바로 전분육등법이다. 전분육등에 따라 여섯 등급의 전답(田畓)을 측량할 때 각 등급에 따라 양전척(量田尺)의 길이를 다르게 만들었다. 즉 주척(周尺)을 기준으로 6종의 양전척(量田尺)을 만들어 사용한 것이었다. 그런데 양전(量田)을 실제로 수행할 때 6가지 종류의 양전척을 가지고 다니면서 필지마다 가로 세로 길이를 재는 것이 매우 어려운 작업이었기 때문에 15세기 후반 이후에 1등전 양전척으로 측량하고 이를 1등전에서 6등전까지 전품에 따라 결부수를 환산하는 방식을 채택하였다.

연분구등법은 1년 농사의 풍흉을 상상년(上上年)에서 하하년(下下年)까지 9등급으로 나누고 이에 따라 전세액을 정하는 방식을 말한다. 토지 1결(結)에서 상상년에는 쌀 20두(斗)를 거두고, 상중년에는 쌀 18두, 이렇게 하여 한 등급마다 2두씩 줄여서 하하년에는 쌀 4두를 거두는 것이었다. 연분(年分)은 필지 단위가 아니라 군현 단위로 책정했고, 1454년(단종 2)에는 군현을 읍내와 동서남북의 4면으로 나누어 책정하는 면등제(面等第)를 시행했다. 그런데 공법에서 책정한 전세(田稅) 기준이 너무 높게 매겨져 있어 부담이 가중되었고, 그리하여 풍흉을 제대로 따지지 않고 그냥 낮은 연분으로 고정시키는 경향이 16세기 이후 나타났다. 이에 따라 연분등제는 매년 하하년 또는 하중년으로 고정되었고, 1결에서 거두는 전세도 쌀 4두, 또는 6두로 고정되었다.

에 생부인 윤유심이 많은 노비와 토지를 윤선도에게 따로 나누어 주었다. 윤선도가 토지와 노비를 특별히 받은 사정을 기록한 별급문기가 녹우당에 전해지고 있다. 윤선도가 별급 받은 내역을 보면 노비가 15구이며, 전답 역시 수십 두락에 달하고 있었다. 그리고 노비의 경우 해남뿐 아니라 영암·장흥·진도·한양 등 그 거주지가 다양하며, 토지도 해남·장흥 등 비교적 다양한 지역에 산재하고 있었다. 약간 추측을 더해 본다면, 가장 토질이 좋아 수확을 많이 거둘 수 있는 필지를 따로 떼어 준 것으로 보인다.

화회, 별급 등으로 재산이 분급되었지만 앞서 살펴본 대로 윤선도를 중심으로 앞뒤로 몇 대에 걸쳐 종가의 자손이 드물었기 때문에 재산의 규모가 크게 차이가 나지 않았다. 오히려 조금씩 늘어나는 추세를 보이고 있다. 1760년에 이르러 당시 9남 3녀 사이에 작성된 〈윤덕희동생화회문기(尹德熙同生和會文記)〉에 따르면 답 1,454.25두락, 전 1,010.3두락, 노비 483구 정도였다. 전답이 합해서 2,464.55두락이나 되는 방대한 양이었다.

그런데 이때 봉사조(奉祀條)로 떼어 낸 몫과 9남 3녀 사이에서 나누어 받은 일택(一宅) 몫을 합한 종손(宗孫) 관할 재산 규모가 답 375.7두락, 전 229.7두락, 노비 151구였다. 따라서 나머지 8남 3녀는 각각 평균으로 답 98두락, 전 약 71두락, 노비 24구 정도만 자기 몫으로 챙길 수 있었다. 결국 종가 재산을 제외하면 각 지손(支孫)들의 재산 규모는 크게 하향 평준화된 것이라고 할 수 있다. 다른 양반 가문의 경우 자손들이 번창할 경우 진작 일어났을 일이 해남 윤씨 윤선도 가문의 경우 18세기 중반에 이르러서야 발생했다. 양반 가문의 재산 형성과 유지에는 자손의 성쇠라는 조건이 크게 작용했던 것이다.

18세기 후반 이후로 윤선도 가문은 종손의 계승이 여의치 않았고, 이에 따라 종가의 운영도 흔들렸다. 게다가 19세기 초 독자인 윤광호(尹光浩, 1805~1822)가 병사하면서 종가의 살림을 꾸려 나갈 주체가 없어졌다. 이에 멀리 충청도에서 양자를 입양시켜 종통(宗統)을 잇게 되었다. 이후 해남 윤씨 윤선도 가문은 아예 붕괴되지는 않았지만 현상 유지 이상으로 가세를 부흥시킬 수 없었다. 윤선도 가문의 종가에서 조선 말기까지 20결 내외의 전답을 소유하고 있었지만 이는 종손 몫으로 떼어놓은 막대한 봉사조 덕분이었다.

간석지를 간척해 농토 만들기

해남 윤씨 윤선도 가문에서 재산을 늘려 나간 치부 방식 가운데 가장 눈여겨볼 부분은 연해안 간석지를 간척해 농경지를 확보한 것이다. 해남 윤씨 윤선도 가문이 갯벌을 농토로 바꾼 만석꾼이라 불릴 수 있는 근거가 여기에 있다. 좀 과장하여 없던 땅을 새로 만들어 낸 것이라 해도 크게 틀리지 않을 것이다.

윤선도 가문이 다른 사족 가문과 크게 대비되는 점이 바로 언전(堰田) 개간이었다. 언전은 해안에 산재해 있는 간석지를 간척해 만든 간척지를 가리킨다. 간척 과정에서 바닷물의 출입을 막는 해언(海堰)을 만들게 되는데, 해언으로 보전되는 농지를 언전이라 부른다. 그리고 언전 가운데 논으로 개발되어 이용될 경우는 언답(堰畓)이라 부르게 된다.

갯벌을 간척하기 위해 해언을 만드는 과정은 그리 손쉬운 것이 아니었다. 해언을 만들어 아직 세상에 존재하지 않던 농지를 창조하는 것은 여러 가지 조건이 갖추어졌을 때 가능했다. 먼저 해언을 축조할 만한 재력이 필요했다. 간척을 통해 농지를 새로 획득하는 것은 먼 장래를 내다보는 투자라는 점에서 당장 먹을 것을 걱정하는 사람은 할 수 없는 일이었다. 수년에서 10여 년을 버틸 수 있도록 집안에 먹을 것이 쌓여 있어야 하고, 또한 해언을 축조하는 데 들어가는 물력을 감당할 만한 재력도 동원할 수 있어야 했다.

그리고 두 번째로 필요한 조건이 권력이었다. 간석지 간척의 허가에 해당하는 입안을 받아 내려면 중앙 권력에 밀착된 권력 관계의 연줄이 필요했고, 지방 수령의 적극적인 협조를 받아 낼 수 있는 인연도 요구되었다.

조선 초기부터 서해안 지역의 해택(海澤) 개발, 즉 간석지 간척에 관련된 논의가 중앙 정계에서 심심치 않게 진행되었다. 중앙 정계에서 논의가 진행된다는 사실 자체가 해당 간척 사업이 여러 가지 문제점을 안고 있음을 알려 주고 있다. 관료들이 집중적으로 문제로 삼은 부분은 간석지 간척 과정에서 권세가와 왕실 종친들이 필요 이상의 과분한 특별대우를 받고 있다는 점이었다. 지방수령과 결탁해 백성들을 함부로 동원하는 일이 일어나고 있었고, 여러 사람이 간석지 개간에 관련된 입안을 둘러싸고 다툼이 벌어질 때에도 이를 권세가와 왕실 입장에서 처리하고 있다는 것이었다.

간석지 간척에 필요한 또 다른 조건은 민력(民力)이라고 할 수 있다. 좀 구체적으로 표현하면 민의 협력이 요구되었다. 해언 축조는 막대한 재력이 소모될 뿐만 아니라 적지 않은 인력을 동원해야 가능한 일이었다. 그런데 동원할 수 있는 인력은 결국 주변 향촌에 살고 있는 백성들이 중심이 될 수밖에 없었다. 따라서 백성들이 제대로 힘을 보태 주지 않고, 태업, 직무유기 등을 일삼게 되면 해언 축조가 늦어지거나 애써 쌓아 놓은 해언이 쉽게 주저앉거나 무너져 버리는 일이 일어나게 되었다.

마지막으로 해택 개발에 필요한 조건은 기술력이었다. 일단 해안을 따라 또는 간석지 양쪽을 잇는 기다란 제방을 쌓는 축제(築堤) 기술이 필요했다. 나무 말뚝, 크고 작은 돌 등을 무너지지 않게 쌓는 기본적인 기술뿐만 아니라 간석지를 간척하기에 적당한 곳을 찾아내는 혜안도 전문 기술에 속하는 것이었다. 그리고 해언을 통해 확보한 언전에 물을 대고 빼내는 수로 시설이 필수적으로 동반되어야 하는데, 이는 물을 이용하는 고급 기술이 있어야 가능한 것이었다. 축제 뿐만 아니라 개거(開渠), 즉 수로 개착에도 숙련된 기술이 필요했다.

해남 윤씨 재산 내역에 언전이 포함되어 있음을 확인할 수 있는 문서가 앞서 살펴본 1596년의 〈윤유기동생화회문기〉이다. 이 문서에 280여 두락의 언전이 3남매가 나누어 갖게 될 분재 대상 토지로 들어 있다. 그리고 노비 중에 포작(浦作) 노비로 노 20구, 비 20구가 분재 대상에 들어 있다. 포작 노비는 포구에서 어로(漁撈)에 종사한 노비로 보는 것이 온당할 것으로 보인다. 도망 노비나 거처를 알지 못하는 경우는 따로 파악하고 있고, 신노비와 같이 혼인할 때 나누어 갖고 있던 노비로 별도의 '신노비'라는 항목으로 정리하고 있다는 점에서 포작 노비는 거주지를 중심으로 파악한 노비로 볼 수 있을 것이다. 그렇다면 언전과 포작 노비가 밀접한 관계가 있는 것으로 추정된다.

해남 윤씨 가문에서 언전을 적극적으로 개발해 이를 전답으로 활용한 시기는 적어도 호남 제일의 갑부로 지목되었던 윤의중이 생존한 시기보다 앞선 시기일 것이다. 이러한 추정을 할 수 있는 근거는 윤의중이 올린 상소로 《해남윤씨문헌》에 실린 〈병술소〉라는 글이다. 이 글에서 윤의중은 조헌이 자신을 가리켜 크게 탐욕스럽다고 하면서 장흥·강진·해남·진도 주위에 자신의 언전이 아닌 것이 없다고 비난한 것에 대해서 선세(先世)의 구업(舊業)이고 처가의 자산이라는 점을 근거로 반박하고 있다. 즉 윤의중은 아예 언전 자체를 가지고 있지 않다고 발뺌하는 것이 아니라, 선세로부터 내려오는 구업에 의거해 해남, 강진 등지의 언전을 확보하고 있는 것이라 변명한 것이었다. 따라서 윤의중의 부인 윤구, 조부인 윤효정 등이 활약한 시기부터 이미 언전 개발에 착수한 결과 윤의중 대에 이르러 많은 언전을 확보할 수 있었고, 그에 따라 호남 제일의 갑부라는 이름을 얻을 수 있었을 것이다.

윤선도 가문은 17세기 이후에도 언전 개발에 적극적으로 나서고 있었다. 1689년(숙종 15)에 윤선도 가문에서 해남현에 입안을 요청했는데, 바로 화산(花山) 이도면 죽도(竹島)에 해언을 쌓고 답을 만들려고 하는데 이를 확인하기 위한 것이었다. 이보다 앞서 가까운 곳에 자리하고 있는 답을 매입하여 경작하고 있었다. 그러다가 아래쪽에 방색(防塞)하여 작답(作畓)할 무주지(無主地)가 많아 간척하려는데 이를 확인해 달라는 것이었다. '방색'한다는 것은 해언을 축조한다는 의미로 입안을 받을 때 자주 사용되는 표현이다. 그리고 '작답'이란 표현에서 간척지를 논으로 활용할 계획임을 알 수 있다. 이러한 간석지 간척은

죽도 굴포리 간척지의 현재 모습.

윤선도 가문에서 크게 활용하던 재산 형성 방법의 하나였다. 해남을 벗어난 인근 진도군 임회면 굴포리 지역에서도 윤선도 가문의 간척을 찾아볼 수 있다. 굴포리는 진도 서남쪽에 자리하고 있는데, 300미터가 넘는 제방을 쌓아 200정보나 되는 땅을 간척을 통해 막대한 농지로 개척했다.

윤선도 당대에 많은 간석지를 간척하여 농지를 새로 만든 것은 조정에서도 지적하고 있었다. 1649년 사헌부는 윤선도를 붙잡아 죄를 다스릴 것을 청했는데, 이때 윤선도가 '해도(海島)를 점유하고 부유함을 스스로 즐기고 있다'고 지목했다. 윤선도 가문이 누리고 있는 재부의 원천으로 해도의 점유를 지적하고 있는데, 해도는 바다에 떠 있는 섬뿐만 아니라 해안의 간척지를 같이 가리키는 것이었다. 물론 윤선도 가문이 섬 자체를 매득해 점유하고 있기는 했지만, 섬에서 획득할 수 있는 재물이 아주 대단한 것은 아니었기 때문에 부유함을 즐기기 위해서는 해안 지역의 간석지 간척을 염두에 두지 않을 수 없기 때문이다.

토지 매입과 경영에 힘쓰다

윤선도 가문에서 토지를 확보하는 방법은 간척·개간도 있었지만, 또한 다른 양반 가문과 마찬가지로 축적된 자본력을 바탕으로 다른 사람의 농지를 매입하는 방법도 있었다. 농지의 매입은 현실적으로 흉년이 들었을 때 가장 많이 이루어졌다. 풍년이 들었을 때 땅을 내다 파는 일은 드문 일이었다.

해남 윤씨 가문에 소장되어 있는 토지매매문서는 총 660여 건에 달하는데, 대부분 17~18세기, 즉 윤선도, 윤인미, 윤이석, 윤두서로 이어지는 당대에 작성된 것이다. 그리고 대부분 윤선도 가문에서 전답을 매입하거나 매도하는 사정을 기록한 문서이다. 윤선도 가문의 재산으로 변한 전답의 원래 소유자들은 양반뿐만 아니라 양인, 노비 등 다양한 신분층으로 구성되어 있었다. 또한 전답의 소재지는 주로 해남과 그 인근 지역이었다. 앞서 살펴본 1760년 화회문기를 작성할 당시 전답은 주로 해남 지역에 소재하고 있었고, 17세기와 18세기를 거치면서 더욱 집중도가 높아지고 있었다.

윤선도 가문에서 갖고 있는 토지매매명문은 토지 방매자가 왜 토지를 내다 팔고 있는지 그 사유를 적고 있다. 그런데 대부분의 방매(放賣) 사유를 보면 '요용소치(要用所致)', 즉 '쓸 데가 있어서' 정도로 번역할 수 있는 문구로 표현되어 있다. '요용소치'라는 어구는 토지문기에서 방매 사유를 표현하기 위해 관용적으로 사용되던 문투이기 때문에 구체적인 방매 사유로 보기 어렵다. 다른 방매 사유로 토지매매명문에 기재된 것을 찾아보면, 이매(移買) 또는 빈한(貧寒) 등을 이유로 내세운 경우와 전세(田稅) 납부·공부(貢賦) 등 세금 문제를 내세운 경우 등이 있다. 그리고 제수(祭需)·혼수(婚需)·상수(喪需) 등을 거론한 경우도 찾아볼 수 있다. 결국 토지가 아닌 현물화된 재화가 필요한 경우 전답을 방매하고 있었다. 따라서 '요용소치'라는 관행적인 표현 이면에는 현실적인 금전이 필요했다고 할 수 있다. 금전이 시급하게 필요했기 때문에 전답 방매 이외의 방법으로는 해결하기 힘들어 전답을 내다 파는 것이었다.

윤선도 가문 입장에서 토지 매매에 나선 또 다른 사유는 바로 세거지에서 멀리 떨어진 전답 대신에 가까운 지역에 자리한 전답을 확보하려는 것이었다. 가까운 곳에 전답을 확보하기 위한 방편으로 전답의 상환(相換), 그리고 이매 등을 수행했다. 16세기 다른 양반 가문의 전답 매매문기를 연구한 연구자도 토지 매매 사유의 50퍼센트 이상을 차지하는 주된 매매 동기가 바로 이매와 상환이라고 지적하고 있다. 이매는 다른 어떤 전답을 매입하기 위해 매도하는 경우이고, 상환은 전답과 전답을 서로 적당하게 견주어 바꾸는 것이다. 해남 윤씨 가문을 주체로 파악하면 어느 곳의 전답을 팔아 다른 곳에서 전답을 사거나, 어느 곳의 전답을 다른 곳의 전답과 바꾸는 것을 가리킨다.

토지매매문기에서 몇몇 사례를 찾아보면, 1607년에 작성된 토지매매명문의 경우 매매하는 사유로 멀리 떨어져 있어서 경식(耕食)하기 어려워 근처로 이매하기 위함이라고 제시하고 있었다. 또한 1659년에 작성된 토지매매명문에서도 타관(他官), 즉 다른 군현에 있어 수용하

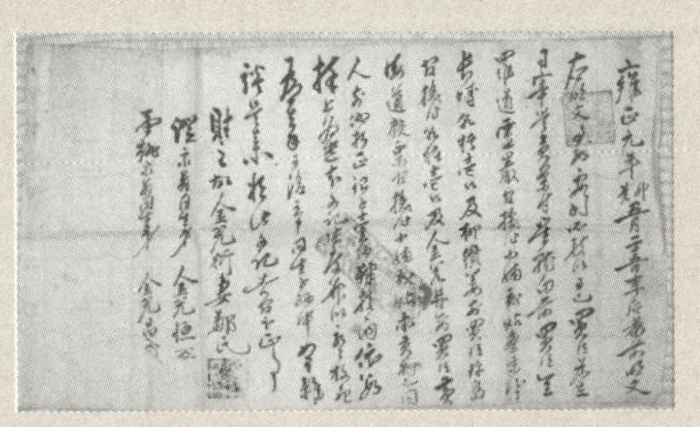

1561년의 토지매매문기. 문기는 보통 작성일, 매수인, 매도 사유, 토지의 소재지, 매매 가격, 매도인, 증인 등의 순으로 작성된다.

기 어렵다는 것을 제시하고 있었다. 수용하기 어렵다는 것은 지대를 거둬들이기 어렵다는 것을 가리킨다. 이와 같이 토지를 매입하면서 점차 거주지 중심으로 집중시켜 나가고 있었다.

노비 소유와 신공 수입

양반 가문의 경제 규모를 따질 때 또 다른 한 축으로 삼아야 할 것이 바로 노비 소유이다. 노비는 주인에게 소속되어 있지만 그렇다고 주인의 완벽한 소유물로 보기도 어려운 존재였다. 노비 주인은 노비가 가지고 있는 노동력, 좀 더 엄밀하게 말하면 노비 노동력의 크기에 해당하는 재화를 자연스럽고 합법적으로 차지하고 있었다. 따라서 노비 주인은 노비에게 일을 시키거나 일 대신에 다른 재화를 바치게 할 수 있었다. 노비를 얼마만큼 소유하고 있는가의 문제는 양반 가문의 경제력 규모를 가늠하는 데 좋은 기준이었다.

해남 윤씨 가문의 노비 소유 규모는 〈재산분재기〉, 〈준호구(准戶口)〉, 〈호구단자(戶口單子)〉 등 여러 고문서를 통해서 살펴볼 수 있다. 16세기의 경우 앞서 살펴본 1596년에 작성된 〈윤유기동생화회문기〉에 따르면 노 198구, 비 186구로 모두 384구였다. 그리고 1760년 무렵에는 〈윤덕희동생화회문기〉에 따르면 노비 483구 정도였다. 대략 400구 내외의 노비를 소유하고 있었다. 그리고 노비의 거주지를 살펴볼 때 점차 근거지에서 멀리 떨어진 곳에 살던 노비를 가까운 지역으로 옮기고, 나아가 가내에서 부리는 노비로 만드는 경향을 보여 주고 있었다.

노비 소유가 노비 주인에게 가져다주는 경제적인 이득이란 크게 두 가지다. 하나는 노비의 노동력을 활용해 농사를 지어 곡물을 획득하는 것이고, 다른 하나는 노비의 신공(身貢)이라는 경제적인 이득을 차지하는 것이었다. 두 가지 모두 노비 노동력의 일부를 직접적으로, 또는 간접적으로 차지하는 것이었다. 전자가 주인집의 토지에 노비 노동력을 결합시켜 여기에서 나오는 수확물을 노비 주인이 차지하는 직접적인 노비 노동력 수취 방식이라면, 후자는 노비가 자신의 노동력을 활용해 획득한 수확물의 일부를 신공이라는 명목으로 주인이 차지하는 간접적인 수취 방식이었다.

〈분재기〉.

신공은 본래 노비가 상전에게 바쳐야 할 입역(立役)을 대신하는 대가로 설정된 것이었다. 노비는 주인집에서 가사 또는 농사에 사역하거나, 또는 이를 대신할 현물로 신공을 납부하였다. 따라서 노비 주인은 노비를 부려서 가사나 농사에 활용할 수도 있고, 노비에게 신공으로 재물을 받을 수도 있었다. 전자를 입역노비(立役奴婢)라 부르고, 후자를 납공노비(納貢奴婢)라 부른다. 노비를 거주 지역을 중심으로 주인집 인근에 거주하면 솔거노비(率居奴婢), 주인집과 멀리 떨어진 곳에서 거주하면 외거노비(外居奴婢)라고 부르기도 하는데, 입역과 납공이 곧 솔거와 외거와 그대로 일치하는 것은 아니었다.

해남 윤씨 가문은 다수의 노비를 소유하고 있었다. 사실 양반 가문에서 소유하고 있는 다수의 노비를 입역과 신공 여부로 나누어 판별하는 것은 매우 어려운 일이고, 이에 대한 문서기록도 찾기 어렵다. 반면 해남 윤씨 윤선도 가문에서는 노비 신공을 받아들이면서 그 내역을 장부에 정리해 놓았기 때문에 이를 통해 노비의 신공, 입역 여부를 구체적으로 나누어 볼 수 있다. 1621년에 작성된 《노비성책》이 바로 노비 관련 장부이다. 이 장부에 기재되어 있는 내역을 보면 노 142 구, 비 119구, 불명 23구 등 총 284구이다. 이 가운데 신공 납부 대상 자는 노 84구, 비 78구, 불명 17구 총 179구로 되어 있어, 노비 총수의 63퍼센트가 신공 납부 대상자라는 점을 알 수 있다. 179구 가운데 실 제 신공을 납부한 것으로 장부에 기재된 비율은 60퍼센트 정도였다. 나머지는 신공을 내지 않은 것으로 기재되어 있다.

신공을 제대로 거두지 못한 이유는 여러 가지가 있었다. 노비가 신공 납부를 모면하기 위해 도망치는 경우도 있고, 상전이 다른 종류 의 경제적 이득을 얻었을 때 신공을 감액시켜 주거나 면제시켜 주기 도 했다. 반면 상전은 정해진 신공 이외에 선물(膳物)이라고도 부를 수 있는 여공(餘貢)이라는 것을 추가로 받았다. 해남 윤씨 윤선도 가문의 경우 참깨·해산물·신발 같은 것을 부가적으로 받고 있었다.

신공으로 거두는 주된 재물은 면포였다. 미(米)도 상품 교환에서 주요한 물품화폐 구실을 하고 있었고 가치척도의 기능도 담당하고 있 었지만, 노비 주인은 면포가 상용화된 이래 주로 면포로 신공을 받았 다. 신공 액수는 대개 중앙 관청이나 지방 군현에 소속된 공노비가 부 담하는 신공 액수를 기준으로 삼았다. 공노비의 경우 법전에 신공 액 수가 정해져 있었는데, 사노비의 그것도 대체로 이러한 공노비 규정 을 따르고 있었던 것이다.

공노비의 신공 액수는 《경국대전》에 노(奴)는 면포 1필과 저화(楮 貨) 20장, 비(婢)는 면포 1필과 저화 10장이었다. 17세기 중반인 1647 년과 1667년에 공노비 신공 액수가 노는 면포 2필, 비는 1필 반으로 바뀌었다. 이러한 공노비 신공 규정의 변화는 해남 윤씨 가문의 노비 신공 액수에서도 그대로 찾아볼 수 있다. 15세기 초반인 윤효정 당대의 정식은 상목(常木) 1필을 노비 각각에게 받는 것이었다. 그런데 17세기 중반 윤선도가 남긴 가훈에 따르면 노는 상목 2필, 비는 1필 반으로 정해져 있었다. 그리고 가난하거나 다른 역이 많을 경우에는 헤아려서 덜어 주고, 반대로 부유한 경우에도 절대로 더 받지 못하게 하고 있었다. 그리고 18세기 초반으로 가면 동전(銅錢)으로 환산하여 노비 신공을 받았다.

노비 신공으로 받은 면포는 해남 윤씨 윤선도 가문의 주요한 수입원이었다. 가문의 주요 지출 내역에 대해서는 상세히 알기 어렵지만, 아마도 일상생활의 의식주에 들어가는 비용이 가장 커다란 부분을 차지하고 있었을 것이다. 여기에 제사를 받들고 빈객을 대접하는 데에도 많은 지출이 있었다. 윤선도 가문도 지방 수령과 중앙 관료로부터 많은 선물을 받았을 것으로 추정되는데, 또한 받는 만큼 가문의 일원과 주변 친지들에게 선물로 주어야 하는 부분도 많이 있었을 것이다. 그리고 토지를 매입하거나, 노비를 사들이기 위한 재원으로 축적할 필요도 있었을 것이다.

조선 시대 양반 가문에서 자손들에게 남긴 선조의 교훈, 즉 가훈에서 바람직한 행동강령을 찾을 수 있다. 해남 윤씨 윤선도 가문이 스스로 자랑스러워하는 가문의 별칭이 바로 '삼개옥문적선지가(三開獄門積善之家)'라는 것이다. 이 말은 가문이 나아가야 할 정도(正道)를 보여 주고 있다는 점에서 가훈으로 볼 수도 있다. '삼개옥문적선지가'란 세 번이나 적선을 통해 옥문(獄門)을 열게 만들었던 가문이라는 뜻이다. 흉년이 들었을 때 나라에 내야 할 세금을 제때에 내지 못하여 옥에 갇힌 백성들을 위해 대신 미곡을 관부에 바쳐 옥문을 열게 만들었다는 이야기에서 유래한 말이다. 이 이야기는 해남 윤씨 족보에 수록되어 있는데, 윤효정이 당시에 큰 흉년이 들었을 때 미곡을 관에 대신 납부한 일이 세 번이나 있어서 사람들이 '삼개옥문'이라 불렀다는 것이다.

윤선도는 좀 더 구체적으로 자손들에게 가문의 일원으로서 지켜야 할 교훈을 남겼다. 윤선도가 74세 때 함경도 삼수에 유배된 상황에서 아들 윤인미에게 앞으로 지켜 나가야 할 바를 편지에 적어 보냈는데, 이 편지가 〈충헌공가훈(忠憲公家訓)〉이라는 이름이 붙어 가문 내에서 존숭되고 있다. 〈충헌공가훈〉에서 윤선도가 자손들에게 남긴 행동강령은 크게 두 가지였다. 하나는 적선이고, 다른 하나는 근검이었다.

적선에 대해서 윤선도는 하늘과 인간의 교감이라는 천인감응론(天人感應論)을 근거로 제시했다. 과거 시험에도 하늘의 도움이 필요한데, 하늘이 돕도록 하려면 가문에서 전부터 내려온 적선 행인(行仁)의

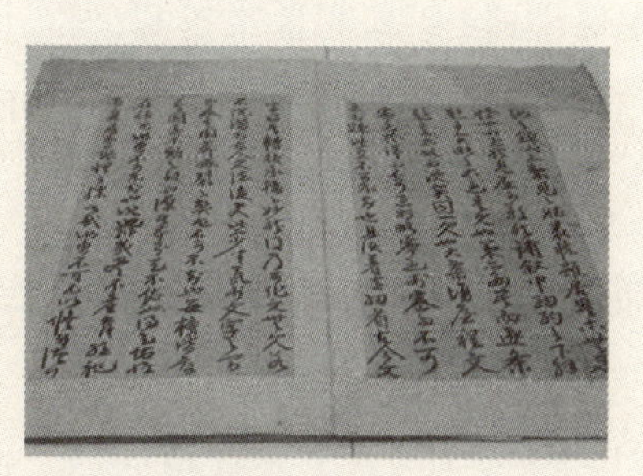

〈충헌공가훈〉. 윤선도가 아들 인미에게 남긴 편지글 형식으로 《소학》의 실천 윤리를 강조하면서 적선과 근검이 집안 융성의 최고 덕목임을 강조했다.

전통을 유지해야 한다는 것이었다. 윤선도는 하늘의 도움을 얻기 위해서는 사람의 그에 합당하는 실천이 필요한데, 이를 적선을 통해서 실행해야 한다고 강조했다.

다음으로 근검을 강조했는데 의복이나 음식에서 지나친 것을 삼가고, 질박함을 벗어나 사치스러운 물건을 가까이 하지 말라고 했다. 근검에 대한 강조는 의복, 안마(鞍馬) 등으로 이득을 얻으려 해서는 안 된다는 지적으로도 이어졌다.

윤선도는 만석꾼 가문이 지켜야 할 경제생활의 원리도 제시하고 있다. 대규모 가계의 운영과 관련된 내용을 정리하고 있는데, 특히 노비에 대해서 자세하게 언급해 두고 있었다. 노비 신공으로 노의 경우 평목(平木) 밀직(密織)한 것 35척 2필, 비는 1필 반을 받아야 한다는 기준을 제시했다. 그리고 일을 많이 하는 자는 적당히 신공을 줄여 주고, 노비가 부자이더라도 더 받지는 말게 했다. 또한 크게 힘을 써야 하는 일 이외의 작은 잡역은 가내 노비를 시키게 했다. 노비에 대한 경제적 부담을 제한하고 이를 넘지 않도록 규제하는 내용으로 만석꾼 가문의 경제 규모를 유지하는 데 필요한 노비에 대한 방침이었다.

〈충헌공가훈〉에 토지에 대한 언급이 보이지 않는 것은 가내 노비에게 농사를 맡기는 경우, 소작인에게 소작을 주는 경우 등에 대한 관행이 확고하게 자리 잡고 있었기 때문에 이를 문서에서 분명하게 다시 강조할 필요가 없었기 때문으로 보인다. 가내 노비에게 농사를 맡기는 지주의 직영지에서는 당연히 모든 소출이 지주의 차지였다. 그리고 소작을 주었을 경우는 수확물의 절반씩 지주와 소작인 나누어 갖는 타조(打租), 또는 봄에 미리 소작인이 지주에게 지불할 액수를 대략 수확의 3분의 1로 정해 두는 도조(賭租)로 지대 수취가 이루어지고 있었기 때문이다. 자연재해로 흉년이 들게 되면 당연히 도조에서도 피해 정도에 따라 줄여 주는 일이 동반되었다.

윤선도는 자손들에게 《소학(小學)》 공부를 강조했다. 《소학》은 《대학(大學)》과 더불어 조선왕조 양반 가문에서 익혀야 할 성리학 공부 중에서 가장 기초에 해당하는 책이었다. 그리고 《소학》은 성리학의 이론적인 측면을 설명하는 책이라기보다는 성리학을 배우기 전에 갖추어야 할 행실, 그리고 성리학의 근본적인 이념을 실천할 때 따라야 할 규범을 제시하는 책이었다. 적선과 근검을 강조한 가훈을 떠올리면 윤선도 가문에서 《소학》 공부가 어떤 중요성을 지녔는지 떠올릴 수 있다.

만석꾼 가문의 또 다른 재산—해남 윤씨 가문의 장서

해남 윤씨 가문이 축적해 놓은 재산을 보존하고 나아가 증대시켜 나갈 수 있었던 방법 가운데 하나는 자손의 교육에 특별한 관심을 두는 것이었다. 자손 교육을 통해 재산을 지켜 나가기 위한 방편으로 해남 윤씨 가문은 많은 장서를 보유하고 있었다. 윤선도 가문이 당대에 유학·문학·예술로 이름을 떨친 가문이라는 점에서도 장서가 많다는 점을 쉽게 이해할 수 있다. 재산이란 단지 경제적인 능력만으로 지켜나갈 수 있는 것이 아니라 문화·예술·학문의 뒷받침이 있어야 온전히 갈무리해 나갈 수 있었다.

해남 윤씨 가문에 소장되어 있던 전적(典籍) 가운데 각종 고문서는 1986년 한국정신문화연구원에서 일괄 조사하여 《고문서집성(古文書集成) 제3권－해남 윤씨 편》으로 간행되어 세상에 알려졌다. 그리고 2001년 호남문화연구소에서 녹우당에 소장되어 있는 고문헌에 대한 조사 작업을 진행하여 다수의 전적이 소장되어 있다는 점을 확인했다.

20세기 초반 해남 윤씨 가문이 소장하고 있던 도서의 규모는 식민지 조선을 차지하고 있던 일본인이 남긴 자료를 통해 알 수 있다. 현재 국립중앙도서관에 1920년대 해남 윤씨 가문에서 소장하고 있던 도서를 목록으로 정리한 책이 소장되어 있다. 《해남윤씨군서목록(海南尹氏群書目錄)》이라는 제목이 붙어 있는데, 뒷부분을 보면 목록을 만들게 된 경위를 간략한 표로 정리해 놓고 있다. 이에 따르면 1927년 11월 소장자 윤정현(尹定鉉, 1882~1950)을 이나바 이와기치(稻葉岩吉)가 찾아갔고, 다음 해 5월에 소장 도서 목록을 정우교(鄭禹敎)가 조사하면서 등사했으며 이나바 이와기치와 시부에 게이조(澁江桂藏)가 교정자로서 목록을 수정했다. 해남 윤씨 가문 군서 조사에 참여한 이나바 이와기치는 조선사편수회(朝鮮史編修會)에서 활약했고, 《광해군 시대의 만선관계(光海君時代の滿鮮關係)》라는 책을 쓴 만선사관을 대표하는 인물이었다. 그리고 시부에 게이조도 조선사편수회에서 사료 수집 편찬에 종사한 인물이었다. 조선사편수회에서 일하고 있던 주요 인물이 목록 작성에 참여하고 있다는 점에서 해남 윤씨 가문에 소장되어 있는 도서 목록을 만든 주체는 조선사편수회였다고 할 수 있다. 현재 남아 있는 국립중앙도서관에 소장되어 있는 《해남윤씨군서목록》은 1941년에 조선사편수회에 소장되어 있는 원본을 다시 등사해서 만든 필사본으로 보인다. 조선사편수회가 해남 윤씨 윤선도 가문에 소장된 도서의 조사와 목록 작성을 실행한 배경과 이유를 현재로서는 알기 어렵다.

《해남윤씨군서목록》을 보면, 해남 윤씨 가문에 소장된 많은 여러 가지 책(群書)은 말 그대로 다종다양한 성격을 갖고 있었다는 점을 알 수 있다. 사서삼경에서부터 역사·지리·풍수·문학 등에 이르기까지 여러 분야의 책들이 망라되어 있었다. 책 제목이 기재된 부분만 총 268쪽에 달하고, 수록된 도서가 총 2,635부에 이르고 있었다. 대부분은 책 제목만 기재되어 있지만, 상당수의 경우는 저자도 기재되어 있다. 본 목록의 가장 커다란 특징은 목록에 수록되어 있는 도서들이 대부분 중국본이라는 점이다.

2001년 호남문화연구소가 조사한 해남 윤씨 가문의 소장 전적한반도를 식민지로 지배하게 된 일제가 1925년에 조선총독부(朝鮮總督府) 부설기관으로 설치한 한국사 연구기관이다. 한반도를 무력 강점한 일제는 초대 데라우치(寺內正毅) 총독 때부터 식민지 통치에 필요한 역사적 자료의 수집 조사를 위해 취조국(取調局)을 두고 학자들을 고용해 구관제도 조사사업(舊慣制度調査事業)과 고적(古蹟) 조사사업을 전개하고 있었다. 그 뒤 1915년 구관 조사사업을 중추원(中樞院)으로 이관하고, 따로 일본의 식민지로 귀착될 수밖에 없는 한국사로의 역사 편찬을 위해 중추원에 편찬과(編纂課)를 신설해《조선반도사(朝鮮半島史)》의 편수 업무를 담당케 했다.

그러나 1919년 3·1독립운동을 맞아 민족적 자각과 역사적 각성에 기반한 거족적 저항에 놀란 일제는 정치적인 유화정책(柔和政策)을 쓰는 한편, 역사의식을 깨우쳐 한 민족의 민족정신을 함양하는 한민족사를 민족혼을 뺀 빈 껍질의 역사로 꾸미기 위하여《조선사(朝鮮史)》편수를 서둘게 되었다. 이런 목적에서 1923년 12월 조선총독부의 직할 사업으로 추진, 관계 관료와 일본의 어용사학자, 그리고 일부 우리 사학자를 간선해 고문과 위원으로 임명해 조선편찬위원회를 조직했다.

조선사편수회는 다음 해부터 수차에 걸쳐 위원회를 열어 식민사관(植民史觀)에 입각한《조선사》편수를 담당케 하기로 결정했다. 조선사편수회는 일본·한반도·만주 각지에서 각종 자료를 구입하거나 지방사 자료와 개인 소장의 사료는 차용 등사하는 등의 방법으로 자료를 수집했다. 그리고 1938년 마침내 전 37책으로 된《조선사》가 편찬 간행되었다. 또한 조선사편수회는 조선사 편수를 위해 수집한 사료 가운데 20종을 택해《조선사료총간(朝鮮史料叢刊)》을 간행했고, 동시에 3책으로 된 귀중 기록·고문서·사적·필적·화상 등은《조선사료집진(朝鮮史料集眞)》이라는 이름으로 묶어 간행했다.

현황을 보면 454종 1,425책에 이르고 있다. 먼저 판본별로 보면 목판본(171종 896책)과 필사본(216종 289책)이 가장 많은 비중을 차지하고 있다. 목활자본(27종 124책), 석인본(石印本, 20종 59책), 연활자본(鉛活字本, 14종 46책), 금속활자본(5종, 11책) 등도 소장되어 있고, 주제별로 나누면 경부(經部) 76종, 사부(史部) 116종, 자부(子部) 79종, 집부(集部) 174종 등으로 집부 전적이 가장 많은 종수를 차지하고 있다. 그리고 문집 등 문학 쪽으로 구분할 수 있는 책이 많다. 다음으로 시대별 현황을 보면, 1500년대 전적 20종, 1600년대 78종, 1700년대 75종, 1800년대 37종, 1900년대 66종, 확인하기 어려운 169종 등으로 1600년대와 1700년대 문헌이 녹우당 소장 전적의 주류를 이루고 있다. 특히 필사 연대가 밝혀진 66종 가운데 65종이 1600년대와 1700년대의 필사본이다.

녹우당에 소장되어 있는 전적은 해남에 세거지를 마련한 윤효정 대부터 모아진 것이었다. 그리고 윤선도가 오랜 기간 동안 생존하면서 많은 문헌을 수집했고, 이를 윤두서와 윤덕희의 손을 거쳐 크게 확충되었다. 해남 윤씨 윤선도 가문의 재산 형성과 유지에 크게 기여한 인물들이 문헌 수집과 정리에 등장하고 있는 것은 당연한 일이었다. 학문·문학·예술 등에 대한 관심이 정당한 재산을 축적하고 이를 지켜 나가는 데 걸림돌이 아니었다. 한편으로는 많은 장서를 확보한 것을 수집가의 문헌 사랑에서 비롯된 것이지만, 나아가서는 가문의 후손에게 전해줄 정신 수양의 양식을 마련한 것이기도 했다. 그리고 윤선도 가문의 일원이 중국에 사신으로 왕래하면서 중국책을 획득하기도 했다.

가문의 재산을 지키려면

17세기에서 18세기를 중심으로 해남 윤씨 가문이 재산을 축적하고 이를 유지해 나가는 역사를 살펴보면, 하늘이 부자에게 큰 복록을 주고 재산을 내려주는 것이 아니라 부자가 될 만한 사람이 스스로 부를 키워 나갔다는 점을 잘 알 수 있다. 그리고 부자는 아낄 때와 쓸 때를 잘 분별해 행동하고, 나아가 부자가 지켜야 할 사회적 의무도 저버리지 않는다는 점도 확인할 수 있었다.

한명회와 훈구대신들

가장 중요한 재산인 토지와 노비를 보유하고 늘리기 위해서는 물론 재원이 가장 필수적이었지만, 여러 불법적 수단들도 동원되었다. 먼저 토지의 경우, 양반 개인의 벼슬이나 위세, 해당 지역의 관찰사나 수령등 관권의 지원, 그리고 친인척의 협조 등 여러 불법이 광범하게 작용했다. '조정의 재상 중 벼슬하기 전에는 빈한했다가 고관이 된 뒤 엄청난 곡식을 쌓아 놓게 된 사람이 셀수 없이 많았다'는 《성종실록》의 기사는 그런 측면을 또렷이 보여 준다.

김범 : : 국사편찬위원회 편사연구사

한명회
1415~1487

한명회는 1415년(태종 15) 10월 25일 2남 중 장남으로 태어났다. 그의 가문은 상당한 명문이었는데, 특히 할아버지는 예문춘추관 대학사에 오른 한상질이고 작은 할아버지는 개국 3등공신이자 영의정까지 지낸 한상경이었다. 그러나 15세 때 아버지가 37세의 나이로 요절하고 어머니도 비교적 젊은 나이로 세상을 떠났기 때문에 어린 시절은 그다지 유복하지는 않았다. 실제로 가난 때문에 학업에 전념하지 못했거나 과거와는 다소 거리가 있는 분야(국방이나 행정 등)에 관심두었다고 보여진다. 한명회는 문관의 전형적인 출세 과정을 밟고 있던 친구 권람과는 달리 37세에야 결국 문음으로 개성에 있던 조선 태조의 잠저인 경덕궁을 지키는 궁지기가 될 수 있었다. 이런 불우한 처지를 바탕으로 한명회는 세상을 바꾸려는 야심을 키워가게 된다. 마침 문종이 젊은 나이로 승하하고 어린 단종이 왕위에 오르자 한명회는 수양대군에게 거사를 준비하도록 종용했고, 이때부터 획기적인 전환점을 맞는다.

세조의 정권이 점차 안정되면서 한명회는 국정 전반을 관장하는 직책으로 나아갔다. 문무의 인사를 담당하는 이조판서와 병조판서를 역임하고, 우의정으로 정승의 반열에 올랐으며, 세조 12년 10월에는 신하로서 최고의 자리인 영의정에 임명되었다. 그는 예종과 성종의 왕비로 두 딸을 궁에 들여보냄으로써 2대에 걸쳐 국구에 올라 한 개인이 보유할 수 있는 가장 화려한 관력이라 평가할 만한 성공을 누렸다.

권신의 상징 한명회

조선 시대의 역사에서 '권신(權臣)'이라는 명칭에 가장 적합한 사람을 꼽으라면 아마도 한명회(韓明澮)가 반드시 포함될 것이다. 이조판서와 병조판서, 삼정승을 두루 거치고 네 번의 공신 책봉에서 모두 1등공신으로 선정되었으며, 두 딸을 예종(睿宗)과 성종(成宗)의 왕비로 들여보냄으로써 2대에 걸쳐 국구(國舅)에 오른 유례없이 화려한 그의 외형적 이력은 그런 판단을 충분히 수긍하게 한다. 그러나 '권세 있는 신하'라는 뜻의 '권신'이라는 표현에는 대체로 어떤 객관적 능력이나 덕망보다는 정치적 술수나 수완 같은 부정적 의미가 드리워져 있어서 그동안 한명회의 삶은 그다지 긍정적으로 평가되지 않은 것이 사실이다.

　　모든 개인에게 그 자신의 삶은 수많은 변화와 곡절과 성패가 뒤섞인 복잡한 과정일 것이다. 그러나 산이 높으면 골짜기도 깊듯이 73년에 걸친 긴 생애 동안 국가의 핵심 관료로서 세조·예종·성종을 섬

긴 한명회의 삶은 그 역정(歷程)의 굴곡이 어떤 경우보다 다양했으며, 그것에 대한 긍정적 평가와 부정적 의견 또한 매우 확연하게 갈라져 있는 흥미로운 사례라고 생각한다.

이 글은 이처럼 화려한 성공 뒤로 적지 않은 부정적 평가가 따르는 한명회의 삶을 될 수 있는 한 객관적인 관점에서 살펴봄으로써 그의 진정한 면모를 알아보려는 목적을 갖고 있다. 아울러 그가 축적했던 부의 규모를 추정함으로써 조선 전기 훈구대신(勳舊大臣)들이 가졌던 재력은 어느 정도였을까 하는 문제를 관심 있게 살펴보려고 한다.

이런 문제에 접근할 때 가장 우선적으로 고려해야 할 사항은 전근대와 근대 사이에는 거의 모든 측면에서 다양하고 근본적인 변화가 일어났다는 사실이다. 예컨대 인간을 둘러싸고 있는 가장 기초적이고 물리적 조건인 시간과 공간을 한번 생각해 보자. 먼저 시간에서 조선 시대와 현재는 그 측정 단위나 이용 방식, 체감 정도 등 거의 모든 측면이 서로 달랐다. 즉 지금은 시간의 단위가 하루 24시간이고 이레씩 한 주가 묶이며 양력에 따라 한 달과 한 해가 짜여지지만, 조선 시대에는 간지(干支)와 음력에 맞춘 24절기를 기준으로 시간이 인식되고 소비되었다. 공간과 관련해서도 현재의 체감 거리는 교통과 통신의 발달에 힘입어 조선 시대와는 비교할 수 없이 단축되었다.

이런 물리적 조건을 토대로 구축된 전근대의 사회 제도에서 가장 핵심이 되는 차별적 사항은 신분 제도였다. 그 제도에서 지배 신분과 피지배 신분을 가르는 유일하고 결정적인 기준은 혈통이었다. 즉 혈통의 귀천에 따라 그 밖의 거의 모든 조건들, 그러니까 정치적 권력이나 경제적 부, 사회적 지위, 지식의 수준 등이 종속적으로 편제(編制)된 것이었다. 그러므로 전근대의 재력은 정치적 권력의 크기와 매우 밀접한 관계를 갖고 있었다. 물론 그런 정황은 지금도 유효하지만, 오늘날 거대 기업의 총수가 유력한 정치인이나 행정부의 고위 관료로 직접 활동하거나 그 반대의 사례가 그리 일반적이지 않은 것을 생각한다면 전근대의 권력과 재력은 지금보다 좀 더 직접적으로 관련해 있었다고 이해할 수 있을 것이다.

이 글은 이런 측면에 유의하면서 다음과 같은 순서로 진행될 것이다. 먼저 정치가이자 관료로서 한명회의 일생을 살펴봄으로써 당시 조선에서 가졌던 그의 정치적 위상을 알아보았다. 거기서는 한명회가 자신의 뛰어난 능력을 발휘해 이룬 여러 성취, 특히 내치와 국방에 관련된 부분을 좀 더 자세히 서술했다.

다음은 경제적 측면으로 조선 시대 양반들의 일반적인 치부 형태와 방식, 그리고 그 규모 등을 살펴보았다. 부에 대한 인간의 욕망은 예나 지금이나 크게 다르지 않지만, 현재 우리가 상상하는 조선 시대 양반들의 경제관념이나 축재 방식 등이 실제로는 어떠했는가 하는 측면에 특히 초점을 맞추었다. 이런 전제 작업을 토대로 한명회 개인의 재산 규모를 그가 받은 녹봉과 하사품, 매매한 토지와 노비의 규모, 그리고 대부(貸付) 행위 등 여러 측면을 검토함으로써 어느 정도나마 추정해 보려고 시도했다. 여기서는 앞서 말한 대로 그처럼 거대한 권력에 필연적으로 수반되는 직간접적인 부패의 모습들 또한 지적하게 될 것이다.

다음으로 조금 독특한 사안인 한명회의 정자였던 압구정(狎鷗亭)에 관련된 내용을 다루었다. 압구정에 대한 조선 시대의 일화들을 몇 가지 소개했으며, 그 장소가 오늘날 한국의 경제적·문화적 중심지 중 하나인 압구정동으로 변모하면서 갖게 된 이미지와 조선 시대 '권신'의 상징적 인물인 한명회의 이미지 사이에 형성된 중첩성이나 연관성에 대해서도 생각해 보았다. 끝으로 현재 '사림 세력'과 거의 모든 측면에서 대비되면서 다소 부정적으로 평가되고 있는 '훈구세력'을 좀 더 객관적이며 공정한 관점에서 재평가할 필요가 있다는 생각을 말하면서 논의를 마무리할 것이다.

입지전적인 삶

한명회는 조선 1415년(태종 15) 10월 25일 2남 중 장남으로 태어났다. 본관은 청주(淸州)로 아버지는 사헌부 감찰(監察, 정6품 문관)을 지낸 한기(韓起, 1393~1429)였고, 어머니는 여흥(驪興) 이씨로 예문관 대제학(정2품 문관)을 지낸 이적(李逖)의 딸이었다. 한명회의 가문은 상당한 명문이었는데, 특히 할아버지는 예문춘추관 대학사(大學士, 종2품 문관)에 오른 한상질(韓尙質)이고 작은 할아버지는 개국 3등 공신이자 영의정까지 지낸 한상경(韓尙敬)이었다. 아버지 한기가 그리 높은 벼슬을 하지 못했지만 대제학의 집안과 혼인할 수 있었던 데는 이런 정황이 작용했을 것이다.

사극이나 소설에 자주 등장해 널리 알려진 사실이지만, 한명회는 칠삭둥이로 태어났다. 그러나 배 위에 임금을 보좌하는 삼정승의 상징인 태성(台星)과 북두칠성 모양의 검은 점이 있어 앞으로 범상치 않은 인물이 될 것을 예고했다고 전한다.

그의 어린 시절은 그다지 유복하지는 않았던 것 같다. 무엇보다도 15세 때 아버지가 37세로 요절했으며 '부모를 일찍 여의었다'는 기록으로 보아 어머니도 비교적 젊은 나이로 돌아간 것이 가장 큰 원인으로 작용했을 것이다. 그 결과 가난에 시달렸으며, '글을 읽어 얻은 바가 많았다'고 표현될 정도로 학문이 상당한 수준에 이르렀지만 과거에는 끝내 급제하지 못했다. 한명회의 지적 성취와 관련된 이런 내용은 그 뒤 국정의 다양한 측면에서 그가 보여 준 탁월한 능력을 감안하면 그저 형식적인 수사는 아니었으며, 실제로 가난 때문에 학업에 전념하지 못했거나 과거와는 다소 거리가 있는 분야(국방이나 행정 등)에 더 많은 관심을 두었다고 보는 것이 좀 더 타당하다고 생각된다.

많은 사람들이 그렇겠지만, 한명회 또한 사람들을 만나면서 인생의 전기를 맞게 되었다. 가장 중요한 두 사람은 권람(權擥, 1416~1465)과 세조(世祖, 재위 1455~1468)였다. 먼저 권람과의 관계부터 살펴보면, 한 살 차이인 두 사람은 젊은 시절부터 깊은 우정을 맺었다. 그들은 서로 공통점이 많았는데, 권람 또한 명문인 안동 권씨 출신으로 할아버지는 조선 초기의 유명한 학자 권근(權近, 1352~1409)이고 아버지는 대제학과 우찬성을 역임한 권제(權踶)였다(족보를 조사해 보면, 두 집

권근

고려 말 조선 초의 문신·학자로, 본관은 안동(安東), 호는 양촌(陽村)·소오자(小烏子)이다. 1368년(공민왕 17) 성균시에 합격하고, 이듬해 급제해 춘추관검열·성균관직강·예문관응교 등을 역임했다. 공민왕이 죽자 정몽주(鄭夢周)·정도전(鄭道傳) 등과 함께 위험을 무릅쓰고 배원친명(排元親明, 원나라를 배척하고 명나라와 화친함)을 주장했다. 그는 정도전과 같이 조선이 건국되는 데 많은 공을 세워 개국원종공신(開國原從功臣)으로 화산군(花山君)에 봉군된다. 1396년 이른바 표전문제(表箋問題, 명나라에 보낸 외교문서 속에 표현된 내용으로 인한 문제가 발생함)로 명나라에 다녀왔다. 이때 권근은 외교적 사명을 완수했을 뿐 아니라, 유삼오(劉三吾)·허관(許觀) 등 명나라 학자들과 교유하면서 경사(經史)를 강론했다. 그리고 명나라 태조의 명을 받아 응제시(應製詩) 24편을 지어 중국에까지 문명을 크게 떨쳤다. 정종 때는 사병제도(私兵制度)의 혁파를 건의·단행하게 했다. 한편, 왕명을 받아 경서의 구결(口訣)을 저정(著定, 저술하여 정리함)하고, 하륜(河崙) 등과 《동국사략》을 편찬했다. 또한, 유학제조(儒學提調)를 겸임해 유생 교육에 힘쓰고, 권학사목(勸學事目)을 올려 당시의 여러 가지 문교시책을 개정·보완하는 데 크게 이바지했다.

권근은 성리학자이면서도 사장(詞章)을 중시해 경학과 문학을 아울러 연마했다. 이색(李穡)을 스승으로 모시고, 그 문하에서 정몽주·김구용(金九容)·박상충(朴尙衷)·이숭인(李崇仁)·정도전 등 당대 석학들과 교유하면서 성리학 연구에 정진해 고려 말의 학풍을 일신하고, 이를 새 왕조의 유학계에 계승시키는 데 크게 공헌했다. 저서로는 《입학도설(入學圖說)》, 《오경천견록(五經淺見錄)》, 《양촌집》 40권이 있다.

안의 인척 관계는 한명회의 증조부 한수(韓脩)가 권람의 고조부 권적(權適)의 사위가 된 데서 출발한 것으로 판단된다).

　이런 외형적 공통점도 주목되지만, 좀 더 중요한 측면은 두 사람이 서로 비슷한 성품이나 취향을 갖고 있었다는 것이다. 즉 그들은 과거 공부에 매진하기보다는 강산을 유람하면서 기개를 키우고 낭만을 즐기는 데 관심이 많아서 1년이 넘도록 함께 여행한 적도 있었다고 한다. 이런 두 사람의 우정은 중국 춘추시대 관중(管仲)과 포숙(鮑叔)의 사귐에 비교되거나 '망형우(忘形友, 서로의 지위와 처지는 전혀 문제삼지 않는 진정한 우정)'라는 표현으로 칭송되기도 했다.

권람에게도 마찬가지였지만, 한명회의 일생을 뒤바꾼 가장 결정적인 전기는 세조와의 만남이었다. 그 계기는 권람이 제공해 주었다. 서른이 넘어가면서 권람은 그동안 지녀 온 삶의 태도를 바꾼 것 같다. 즉 문종이 즉위한 1450년 35세의 조금 늦은 나이였지만 우수한 성적으로 문과에 급제해 벼슬길에 오른 것이다(그는 원래 4등이었지만 명문 출신이라는 점이 감안되어 장원으로 승격되는 편법적 조처의 혜택을 받았다. 조선 시대 문과에 급제하는 평균 나이는 30세 전후로 밝혀져 있다). 그리고 그는 이듬해 집현전 교리(校理)가 되어 당시 수양대군(首陽大君)이던 세조와 《역대병요(歷代兵要)》의 음운과 주석을 편찬하면서 가까워졌다.

이처럼 문관의 전형적인 출세 과정을 밟고 있던 친구와 달리 한명회는 그 이듬해까지도 과거에 합격하지 못하다가 37세에야 결국 문음(門蔭)으로 개성에 있던 조선 태조의 잠저(潛邸)인 경덕궁(敬德宮)을 지키는 궁지기(宮直)가 될 수 있었다. 그 명칭에서도 짐작할 수 있지만, 궁지기는 《경국대전》에도 나와 있지 않은 말직이었다. 그가 세상을 바꾸려는 야심을 키워간 데는 이런 불우한 처지도 중요하게 작용했을 것이다.

기회는 얼마 지나지 않아 찾아왔다. 문종이 재위 2년 만인 39세의 젊은 나이로 승하하고 그의 아들 단종이 12세의 어린 나이로 즉위하는 돌발적 상황이 일어난 것이다. 이것은 그동안 태종의 정변과 세종의 다소 이례적인 등극이 있기는 했지만, 비교적 안정적이며 순탄

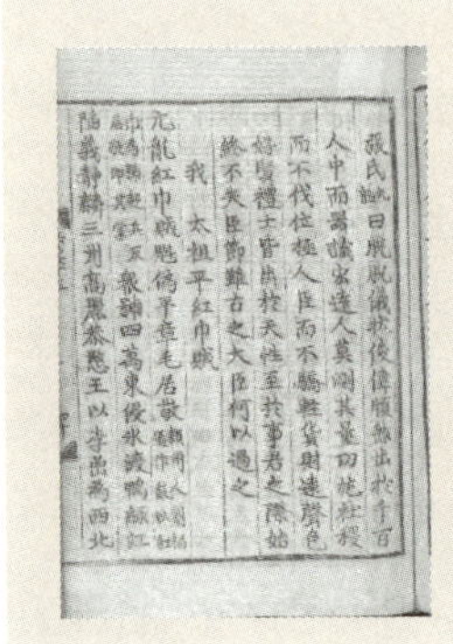

《역대병요》.
조선 초 1450년(세종 32)에 정인지·유효통·이석형 등이 세종의 명으로 역대의 전쟁과 그것에 대한 선대 유학자의 평을 집성한 병서.

하게 이어지던 조선의 왕위 계승에서 중대한 위기였다. 무엇보다도 새 국왕의 나이가 너무 어렸고, 반면에 그동안 많은 방면에서 출중한 능력을 보여 온 그의 두 숙부들은 육체적·정신적으로 가장 왕성할 나이인 삼십대 중반에 와 있었다는 객관적 정황이 그런 위기를 더욱 심각하게 만들었다(이때 수양대군은 36세, 안평대군은 35세였다).

이후 계유정난(癸酉靖難)을 준비하고 성공시키는 과정에서 그 능력을 유감없이 발휘한 한명회는 이런 정치적 균열을 누구보다도 정확히 간파하고 적극적으로 이용했다. 그는 단종이 즉위한 지 두 달 만인 1452년 7월 23일 권람을 찾아가 안평대군과 황보인(皇甫仁) 등 주요 대신들의 동태가 심상치 않으니 수양대군에게 거사를 준비하도록 종용해야 한다는 의견을 밝혔고, 닷새 뒤 권람의 소개로 수양대군을 만난 것이다.

이 만남은 한명회 개인의 일생에서도 획기적인 전환점이었지만,

1453년(단종 1) 수양대군(首陽大君)이 단종의 보좌 세력이자 원로대신인 황보 인(皇甫仁)·김종서(金宗瑞) 등 수십 인을 살해·제거하고 정권을 잡은 사건이다.

1451년 문종이 재위 2년 만에 죽고 단종이 13세의 나이로 즉위하자, 수렴청정을 할 서열이 높은 후비가 없어 당시 고명대신(顧命大臣)인 황보인·김종서 등이 단종을 보좌하게 된다. 그러나 황보인은 오래전부터 앓아 온 신병으로 실권은 김종서가 장악하고 있었다. 게다가 세종과 소헌왕후(昭憲王后) 사이에 출생한 문종 외 7명의 능력 있는 여러 대군이 왕권에 위협이 되고 있었다. 그중에서도 둘째인 수양대군과 셋째인 안평대군은 서로 세력 경쟁을 벌이고 있었고, 정치적 야망이 컸던 수양대군은 처음부터 김종서 등이 안평대군과 정치적으로 연결되는 것을 경계하고 있었다. 후에 계유정난을 성공한 세조는 황보인과 김종서 등이 안평대군과 모의해 종사를 결단내었을 것이라고 언명했으나, 그들은 고명대신으로서 어린 단종을 끝까지 보필하려고 했을 뿐 야심을 품고 붕당을 조성하려 한 것 같지는 않다. 다만 이들 대신의 합의체인 의정부가 국왕을 보필하고 정사를 협의하는 최고 정무기관으로서의 본래 임무를 넘어섰던 것은 사실이다. 그래서 유교적 비전제정치를 내세워 재상 중심 체제를 주장하던 정인지(鄭麟趾)·최항(崔恒)·신숙주(申叔舟)·성삼문(成三問)·하위지(河緯地) 등 집현전 출신의 유신도 황보인·김종서의 지나친 권력 증대에는 비판적이었다. 그래서 수양대군이 황보인·김종서 등을 제거할 때, 많은 집현전 출신 관료가 수양대군에 동조하거나 중립적인 태도를 취했다. 수양대군도 이들이 세력을 더 굳히기 전에 제거할 계획을 추진했고, 1453년 10월 거사를 일으켜 성공한다. 그 결과 황보인과 김종서 등 그 세력을 없애고, 수양대군 자신이 실권을 장악하게 된다.

이후의 역사가 입증하듯이 조선왕조의 운명을 뒤바꾼 역사적인 사건이었다. 한명회를 만난 세조는 '참으로 뛰어난 인재'라고 극찬하면서 마치 오래된 친구처럼 전적인 신뢰를 보냈다고 《실록》은 적고 있다. 한명회는 세조에게 거사의 필요성과 당위성을 거듭 역설하면서 홍달손(洪達孫)·양정(楊汀)·유수(柳洙) 등 그 뒤 계유정난에서 핵심적 역할을 하는 인물들을 천거했다. 그 뒤 "정난은 한명회가 주도했고 나는 한 일이 없다"는 세조의 고백처럼 한명회는 거사의 전 과정을 치밀하고 과감하게 계획하고 추진했다. 이런 그의 노력에 힘입어 세조는 한명회를 만난 지 1년여 만에 정변(1453년 10월 10일)을 성공시켰고, 곧이어 영의정부사(領議政府事) 영집현전 경연 예문춘추관 서운관사(領集賢殿經筵藝文春秋館書雲觀事) 겸 판이병조사(兼判吏兵曹事) 중외병마도통사(中外兵馬都統使)라는 유례없이 긴 칭호의 관직에 오름으로써 조선의 실질적인 주인이 되었다. 이처럼 문무의 실권을 모두 장악했지만 신하의 자리에 만족하지 못한 세조는 2년 반 뒤 마침내 국왕으로 등극함으로써 그동안 갖지 못했던 명목상의 권위까지 모두 인수했다. 정변의 성공부터 최종적 완성까지 짧지 않은 시간이 걸린 이런 과정은 500여년 뒤 한국 현대사에서 일어났던 두 번의 군사 쿠데타와 집권 과정의 어떤 역사적 선례(先例)로 생각되기도 한다.

계유정난 이후 한명회의 삶은 그야말로 송두리째 바뀌었다. 우선 그동안 궁지기라는 하찮은 자리에 머무르던 그는 1454년(단종 2) 8월 정3품 당상관인 동부승지로 전격 발탁되었으며, 그 뒤 1457년(세조 3) 8월까지 국왕의 비서실인 승정원에서 좌·우부승지와 도승지로 근무했다. 사육신 사건(세조 2년 6월)이 상징하듯이, 정난부터 등극 초기까지 수많은 위기와 결단과 타협이 공존했을 그 중요한 기간 동안 국왕의 최측근인 승지로 재임했다는 이런 사실은 한명회의 정치적 지략과 그것에 대한 세조의 절대적인 신뢰를 웅변하는 가장 뚜렷한 객관적 증거다.

세조의 정권이 점차 안정되면서 한명회는 국정 전반을 관장하는 직책으로 나아갔다. 세조 3년부터 8년까지는 문무의 인사(人事)를 담당하는 이조판서와 병조판서를 역임하고, 세조 8년 5월 우의정으로 정승의 반열에 올랐으며, 4년 뒤인 세조 12년 10월에는 신하로서 최고의 자리인 영의정에 임명된 것이다. 그 뒤 그는 1487년(성종 18) 73세로 사망하기까지 좌의정과 영의정을 한 번 더 역임했으며, 예종대부터 성종 7년까지는 원상(院相)으로 재직함으로써 한 개인이 보유할 수 있는 가장 화려한 관력(官歷)이라고 평가할 만한 성공을 누렸다.

이런 관력도 눈부시지만, 한명회의 훈력(勳歷)은 더욱 독보적이었다. 즉 관료로서는 그의 전대나 후대, 그리고 동시대에도 비견할 만한 인물들이 없지 않았지만(예컨대 세종대의 황희나 신숙주, 그리고 선조대의 유성룡 등을 들 수 있을 것이다), 네 번의 공신 책봉(정난(靖難)·좌익(佐翼)·익대(翊戴)·좌리(佐理))에서 모두 1등공신으로 선정된 사람은 조선 시대 전체에서 그가 유일하기 때문이다.

또한 한명회의 경력에서 빠뜨릴 수 없는 부분은 그가 예종과 성종의 국구였다는 사실이다. 왕실의 인척, 그것도 국왕의 장인이 된다는 것은 고위 관료나 핵심적인 공신이 된다는 사실과는 의미가 다르다. 즉 관료나 공신이 비교적 객관적인 지표를 바탕으로 한 다소 건조한 관계라면, 이것은 말 그대로 '피를 섞는' 끈끈한 사이가 되는 것이기 때문이다. 조선 후기의 당쟁에서 노론(老論)이 표방했던 두 가지 정치적 목표 중 하나가 '국왕과의 혼인 관계를 놓치지 않는 것(勿失國婚)'이었다는 사실에서도 유추할 수 있듯이, 국왕과의 혼인 관계는 막중한 의미를 갖고 있었다. 그런 관계를, 그것도 두 번이나 성사시켰다는

신숙주 초상.

사실은 권력에 대한 한명회의 생각과 행동이 얼마나 치밀하고 집요했는가를 유추할 수 있는 핵심적인 근거가 될 것이다.

지금까지 개관한 한명회의 삶은 '입지전적'이라는 표현과 매우 잘 어울리는 것이었다고 할 수 있다. 그는 하나의 중요한 계기를 놓치지 않고 적극적으로 이용함으로써 삶의 모습을 급격하게 뒤바꿨으며, 거기서 얻은 성공을 끝까지 잘 유지함으로써 여러 측면에서 독보적인 경력을 이룩했다. 몇 번의 위기에도 불구하고 그것들을 극복하면서 오랜 기간 동안 권력의 핵심부에 머무를 수 있었던 가장 중요한 원동력은, 물론 다양하고 노련한 권모술수와 편법 등도 동원되었지만, 무엇보다도 그의 객관적인 능력이 매우 뛰어났다는 사실에서 찾는 것이 타당할 것이다. 한명회는 특히 내치와 국방에서 뛰어난 능력을 발휘했는데, 이제 그것을 살펴보기로 하자.

내치와 국방의 전문가

조선의 역사에서 세조대부터 성종 중반 무렵까지는 건국 이후 다양한 실험과 발전과 모색을 거듭하던 여러 제도들이 일단 완성된 체제를 갖게 된 중요한 시기였다고 말할 수 있다. 이런 판단의 가장 설득력 있는 논거는 《경국대전》의 편찬일 것이다. 1460년(세조 6) 〈호전(戶典)〉이 반포된 뒤 치밀한 수정과 보완을 거쳐 1485년(성종 16) 최종적으로 완성된 이 법전은 조선왕조가 끝날 때까지 '조종(祖宗)의 성헌(成憲)'으로 존중받으면서 국가의 운영에 지대한 영향을 주었다. 그러므로 이 시기는 역성혁명(易姓革命)으로 세워 놓은 조선이라는 건축물의 여러 공간 안에 다양하고 실제적인 집기들을 채워 넣는 또 다른 건국의 과정이었다고도 말할 수 있다. 이런 힘들고 중요한 작업을 지금의 통설에서 '훈구세력(또는 훈구파)'이라고 부르는 인물들이 담당했다는 사실은 중요하게 기억할 필요가 있다.

앞서 보았듯이 한명회는 그 기간 동안 조정의 거의 전 영역에서 가장 핵심적인 관료로 활동했다. 《실록》을 비롯한 여러 기록들을 종합해 보면, 그는 특히 내치와 국방에서 탁월한 능력을 발휘했다고 판단된다. 내치와 관련해 살펴보면, 한미한 시절 권람에게 "문장과 도덕은 자네가 낫지만, 정사를 경륜하는 데는 어찌 많이 양보하겠는가?"라고 다소 농담 섞인 어투로 말한 데서도 이 분야에 대한 한명회의 자신감을 엿볼 수 있다. 실제로도 당시 또 다른 핵심적 중신인 신숙주(1417~1475)가 외교를 맡고, 한명회가 내치를 담당했던 것으로 인식

되었다.

우선 한명회는《경국대전》의 편찬과 수정에 깊이 관여했다. "《경국대전》에서 불편한 부분을 한명회가 건의해 고친 것이 많았다"는 동료 원상 김국광(金國光)의 말처럼, 세조 13년부터 성종 1년까지 그는 〈이전(吏典)〉·〈호전〉·〈공전(公典)〉을 교정하는 데 중요한 역할을 했다.

다음으로 한명회는 여러 제도의 개편에도 의견을 냈다. 예종 원년에는 삼관천전법(三館遷轉法)을 강화하고, 장례원(掌隸院)과 형조(刑曹)의 송사 처리 숫자를 획정(劃定)했다. 간단히 설명하면, 전자는 급제 이후 일단 삼관(성균관·교서관·승문원)에서 일정 기간을 임시로 근무시킨 뒤 정식 부서로 배치하는 과정에서 심사를 강화해 탈락률을 높임으로써 신진 관료의 자질을 향상시키려는 목적의 제도 개편이었다. 후자는 두 관청의 송사 처리 숫자를 명시함으로써 형정(刑政) 업무의 신속성과 정확성을 높이려는 방안이었다. 특히 삼관천전법 강화에 대해 "사림이 아름답게 여겼다"는《실록》의 평가는 대표적인 '훈구대신'인 한명회와 '사림'의 관계에서 예상되는 것과는 상당히 다른 결과라는 점에서 주목할 필요가 있다.

비슷한 맥락에서 한명회가 성균관과 향교의 진흥책을 발의하고 주도적으로 추진한 사실은 더욱 눈길을 끈다. 성종 5년 한명회는 교육 강화와 인재 양성을 강조하면서 성균관에 장서각(藏書閣)과 존경각(尊經閣) 등을 지어 서적을 확충해야 한다고 주장하면서 사재(私財)를 내놓았다. 이런 그의 적극적인 태도는 전라도 나주와 영광의 소금세(鹽稅)를 그 비용에 충당하라는 성종의 지시를 이끌어 냈다. 한명회의 이

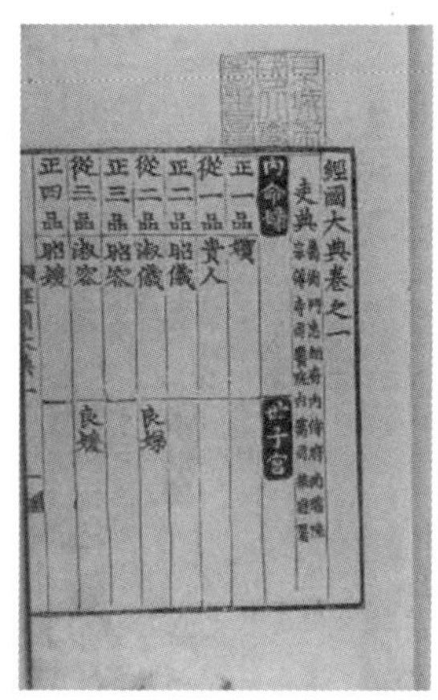

《경국대전》

《경국대전》은 최항(崔恒)·노사신(盧思愼)·서거정(徐居正) 등이 왕명을 받들어 세조 때 편찬에 착수해서 몇 차례의 수정과 증보를 거쳐 1485년(성종 16)에 완성해 반포한 조선조의 통치체제(統治體制)의 대강을 규정한 기본법전이다. 《경국대전》은 처음 찬집이 시작된 이래 4차례의 편찬과 수정을 거쳐 1485년 을사대전(乙巳大典)으로 완성을 보았으며, 이후부터는 수정과 증보를 가하지 않고 영세불변(永世不變)의 법전으로 준행하도록 했다. 그 결과 현전(現傳)하는 경국대전은 판본의 차이는 있으나 대부분 을사대전을 모태로 한 것이다.

런 시책 역시 사림의 칭송을 받았으며, 《실록》뿐 아니라 비슷한 시기의 《동국여지승람(東國輿地勝覽)》과 서거정의 《사가집(四佳集)》, 그리고 선조대의 《동각잡기(東閣雜記)》와 《해동야언(海東野言)》, 정조대의 《연려실기술(燃藜室記述)》 등 여러 책에 실릴 정도였다.

다음으로 행정구역 편성은 물론 호구 조사, 세금 징수, 치안 등

장서각. 성균관 명륜당 뒤편에 자리한 대학 도서관의 효시라고 할 수 있다. 한명회의 건의로 설립되었다.

여러 측면에서 중요한 제도인 오가작통법(五家作統法)이 성종 16년 한명회의 발의로 시행되었다는 사실도 중요하다. 특히 이 제도는 300여 년 뒤인 순조 원년(1801) 다시 정비해 엄격히 적용하라는 왕명이 내려질 정도로 그 생명력이 길었다.

끝으로 진휼(賑恤) 정책을 들 수 있다. 큰 가뭄이 들 때마다 한명회는 진휼사로 자주 파견되었는데, 특히 세조 4년 그의 건의로 설치한 상진곡(常賑穀)에 대해서 정약용(丁若鏞)은 《경세유표(經世遺表)》와 《목민심서(牧民心書)》에서 중요한 조처라고 높이 평가했다. 이런 사실 또한 앞서 사림이 칭송했다는 기사와 함께, 한명회의 면모를 숙고해 볼 측면이 될 것이다.

이런 내치와 관련된 시책도 중요했지만, 한명회가 가장 뛰어난 능력을 발휘한 부분은 국방이었다. 지금도 그렇지만, 국방은 인사와 함께 국정의 가장 핵심적인 사항이다. 그 문제에 대한 한명회의 능력과 관심은 계유정난과 이른바 '살생부 사건'으로 불리는 대신 숙청 등에서도 이미 충분히 나타났지만, 그 뒤에도 지속적으로 발휘되었다.

우선 한명회는 세조 10년과 성종 원년 각각 좌의정과 원상으로 병조판서를 겸임하는 이례적인 경력을 가졌다. 세조의 병환과 어린 성종의 즉위로 국정이 불안해질 수 있는 중요한 시기에 국정 안정의 가장 핵심적 요직인 병조판서를 겸임했다는 사실은 그 분야에 대한 능력뿐 아니라 당시 정치에서 그의 위상을 웅변해 준다. 성종 8년, 거의 10년 동안 군기시제조(軍器寺提調)를 역임했으니 물러나겠다는 요청도 한명회가 얼마나 오래 국방 관련 업무에 종사했는지를 반증해 준다.

실제로 세조대 이후 한명회는 국방에 관련된 거의 모든 주요 사
안에 개입했다. 우선 세조 7년 북방 야인 정벌(北征)에서 "경이 아니면
시킬 만한 사람이 없다"는 국왕의 신임 아래 4도 도체찰사(都體察使)를
맡아 그 일을 추진하고 성공시켰다. 《세조실록》에는 임금이 한명회를
깊이 신임해 양계(兩界)를 방어하고 위기에 대처하는 여러 일들을 모
두 그에게 맡겼으며, 그 또한 충성을 다해 봉사했다고 기록되어 있다.
그 결과 북정 이후 세조 9년에는 변경의 수령을 모두 한명회가 추천한
사람으로 채울 정도였다(뒤에서 다시 살펴보겠지만, 이런 인사권 행사는 이
후 그의 전횡과 비리로 연결되기도 한다).

세조대의 또 다른 중요한 활동은 체찰사로 파견된 것이었다. 세
조 재위 14년 동안 한명회는 1년에 한 번 꼴인 14번을 체찰사로 나가
서 수령은 물론 관찰사·도절제사 등을 직접 지휘함으로써 각 지역의
국방과 행정 전반에 커다란 영향력을 행사했다. 파견된 지역은 북방
4도(강원·황해·평안·함길도)가 10회로 다른 지역보다 많았다. 한명회
는 한 번에 보통 90일 이상 해당 지역에 머무르면서 근무했는데, 특
히 우의정이던 세조 9년에는 거의 1년에 해당하는 326일(9년 윤7월 28
일~10년 6월 24일) 동안 북방 4도를 순시했다. 체찰사로 나가 있는 동
안 물론 그 지역 관리들의 융숭한 대접을 받았으며 실제로 그것이 문
제되기도 했지만, 당시의 교통·통신 수단이나 북방의 기후·생활 조
건 등을 감안하면 상당한 어려움을 감내한 활동이었다고 인정해야 할
것으로 생각한다.

한명회는 예종대 병선(兵船) 건조를 주도했으며, 성종대에도 다

양하게 활약했다. 성종 6년부터 11년 사이에 요동 방어책을 전적으로 책임지는 한편, 강화(江華)·남양(南陽) 등지 포구의 군사 설비를 순시하는 등 북방과 남방에 걸친 방어에 만전을 기했다. 또 세조가 남긴 병법을 편찬하고 문신과 무신을 고르게 등용해야 한다는 건의를 올리기도 했다. 성종 5년 7월 영안남도(永安南道) 절도사를 폐지하는 논의에서 당초 신숙주는 폐지해야 한다는 쪽이었지만, "한명회의 반론을 듣고 보니 그래서는 안 되겠다"며 의견을 바꾼 사례도 국방 문제에 대한 한명회의 정확한 판단력을 보여 주는 한 예화가 될 것이다.

그 뒤의 여러 평가들을 볼 때, 한명회의 국방 정책은 대체로 성공적이었고 판단된다. 중종 15년 병조판서 고형산(高荊山)은 "선대에 한명회는 작은 어려움을 개의치 않고 매년 변방을 순찰했다"고 상찬했으며, 인조대 의정부 사인(舍人, 정4품)을 지낸 심광세(沈光世)도 《휴옹집(休翁集)》에서 "한명회는 국방에 깊은 지식을 갖고 관서(關西) 지방을 체찰하면서 처음으로 영변(寧邊)에 거점 기지를 두어 요충지를 장악했는데, 이것은 승리를 확보하는 훌륭한 계책이었다"고 평가했다. 또한 대표적 명문인 안동 김씨 출신으로 숙종대 영의정을 지낸 김수항(金壽恒)도 한명회의 국방 관련 업적을 높이 평가했다.

지금까지 살펴본 대로 한명회는 오랜 기간 고위 관료로 근무하는 동안 특히 내치와 국방의 전문가로서 다양한 실적을 남겼다. 그리고 그것이 상당한 생명력과 영향력을 가지면서 대체로 높이 평가되었다는 사실은 충분히 인정할 필요가 있다. 첫머리에서도 지적한 전근대 신분 제도의 특징을 상기한다면, 이러한 한명회의 정치적 능력과 위

김수항. 송시열이 가장 아끼던 후배로 한때 사림의 종
주로 추대되기도 했던 노론계의 대표적인 인물.

상은 그의 경제력에도 큰 영향을 주었을 것으로 예상할 수 있다. 이런
점에 유의하면서 이 글의 핵심 주제인 한명회와 훈구대신들의 재력에
대해 살펴보기로 하자.

조선 시대 양반의 치부 형태와 규모

한명회 개인의 재력을 추정해 보기에 앞서, 조선 시대 양반의 치부 형
태와 규모는 어떠했는가를 개괄적으로 살펴볼 필요가 있다. 조선 시대
양반의 재산에서 가장 중요한 두 가지 항목은 토지와 노비였다. 그리
고 그 양반이 관료였다면 현재의 봉급에 해당하는 녹봉이 추가되었다.
먼저 토지와 관련해서 살펴보면, 건국 당시 조선왕조의 기본적인

과전법

과전법은 좁은 의미로는 문무관료에게 나누어 준 분급수조지를 뜻하나, 넓은 의미로는 조선 전기 토지제도의 모든 체제를 내포하고 있다. 고려 말기 전시과 체제가 무너지고 권문세가의 농장이 확대되면서 신진관료의 녹봉을 비롯한 국가 재정과 휘하 군병의 군량을 비롯한 군자(軍資)의 확보라는 재정 정책적인 면에서 전제 개혁의 필요성이 제기되었다. 사전 개혁으로 사전에서의 개별수조권(個別收租權)은 국가에 귀속되어 사전 가운데 본래의 소유지는 존속되고 수조지(收租地)는 국가에 귀속되었고, 탈세지(脫稅地)는 모두 국고수조지(國庫收租地)로 재편성되었다. 그리고 국가 재정의 확보를 위해 공전(公田)을 확대하는 한편, 상대적으로 사전의 분급(分給)은 일정한 제한을 가했다. 과전법에서 토지 분급은 수조권이 개인에게 귀속되는 사전으로서 과전(科田)·공신전(功臣田)·외관직전(外官職田), 군전(軍田), 외역전(外役田), 위전(位田) 등을 두고, 수조권이 공공 기관에 귀속되는 공전으로서 군자전(軍資田), 능침전(陵寢田)·창고전(倉庫田)·궁사전(宮司田), 사사전(寺社田)·신사전(神祠田) 등을 두었다.

그러나 토지 재분배의 중심이 된 것은 과전이었다. 과전은 문무관료에게 경제적 기반을 보장하기 위해 현직 및 전직관료와 대기발령자를 막론하고 18과로 나누어 15~150결의 전지를 분급했다. 과전은 1대에 한해 분급되었으나 수신전(守信田)·휼양전(恤養田)으로 세습할 수 있었다. 그러나 수신전과 휼양전은 1466년(세조 2) 시행된 직전법에 의해 폐지된다. 그리고 사전기내(私田畿內)의 원칙에 따라 경기도 내에만 분급되었다. 과전법에서 농민은 토지 분급의 대상에서 제외되었으나 농민의 경작지에 대한 소유권은 토지를 황폐화하지 않는 한도 안에서 보장되었다. 그리고 고려 말 사전의 문란으로 농민 소경전의 소유권마저 침탈되었던 것을 농민의 소경전으로 환원시켰다. 과전법의 조세 규정에 따르면, 공전·사전을 막론하고 수조권자에게 바치는 조는 매 1결당 10분의 1조인 30두(斗)였고, 전주(田主)가 국가에 바치는 세는 매 1결당 2두였다. 조의 부과는 경차관(敬差官)이나 사전의 전주가 매년 농사의 작황을 실제로 답사해 정하는 답험손실법(踏驗損實法)으로 정했다.

과전법으로 분급수조지(分給收租地)를 축소하고 국고수조지를 확대했으므로 국가 재정의 기반이 확충되었다. 그리고 토지지배 관계에서 고려 말의 사전에 의한 수조권적(收租權的)인 지배가 배제되고, 소유권 위주의 토지지배 관계로 전환되었다. 그것은 당시에 민전(民田) 자체에서 사유 관념이 심화되고 있었기 때문이기도 하다. 그리고 과전으로 신진관료의 경제적 기반이 이룩되었다. 뿐만 아니라, 지배층인 양반관료의 토지 소유도 소수인에게 집중되는 것을 지양하게 되었다. 또한, 고려 말 사적인 지배하에 있던 농민이 과전법으로 국가적인 파악 대상이 되었다. 때문에 농민의 소경전(所耕田)은 조세·요역·군역·공부 등의 부과 기준이 되었다. 농민이 그 의무 부담을 지는 대신 농민 소경전의 소유권이 보장된 것이다. 그리하여 농민의 소경전인 민전은 공전의 틀 속에서 안정적인 소유권을 가지게 되었다.

토지 제도와 이념은 모든 토지를 국유화하는 과전법(科田法)이었다. 이것은 '산과 강을 경계로 삼았다'고 표현될 정도로 만연했던 고려 후기의 불법적 대토지 소유를 혁파하려는 야심찬 구상에서 출발한 시책이었다. 그러나 그것은 인간의 가장 근원적이며 자연스러운 욕망인 사유(私有)를 인정치 않은 다소 공상적인 제도였기 때문에 곧 여러 문제점을 드러내면서 해체되어 갔다. 그 결과 한명회가 사망한 직후인 16세기 전후에는 고려 후기만큼 불법적이고 대규모는 아니었지만, 양반들의 토지 사유가 보편적인 방식으로 다시 자리 잡게 되었다.

앞에서 말한 것처럼 토지의 단위 역시 지금과는 많은 차이가 있었다. 지금은 평(坪)이나 미터같이 어디서나 일정하게 통일된 면적 단위를 쓰지만, 조선 시대에는 토지의 비옥도와 그에 따른 산출물의 다과를 기준으로 삼는 결(結)과 부(負, 100결이 1부)를 기본 단위로 사용했다. 세종대 실시된 전분6등법의 명칭에서 알 수 있듯이, 당시는 토지의 등급(비옥도)에 따라 면적이 달라지는 제도였다. 대체로 1등급 1결은 현재의 3천 평 정도였고, 6등급은 그보다 4배 많은 1만 2천 평 정도였던 것으로 추산된다(여기서는 편의상 1결을 1만 평으로 잡고 논의를 전개하겠다).

조선 시대 양반들이 상당한 규모의 토지를 소유했다는 것은 여러 자료에서 확인되고 있다. 1458년(세조 4)만 해도 70퍼센트 정도의 농민들이 어떤 형태와 규모로든지 토지를 소유했지만, 70여 년 만인 1533년(중종 28)에는 "백성은 토지를 거의 갖지 못했고 사족과 부상대고(富商大賈)만이 토지를 소유하고 있다"고 기록된 것은 그런 사실을 잘 보여 준다. 그 시기 사대부라면 으레 전장(田莊)을 경영하고 신전(新田)을 개간하는 것이 통념이라고 말해질 정도로 양반들은 매입이나 개간·상속 같은 합법적 수단은 물론, 탈점(奪占) 같은 불법적 방법까지 동원해 토지를 늘려 나갔다.

그런 토지들은 대개 농장(農莊)의 형태로 경영되었다. 농장은 작게는 40~50결에서 크게는 100~200결 정도의 토지와 그것을 관리하기 위한 몇 채의 부속 건물로 이루어졌다. 양반들은 그런 농장을 자신과 연고가 있는 여러 지역에 두고 있었다. 이러한 조선 시대의 농장은 고려 후기 1,000~5,000결 정도로 추산되는 규모보다는 훨씬 줄어든 것이지만, 그래도 산술적인 수치로만 접근하면 15~17세기의 양반들은 지금의 40만 평에서 100만 평 정도에 해당하는 땅을 한 곳 이상 갖고 있었던 것이다.

당연한 말이지만, 이런 규모의 농장을 경영하기 위해서는 노비가 반드시 필요했다. 조선 후기로 갈수록 양반들의 토지 소유는 줄었으나 노비 보유는 늘어났다는 연구에서도 알 수 있듯이(이런 현상은 토지가 제한적인 재화인데 견주어 노비는 그렇지 않다는 물리적 법칙과도 유관할 것이다) 양반들에게 노비는 매우 중요한 재산이었고, 양반들도 그 점을 잘 알고 있었다.

양반들의 노비 소유 규모는 〈분재기(分財記)〉 등을 통해 추정할 수 있는데, 15~16세기의 〈분재기〉를 분석한 연구에 따르면 양반 1가호당 노비 보유 규모는 15세기에 평균 197구였고, 16세기에는 평균 114구였다. 좀 더 구체적인 사례를 몇 개 들어 보면, 명종대에서 선조

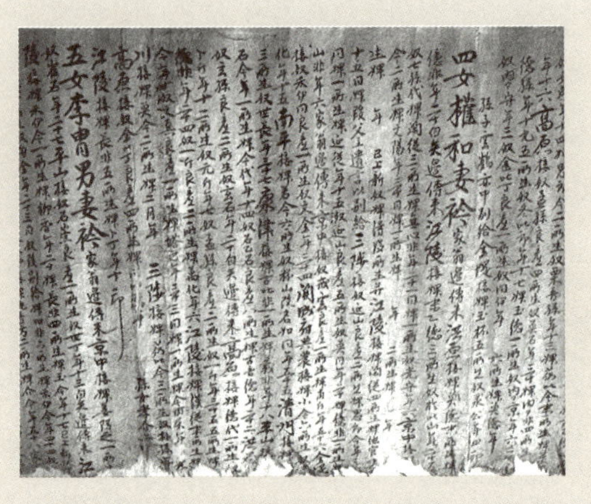

〈이씨분재기〉. 신사임당의 어머니인 용인 이씨 부인이 5명의 딸에게 재산을 나눠 주면서 작성한 문서.

대까지 경상북도 안동의 진성(眞城) 이씨 가문의 〈분재기〉에는 63~83구의 노비를 적다고 불평하는 부분이 나온다. 또 그 가문 출신인 퇴계 이황(1501~1570)의 경우 그가 세상을 떠난 뒤인 1586년(선조 19) 다섯 손자녀에게 재산을 물려주는 〈분재기〉에 367명의 노비가 등장한다. 신사임당과 그 형제들이 부모의 재산을 나눈 〈분재기〉에는 경상도와 평안도를 제외한 전국에 162명의 노비가 흩어져 살고 있던 것이 확인되며, 서애 유성룡의 집안에는 임진왜란으로 많은 노비가 죽거나 도망친 뒤에도 146명의 노비를 추쇄(推刷)했다는 기록이 전해진다.

이처럼 중요한 재산이었던 노비의 가격은 법전에 명시되었다. 신분 제도에서 노비는 적어도 사람으로 취급되지 않았기 때문에 말 값

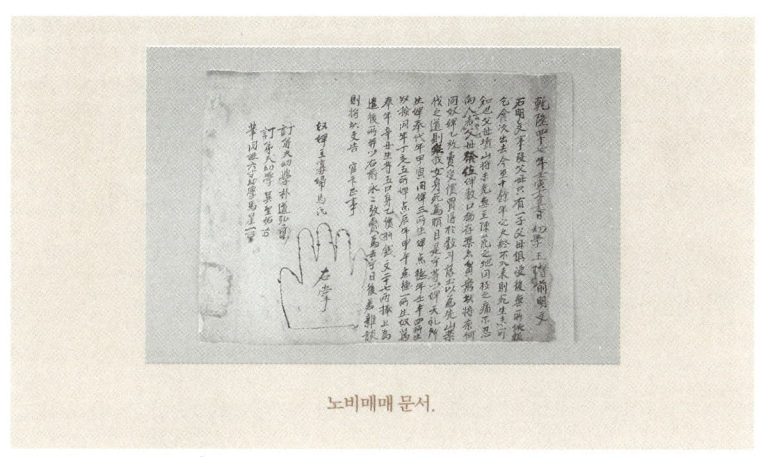

노비매매 문서.

과 비교되었다. 《경국대전》에서는 노동력이 풍부한 나이인 15~40세의 장년 노비는 저화(楮貨) 4천 장, 그 밖의 노비는 저화 3천 장으로 하여 당시 저화 4천 장이던 좋은 말 한 필 값과 비슷하게 책정했다. 저화의 가치를 지금의 화폐 단위로 환산하기는 어렵지만, 지금도 말 값이 상당하다는 점을 감안하면 방금 언급한 숫자의 노비를 소유한 양반의 재산 상황을 짐작할 수 있을 것이다.

이처럼 가장 중요한 재산인 토지와 노비를 보유하고 늘리기 위해서는 물론 재원이 가장 필수적이었지만, 여러 불법적 수단들도 동원되었다. 먼저 토지의 경우, 양반 개인의 벼슬이나 위세, 해당 지역의 관찰사나 수령 등 관권의 지원, 그리고 친인척의 협조 등 여러 불법이 광범하게 작용했다. '조정의 재상 중 벼슬하기 전에는 빈한했다가 고관이 된 뒤 엄청난 곡식을 쌓아 놓게 된 사람이 셀 수 없이 많았다'는

《성종실록》의 기사는 그런 측면을 또렷이 보여 준다. 노비와 관련해서도 양반들은 자연적인 출산으로 인원이 늘기도 했지만, 평민을 강제로 노비로 전락시키거나 먹고살 방도가 막막해 노비가 되겠다고 자청하는 농민들을 받아들이는 것 같은 여러 탈법적 행위를 통해 그 보유 규모를 늘려 나갔다. 이런 사례들은 앞서 언급한 조선 시대 정치와 경제의 상관관계를 명확히 보여 준다.

끝으로 녹봉은 예상과는 달리 양반들의 경제생활에 그다지 큰 변수가 아니었다. 대체로 녹봉은 규정보다 적게 지급되었고 그마저도 상당량을 선물(膳物)로 주고받았기 때문에, 현재에는 월급이 주요한 소득원인 것하고는 다르게 조선 시대에는 관료의 생활을 보장해 주는 수단이 되기는 어려웠다.

지금까지 살펴본 내용을 종합하면 조선 시대 양반 개인과 그 가문의 경제 규모는 상당한 수준이었다고 정리할 수 있다. 관련된 여러 실증적 연구들은 이른바 훈구파나 사림파 또는 현직 관료나 재야의 사족을 막론하고 양반들은 적지 않은 토지와 노비를 소유하고 있었으며, 좀 더 구체적으로는 위에서 든 사람들 외에도 한명회와 동시대인인 김종직·정여창·김굉필·김일손 가문 등은 모두 큰 부자였다는 결론을 제출한 바 있다.

이런 사실은 앞서 토지와 노비의 증식 과정과 관련해서도 유추할 수 있지만, 양반들의 경제관념이 그리 허술하지 않았다는 것을 알려 준다. 김굉필이나 이황이 노비의 관리와 신공(身貢) 징수를 철저히 하라고 지시한 것이나 유희춘(柳希春)이 《미암일기(眉巖日記)》에서 자신이

《미암일기》. 조선 선조 때의 학자인 유희춘이 쓴 일기로, 임진왜란 때 선조 25년 이전의 기록이 타 없어졌을 때 이이의 《경연일기》와 더불어 《선조실록》의 기본 사료가 되었다. 이 일기는 조선 시대의 관리들의 내면, 사회, 경제, 문화, 풍속 등을 보여 주는 사료이다.

주고받은 물품을 빠짐없이 기록한 사례 등에서 알 수 있듯이 양반들은, 이른바 경제에 어두운 '도학군자'라는 이미지와는 달리 매우 치밀하고 현실적인 경제관념을 갖고 있었던 것이다.

그리고 이것이 그리 나쁜 태도가 아니라는 점은 충분히 강조되어야 할 것이다. '안정적인 소득이 없으면 마음도 안정되기 어렵다(無恒産, 無恒心)'는 고전적 표현이 잘 보여 주듯이 양반들은, 물론 부에 대한 인간 본연의 욕망이 가장 컸겠지만, '도학군자'로서의 품위와 위신과 염치를 지키기 위해서도 재산을 유지하고 증식시켜야 했던 것이다. 평민들의 납세 부담을 감소시키고 안정적인 수세(收稅)를 가능케 함으로써 국가 경제를 안정시키는 긍정적 효과가 더 컸던 대동법(大同

法)이 그리 넓지도 않은 조선에서 전국적으로 실시되기까지 100년이
라는 긴 시간이 걸렸던 까닭은 그것이 양반들의 경제적 부담을 증가
시킨다는 점을 잘 알고 있던 당시의 집권 세력인 노론이 강력하게 반
대했기 때문이었다. 이런 측면들, 그러니까 조선 시대 양반들은 상당
히 부자였으며 현실적인 경제관념을 갖고 있었다는 사실을 충분히 감
안하면서 이제 한명회의 재력과 거기서 야기된 여러 문제점들로 초점
을 좁혀 보기로 하자.

한명회의 재력과 비리

한명회의 경제력과 부에 대한 태도를 가장 포괄적이면서도 직설적으
로 묘사한 기록은 《성종실록》의 졸기(卒記)라고 생각된다.

> 한명회는 권세가 대단해 따르는 사람이 많아서 손님이 문 앞에 가득했
> 으며, 그 또한 접대를 게을리 하지 않았다. 그래서 한 시대의 재상들이
> 그 문하에서 많이 나왔으며, 그의 말고삐를 잡고 모시는 관원까지 있을
> 정도였다. 한명회는 성품이 번잡한 것을 좋아하고 자랑하기를 즐겼으
> 며, 재물과 여색을 탐해서 토지나 노비, 금은 같은 뇌물이 줄을 이었고,
> 집과 첩실을 많이 두어 그 호부(豪富)함이 당대에 떨쳤다.
>
> —《성종실록》권209, 1487년(성종 18) 11월 14일.

영릉. 본래 세종의 영릉은 현재의 헌인릉 자리(서울시 서초구 내곡동)에 위치했으나 여주로 옮기면서 그곳에 있던 세종의 비 소헌왕후의 능과 합장했다.

이 기사는 한명회가 커다란 권력과 폭넓은 인맥을 바탕으로 거대한 부를 축적했으며, 거기에는 뇌물 같은 비리도 적지 않았다는 사실을 압축적으로 보여 준다. 첫머리에서 지적한 권력과 재력의 밀접한 상관관계는 여기서도 확인되는데, "그 호부함이 당대에 떨쳤다"고 표현된 그의 재력이 어느 정도였는지를 한번 추정해 보기로 하자.

먼저 토지는 〈분재기〉 등이 남아 있지 않아 정확히 밝히기 어렵다. 그러나 앞서 살펴본 대로 그보다 낮은 관직과 권력을 가진 사람들도 상당한 규모의 농장을 경영했다는 사실을 떠올린다면, 당대 최고의 권력을 소유했던 한명회가 어느 정도의 토지를 가졌을지는 미루어 짐작할 수 있을 것이다. 그의 토지 점유 과정을 알려 주는 기사가 하나 있어 주목되는데, 한명회는 예종 원년 세종의 영릉(英陵)을 여주(驪州)

로 옮길 때 천녕현(川寧縣)이 능과 가깝다는 명목으로 그 행정구역을 없앤 뒤 그 관사(官舍) 터를 자신의 농사(農舍)로 만들어 버렸다. '농장을 관리하는 집'이라는 뜻의 농사에서 여주 일대에 한명회의 농장이 있었음을 추정할 수 있으며, 권력을 매개로 토지를 불법 점유한 전형적인 사례로 지목할 수 있을 것이다.

한명회의 재산 축적과 관련해서 주목할 부분은 하사품이다. (221쪽 표 참조.) 그는 여러 명목으로 많은 하사품을 받았는데, 특히 네 차례에 걸쳐 1등공신으로 책봉된 유례없는 기록은 그 품목과 수량을 더욱 풍부하게 만들었다. 하사품의 종류는 가장 중요한 토지와 노비부터 역적으로 처단된 사람들의 아내와 딸, 의복과 술, 말과 안장, 칼과 활 등에 이르기까지 매우 다양했으며 규모도 상당했다. 먼저 토지는 모두 410결(현재의 약 410만 평)과 평산(平山)에 있던 정종(鄭悰)의 농장을 하사받았는데, 이것만 해도 적지 않은 규모다. 노비도 86명이나 받았다. 그러니 여기에 한명회 가문의 원래 소유와 사람들이 '줄을 이어 바쳤다'는 뇌물을 더하면, 가장 중요한 재원인 그 두 품목의 규모를 추정할 수 있을 것이다. 졸기에 따르면 한명회는 집도 여러 채 갖고 있었는데, 성종 4년 부제학 이극기(李克基)가 당시 대신들의 집이 궁궐과 비슷하다고 비판한 것을 보면 그가 어느 정도 호사스러운 주거 생활을 영위했을지도 짐작할 수 있다.

요컨대 한명회는 그 권력만큼이나 거대한 부를 축적했다고 판단된다. 그럴 수 있었던 데는 '탐욕스러웠다'고 표현될 정도로 적극적인 이재(理財) 관념이 중요하게 작용했을 것이다. 한명회가 노름을 잘했

왕대	재위 (서기)	하사 품목	비고
단종	1(1453)	전지(田地)200, 노비(奴婢)25, 구사(丘史)7, 반당(伴倘)10	정난1등공신
세조	1(1455)	단자견1/표리1/조완규(趙完圭) 집,	
	2(1456)	이명민(李命敏)의 아내 맹비(孟非)	
	3(1457)	노비30/망아지1/정종(鄭悰)의 평산(平山) 전지/수철(水鐵), 무쇠솥(鑼鍋)3, 녹비(鹿皮)1, 각궁(角弓)1/서대(犀帶)1/ 이징옥(李澄玉)의 첩(妾)의 딸 철금(哲今)	
	4(1458)	노비8, 전지60, 옷, 신발, 술/전지150, 노비13, 백은(白銀)50, 표리(表裏)1단(段), 내구마(內廐馬)1/매(鷹)2	
	5(1459)	활1/채단철릭(綵段帖裏), 백초철릭(白綃帖裏), 궁시(弓矢), 마장(馬粧)	
	8(1462)	여름옷1	
	9(1463)	이피좌자(狸皮座子)	
	12(1466)	면포·정포 각100필/자제 가자/녹비1/선온/말1/ 모자(春幡子揷帽)	성종 가례
	13(1467)	환도/말1	
	14(1468)	내구아마1/녹각주(鹿角酒)/중미50	
예종	즉(1468)	아마1/남이(南怡)의 딸 남구을금(南求乙金)과 홍형생(洪亨生)의 첩 약비(若非)	
	1(1469)	앵무배/각궁1/반인(伴人)10, 노비13, 구사7, 전지150, 은50, 표리1, 내구마1/궁온/천녕현(川寧縣)의 관사(官舍) 기지(基地)	익대공신관련
성종	1(1470)	말1/말1	
	2(1471)	당유문자면포(唐有紋紫綿布)/직금흉배라(織錦胸背羅)/ 표리/안구마(鞍具馬)1, 표리1습(襲), 향다합단자(鄕茶合段子)1필	
	3(1472)	말1/안구마1/아마1/초구1	
	4(1473)	숙마1/당표리/말과 안장	

5(1474)	선온/아청필단초피이엄(鴉靑匹段貂皮耳掩), 아청필단초피감토이엄(鴉靑匹段貂皮甘吐耳掩), 아청필단초피모관(鴉靑匹段貂皮毛冠), 아청필단겹원령(鴉靑匹段겹圓領), 필단철릭(匹段帖裏), 필단겹탑호(匹段겹搭胡), 주유철릭(紬襦帖裏), 주유탑호(紬襦搭胡), 필단 토표피배초피허흉(匹段土豹皮背貂皮虛胸), 주유과두(紬襦裹肚), 회색주서피오자(灰色紬鼠皮襖子), 백록피화(白鹿皮靴), 전정투혜구(氈精套鞋具), 연록피화(煙鹿皮靴), 호피이분투구(狐皮裏分套具), 흑사피화(黑斜皮靴), 양정투혜구(凉精套鞋具), 궁건시복홍상모구(弓䪁矢服紅象毛具), 단도자(單刀子)	사은사 관련
6(1475)	말	
8(1477)	단자1	
9(1478)	선온/아마1	
10(1479)	비단옷1/유청 필단(柳靑匹段)1	
11(1480)	당표리/황제가 하사한 사(紗, 비단) 1/술, 궁시(弓矢), 옷, 신발〔靴〕	
12(1481)	노비8, 전지50/말1	
13(1482)	옷1	
23(1492)	노비8, 전지60	사후(死後)

* 단위와 관련해서 전지는 결, 곡식은 석, 금은 등은 냥, 기타 물품은 해당 단위로 적용.

다는 기록은 그런 단면을 암시하는 흥미로운 대목이지만, 좀 더 중요한 기사는 성종 9년 불거진 고리대(長利) 논쟁이었다. 그때 조정에서는 정인지를 나라의 원로를 뜻하는 삼로(三老)에 임명하려고 했는데, 대간(臺諫)은 그가 고리대를 놓았다는 사실을 문제 삼으면서 반대했다. 그러자 한명회는 정인지가 고리대를 놓았을 뿐 재산을 불린 것은 아니며, 이것을 문제 삼는다면 당시 조정의 관원 중에서 저촉되지 않는 사람이 없을 것이라면서 강하게 비판했다. 흥미로운 점은 비판하던 쪽인 장령 이칙(李則)도 "지금 관원들이 모두 고리대를 놓고 있기는 하다"면서 한명회의 말을 수긍한 것이다. 이 논란은 축재가 부끄러운 일이 아니라는 한명회의 적극적인 경제관념과 함께 당시 관원들이 지위 고하에 상관없이 일반적으로 영리 행위에 종사하고 있었다는 사실을 잘 보여 주는 중요한 자료로 생각된다. 아울러 중종 8년 4월 밀양에 사는 박씨라는 여자가 재산이 많다는 소문을 듣고 그녀를 강제로 이혼시킨 뒤 조카 한언(韓堰)과 결혼시켰다는 사실도 그의 노골적인 호재(好財)를 입증하는 예화가 될 것이다.

지금까지의 서술에서도 느낄 수 있지만 한명회의 재산 축적에는 그의 권력이 불법적으로 자주 작용했으며, 비리라고 부를 수 있는 이런 측면들은 한명회의 부정적 이미지를 더욱 짙게 만들었다. 한명회의 비리 중에서 가장 중요한 사항은, '한 시대의 재상들이 그의 문하에서 많이 나왔다'고 표현되었듯이 인사 문제와 관련된 것이었다. 큰 나무는 그늘이 넓어서 많은 사람들이 그 아래로 모이는 자연의 이치와 비슷하게, 한명회는 많은 사람들과 매우 폭넓고 친밀한 관계를 맺었다. 기록에 따르면 그는 '갖은 사적인 모임과 전별 행사에 가지 않는 적이 없었다'고 한다. 그리고 이런 관계는 그의 커다란 권력과 매개되면서 청탁과 비리가 개입된 부적절한 인사로도 상당수 이어졌다.

앞서도 잠깐 서술했듯이, 한명회의 인사권은 변방의 수령을 임명하는 데서 가장 강력하게 행사되었다. 예컨대 세조 13년 그는 양계의 수령 중에서 마음에 들지 않는 사람은 반드시 다시 아뢰어 고쳤으며, 성종 5년에도 겸병조판서로 있으면서 변방의 수령을 모두 직접 임명했는데, 당시 겸이조판서였던 윤필상은 인사 문제를 반드시 한명회에게 먼저 보고했다고 한다. 이런 변방 수령 임명과 관련된 문제는 국방에 대한 한명회의 전문적 지식에서 나온 정책적 판단으로 볼 수도 있다. 하지만 그가 한미할 때 사귀던 사람들이 모두 등용되었다는 다소 과장된 표현에서도 알 수 있듯이, 그렇지 않은 사례가 좀 더 많았던 것 같다. 예컨대 경상도 관찰사를 지낸 오백창(吳伯昌)과 영해부사(寧海府使) 최효원(崔孝源)은 한명회에게 아첨해 각각 직제학과 당상관에 올랐으며, 황희의 아들 황수신(黃守身)도 한명회를 한 번 찾아갔다가 곧바로 정승이 되었다는 사례는 대표적이다.

인척이 관련된 경우도 있었다. 성종 10년 한명회는 그해 예문관과 홍문관 관원을 대상으로 치른 중시(重試)에서 성적이 조통(粗通, '간신히 통과했다'는 뜻으로 하위권의 점수)에 해당하는 사람도 등용하자고 건의했는데, 그의 외손인 신종호(申從濩)가 해당되었기 때문이었다. 성종 17년에는 무관도 특진관으로 삼자는 의견을 올렸는데, 그것 또한 외아들 한보(韓堡)를 승진시키기 위해서였다. 자신과 직간접적으로 연

한명회가 그 정자를 언제 세웠고 이름 붙였는지는 확실치 않다. 서거정이 지은 한명회의 신도비(神道碑)에 따르면 "만년(晩年)에 한명회는 권세와 재력이 너무 융성한 것을 스스로 경계해 정자를 짓고 '압구정'이라고 이름한 뒤 벼슬에서 물러날 것을 청하자 성종이 시를 내려 주었다"고 했는데, 어제시가 1476년(성종 7) 11월에 하사된 것을 보면 한명회가 환갑 무렵에 압구정을 세운 것으로 추정된다.

당시 한강가에는 제천정(濟川亭), 망원정(望遠亭), 천일정(天一亭), 낙천정(樂天亭), 화양정(華陽亭), 효사정(孝思亭), 심원정(心遠亭), 황화정(皇華亭), 성덕정(聖德亭), 유하정(流霞亭) 등 왕실과 개인 소유의 정자들이 많았다. 그런 측면에서 보면 한명회가 압구정을 소유했다는 사실만으로 어떤 특별한 비리와 연결시키기는 어렵다.

한명회는 압구정에서 여러 사람들과 시를 읊고 술을 즐기는 연회를 연 것으로 나와 있다. 초청받은 사람들은 압구정의 빼어난 풍광을 다양한 표현으로 찬미했다. 먼저 언급한 어제시뿐 아니라 서거정, 신숙주, 안지(安止), 이승소(李承召), 이석형(李石亨), 김종직(金宗直) 등 당대의 유명한 관료이자 문인 75명, 그리고 중국 문인 29명이 압구정을 제재(題材)로 시를 지었으며, 그것을 책으로 묶기까지 한 일은 그 정자의 명성을 가장 잘 입증하는 증거일 것이다.

이처럼 압구정은 한명회의 영화를 상징하는 장소였지만 그를 곤경에 빠뜨리는 함정으로도 작용했다. 앞서 살펴본 대로 한명회는 평생 동안 화려한 관직 생활을 유지했지만, 몇 번의 위기를 겪기도 했다. 가장 대표적으로는 세조 13년 이시애(李施愛)의 난을 배후에서 조종했

1467년(세조 13) 세조의 집권 정책에 반대해 이시애가 일으킨 반란이다. 이시애는 길주 출신으로, 함길도를 근거로 한 호족 토반(土班)이었다. 원래 함길도는 조선의 왕실 발상지였을 뿐만 아니라, 지리적으로 북방 이민족과 접해 있는 특수 사정을 고려해 지방관은 인망 있는 호족 중에서 임명해 대대로 다스리게 했다. 그리고 남방의 백성을 이주시켜 여진 세력을 꺾는 데 힘을 기울였다. 그러나 왕권을 장악한 세조는 중앙집권체제 강화의 일환으로 북도 출신의 수령을 점차 줄이고 서울에서 직접 관리를 파견했다. 이런 집권책은 북도인의 불만을 샀다. 게다가 호패법(號牌法)을 더욱 강화해 지방민의 이주를 금하자 북도의 호족들은 그들의 세력 아래 있는 백성들이 본고장으로 돌아가는 것을 두려워해 불만이 누적되었다. 이시애는 불만에 찬 북도의 호족이나 도민의 세력을 집약해 관직에서 물러나 있는 동안 조직화하고 민심을 선동해 난을 일으켰으나, 4개월 만에 진압되었다.

이시애는 세조의 강력한 집권체제 확립에 대한 지방민의 불만을 대변하는 것처럼 그들을 단결시키고, 자신이 일으킨 난을 의거라고 끝까지 주장하는 등 세조의 집권책에 반발했으나 성공하지 못했다. 오히려 난이 진정됨에 따라 세조의 집권책을 가속화하는 결과를 가져왔다. 세조는 난을 계기로 북도 유향소(留鄕所)를 폐지하고 함길도를 좌·우도로 나누어 통치책을 강화하는 동시에, 반란의 근거지가 되었던 길주는 길성현(吉城縣)으로 강등시켰다.

다는 혐의로 투옥된 것과 성종 7년 정희왕후(貞熹王后)의 수렴청정 중지를 반대하다가 파직된 일을 들 수 있는데, 압구정에 관련된 사건도 중요하다.

한명회는 성종 12년 6월 그전부터 매우 친밀하게 지내던 중국 사신 정동(鄭同)이 압구정을 구경하고 싶다고 하자 기꺼이 응낙했다. 그러나 여름인데다 정자가 좁아 더울지 모르니 옆에 차일(遮日)을 치는 것이 더 좋겠다고 생각했고, 왕실에서 쓰는 용봉(龍鳳)이 수놓아진 차일(遮日)을 치면 미관이나 위세를 좀 더 돋보이게 만들 수 있을 것 같았다. 그래서 성종에게 부탁했지만, 성종은 중국 사신을 너무 융숭하게 대접하면 앞으로는 그 요구가 더 심해질지도 모르니 그냥 좀 더 넓은 제천정으로 모시는 것이 좋겠다고 하교했다. 공적으로는 최고의 원훈이자 사적으로는 장인인 자신의 소청이 받아들여지지 않은 것이 한명회는 상당히 불만스러웠던 것 같다. 그렇게 적극적으로 잔치를 준비하던 태도를 돌변해 아내의 숙환 때문에 제천정 연회에는 참석하기 어려울 것 같다고 아뢴 것이다.

정황상 이것은 국왕에게 노골적인 반감을 드러낸 것이 분명했다. 대간은 즉시 한명회의 오만을 탄핵했으며, 성종도 그를 국문하라고 지시할 정도로 강력하게 대응했다. 결국 한명회는 직첩을 빼앗기고 도성 밖으로 쫓겨나는 상당히 무거운 처벌을 받았다. 물론 반년도 안 돼 같은 해 11월 직첩을 돌려주고 복직시키지만, 이것은 성종 중반 왕권의 위상과 대간의 영향력을 보여 주는 중요한 사건으로 평가된다. 그 뒤에도 이 일은 권신의 오만함을 경계하는 중요한 교훈으로 중종 대에도 자주 거론되었는데, 특히 1680년(숙종 6) 영의정 허적(許積)이 궁궐의 기름 먹인 장막을 왕명 없이 사용해 경신대출척(庚申大黜陟)의 빌미가 된 유명한 사건에서도 "한명회도 못하던 일"이라고 지적한 것은 주목할 만하다.

그러나 압구정은 한명회가 세상을 떠난 지 백년도 되지 않아 퇴락한 것 같다. 조선 중기의 시인 백호 임제(白湖 林悌, 1549~1587)가 압구정에 와서 지은 시 중에 "지난 일 모두 아득하고 한산한 뜰에는 풀만 수북하다(往事俱悠悠, 寒庭草可籍)"는 구절은 그런 정황을 잘 표현하고 있다. 다산 정약용도 압구정에 대한 시를 두 수 남기고 있어 흥미롭다. 그중 하나인 〈압구정에 올라 목공의 운에 화답하다(登狎鷗亭和睦公韻)〉라는 시에서는 "승상의 공명은 청사에 빛나고, 풍류 즐긴 압구정은 아직도 그 이름이 회자된다(丞相勳名國史靑, 風流尙說狎鷗亭)"고 한명회를 칭송하기도 했지만, 끝 구절에서는 "낡은 난간을 석양빛만 쓸쓸하게 비춘다(唯有殘暉照古欄)"고 읊어 역시 압구정의 퇴락한 모습을 묘사했다.

갈매기와 벗하면서 조용히 살고 싶다는 의미를 담은 압구정이 시와 술이 흐르는 연회의 장소가 되었으며, 오래지 않아 퇴락했다는 사실은 그 주인의 행적이나 삶에 대한 태도와 무관치 않을 것이다. 그리고 그렇게 사라졌던 그 일대가 오늘날 우리나라의 대표적인 부촌으로 변모했다는 사실 또한 급격한 성장과 발전, 권력과 재력의 밀착성 같은 미묘한 이미지의 중첩을 만들어 내기도 한다. 한명회는 자신의 정자가 겪은 이런 운명을 예상했을까? 만약 알았다면 어떻게 생각했을까?

한명회와 훈구대신들에 대한 객관적 평가

지금까지 살펴본 한명회의 화려한 성취와 적지 않은 부정적 행태는 모두 사실(史實)에 근거한 모습이었다. 하지만 첫머리에서도 말했듯이 한명회와 관련해서는 부정적 이미지가 좀 더 우세하며, 거기에는 그를 포함한 당시의 지배세력을 훈구세력으로 설정하면서 이후의 사림세력과 거의 모든 측면에서 대비시키고 있는 현재의 통설이 중요한 영향을 주었다고 판단된다.

그러나 이러한 이분법적 통설은 신중히 재검토할 필요가 있다고 여겨진다. 무엇보다도 이 시기의 훈구대신들은 《경국대전》의 최종적 반포를 통해 조선의 제반 체제를 완성하는 중요한 성과를 이룩했으며, 그들을 지칭한 '훈구'라는 용어는 '뛰어난 공훈을 세운 나이 많은 신하(元勳舊臣)'라는 긍정적 또는 가치중립적 표현이었지 어떤 부정적 의미가 덧씌워진 것은 아니었기 때문이다.

명암이 확연한 한명회의 삶처럼 그에 대한 평가 또한 긍정과 부정이 날카롭게 대립하고 있다. 앞서 인용한 이이의 신랄한 비판이 가장 대표적이지만, 《청파극담(靑坡劇談)》에 나온 '세력이 불길 같았다'거나 '권세가 세상을 덮었다'는 표현들 또한 비정상적으로 팽창한 그의 권력과 문제점을 충분히 전달해 준다.

그러나 그와 함께 긍정적 평가도 적지 않았다. 우선 최고의 권력자인 국왕들에게 한명회는 뛰어난 능력을 가진 대신으로 오랫동안 기억되었다. 그가 사망한 직후 성종이 "앞으로 어떻게 한명회만큼 공로가 큰 사람이 있겠는가?"라고 말한 것은 다소 의례적인 상찬이라고 하더라도, 광해군이 "지금 대신들은 한명회와 비교해 아주 못하다"고 비판한 것이나 영조가 한명회의 후손을 등용하고(21년 8월), 정조도 그의 묘소에 제사를 올리라고 하명한 일(22년 9월)은 사림의 시대인 조선 후기까지도 한명회의 업적이 높이 평가되었음을 보여 주는 중요한 증

영조 어진.

거가 될 것이다.

대표적인 사림들의 평가도 주목된다. 인조 2년 상촌 신흠(象村 申欽)은 영의정을 사양하면서 우리나라의 대표적인 원훈으로 한명회를 꼽았으며, 비슷한 시기의 장유(張維) 또한《계곡집(谿谷集)》에서 한명회의 공로를 오언 율시로 칭송했다. 인조대의 문신 이덕형(李德泂) 또한《송도기이(松都記異)》에서 한명회의 놀라운 출세와 업적을 특기한 바 있다.

비슷한 맥락에서, 정조 즉위년(1776년) 9월 규장각의 설치와 관련된 한 사건은 사림들이 선대의 훈구를 어떻게 생각했는가를 보여주는 매우 중요한 자료가 될 것이다. 즉위 직후 규장각을 신설하려던

232

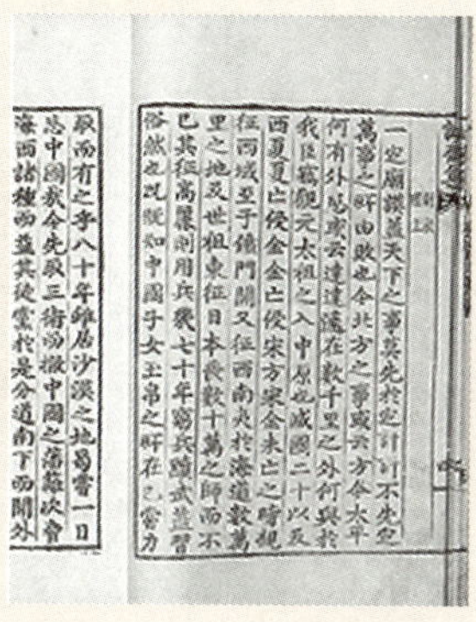

《눌재집》. 양성지의 문집으로 현존하지 않는 《경국대전》의 판본 《갑오대전》의 내용을 일부 확인할 수 있고, 세조대의 정책과 각종 제도의 운영 사례를 보여준다.

정조는 직제학 심염조(沈念祖)의 보고를 듣고 그것이 세조대에서 성종대까지의 중신인 양성지(梁誠之)가 이미 구상했던 제도였다는 사실을 알게 되었다. 앞서 한명회의 묘소에 제사를 지내라는 지시와 비슷하게, 정조는 양성지의 식견을 높이 평가하면서 그의 문집을 편찬하도록 지시한 후 그 서문까지 직접 썼으며, 《눌재집(訥齋集)》이 완성되자 양성지를 '규장각의 주인'이라고 부르면서 높였다.

더욱 주목할 점은 신설된 규장각에 처음 배속된 관원 30명이 공교롭게도 모두 양성지의 외손이었으며, 그것을 기념하기 위해 《양문양공외예보(梁文襄公外裔譜)》라는 일종의 족보까지 편찬했다는 사실이다. 세조대의 대표적 훈구인 양성지와 그의 정책이 오랜 시간이 지난 뒤에도 높이 평가되었고, 그의 후손들이 바로 사림의 핵심을 구성했으며 훈구였던 자신의 선조를 커다란 영광으로 생각했다는 이런 사실은 현

충남 천안시 수신면에 위치한 한명회 묘소.

재 널리 받아들여지고 있는 '훈구 대 사림'의 이분법적 통설에 일정한 실증적·논리적 문제점이 있음을 알려 주는 중요한 증거가 될 것이다.

첫머리에서도 지적했듯이 조선 시대 전체를 규정한 기본 원리는 신분 제도였다. 그리고 그 신분 제도는 강고하고 누층적인 혈연과 혼인관계를 통해 광범하게 재생산되어 왔다. 지금까지도 남아 있는 방대하고 정교한 족보와 보학(譜學)이 웅변하듯이, 조선 시대의 가문 의식은 매우 투철했다. 그렇다면 고관에 오르고 공신에도 책봉되는 뛰어난 경력을 가진 자신의 조상에 대해서 그 후손들은 그 조상이 반역과 같은 결정적인 과오만 저지르지 않았다면, 일정한 흠결이 있다고 해도 자랑스러워했으리라는 것이 좀 더 합리적인 판단일 것이다. 한명회는 물론 조선 전기 훈구대신들을 이해하고 평가할 때 이런 측면을 충분히 고려해야만 공정하고 균형 잡힌 인식에 도달할 수 있다고

234

생각한다.

한명회라는 사람을 한 마디로 요약한다면 어떻게 말할 수 있을 것인가? 아마 '누구보다도 권력과 재력의 의미를 잘 알고 집요하게 추구한 사람'이라고 할 수 있을 것이다. 공부나 학문의 의미와 목표는 이미지와 실재의 차이를 구별하고 그 간격을 최대한 좁혀 나가는 데 있다고 생각한다. 특히 어떤 이미지의 편향이 심각한 사례일수록 그런 작업은 중요하고 힘들 것이다. 여러 번 지적했지만, 한명회를 포함한 일부 훈구대신들은 한국사에서 그런 편향된 이미지의 영향을 많이 받아 온 사례로 생각된다. 이 짧은 글이 그들의 공과(功過)를 객관적으로 파악해 그 이미지와 실제 모습의 차이를 지적하고 그 간격을 좁히는 데 조금이라도 도움이 되었으면 한다.

여말 권문세족과 고려 후기의 풍경

산과 내를 잇는 부

이인임은 공민왕이 살해된 후 어린 우왕을 옹립한 공으로 권력을 장악하여 최고 권력자가 되었다. 임견미는 공민왕을 측근에서 시위하고 홍건적의 침입을 평정하며 두각을 나타내었고, 염흥방은 과거에 급제한 뒤 관직에 진출하여 홍건적의 침입 때 이를 평정한 공을 세웠던 사람이었다. 이들은 관직에 진출한 초기만 해도 신진 세력으로 제법 의로운 행동을 한 것으로 《고려사》에 기록돼 있다. 하지만 이들이 갖가지 악행으로 《고려사》의 간신(姦臣)전에 수록되는 불명예를 안게 된 것은 권력의 맛을 들이며 부의 달콤함을 맛보면서부터다. 특히 염흥방의 변신은 극적이다. 그는 과거에서 장원 급제한 문신이었지만, 문신을 증오한 당시 권세가인 이인임과 임견미의 눈에 들기 위해 어떠한 악행도 마다하지 않는 변신을 거듭하였다.

이상국 : : 아주대학교 사학과 교수

여말 권문세족

권문(權門)과 세족(世族)을 합쳐 부르는 말. 고려 후기 대표적인 정치세력의 하나. 고려 전기의 문벌귀족(門閥貴族)이 12세기에 이르러 무신난(武臣亂)에 의해 몰락하면서 대몽 항쟁 이후 새로 형성된 지배세력을 권문세족이라 칭하였다. 권문세족은 기존 문벌귀족 좀 ' 일부와 무신정권기에 새롭게 정권을 잡은 일부 무신(武臣), 지방출신으로 새로이 과거를 통해 등장하는 신진관인(新進官人), 그리고 원(元)과의 관계에서 출세한 부원세력(附元勢力) 등으로 구성되었다.

이인임(?~1388)

고려의 문신으로 공민왕 서북면도통사로 원나라의 동녕부를 정벌, 광평부원군에 책봉되었다. 공민왕 사후 우왕을 추대했다. 정권을 잡고 친원정책을 취해 친명파를 추방하고, 전횡을 일삼았다.

임견미(?~1388)

고려의 무신으로 공민왕초 다루가치(達魯花赤)에 속하여 공을 세우고 중랑장에 등용되었다. 1362년(공민왕 11) 홍건적이 입구하였을 때 나주도병마사(羅州道兵馬使)로 왕을 호종(扈從)하여 이듬해 대호군으로 1등공신이 되었다. 이어 진주도병마사가 되었다.

염흥방(?~1388)

고려의 간신으로 1357년(공민왕 6) 과거에 장원급제, 좌대언을 거쳐 1362년 지신사(知申事)로서 홍건적을 격파하고 서울을 탈환하는 데 공이 있었으므로, 그 이듬해 위위윤(衛尉尹)으로 이등공신이 되었다. 이어 밀직부사를 거쳐 1367년에는 밀직지신사가 되었다.

부자, 권력, 그리고 땅

한국인들은 부자에 대해서 상당히 이중적인 인식을 갖고 있다. 적법한 절차로는 절대로 그렇게 큰 부를 일구기 어렵다고 생각하니 따라서 '부자'를 보면 뭔가 편법이나 위법을 저질렀을 것이라고 숙덕대는 것이다. 실제로 한 설문 조사에 의하면, 10명 중 7명 정도의 한국인들은 부자들이 부정한 방법을 통해 부를 축적했을 것이라고 생각한다. 이 정도면 '부자'를 바라볼 때 보통 사람들의 신뢰가 어느 정도인지 알 수 있다.

그런데 재미있는 것은 부자를 비난하는 사람들도 부자가 되기를 갈망하며, 부자가 되기 위해 무슨 일이든 할 수 있다고 생각한다는 것이다. 그래서 부자들이 어떻게 부를 형성했는지, 어떻게 하면 부자가 될 수 있는지는 모든 사람들의 초미의 관심사가 아닐 수 없다. 서점가의 인기 아이템으로 자리 잡은 '부자되기 시리즈'의 책들은 보통 사람들의 부에 대한 갈망을 보여 주는 중요한 척도다.

부자들을 욕하면서 부자가 되겠다는 이 역설을 어찌할 것인가. 그런데 한발 물러나 생각해 보면 부자가 되고자 하는 열망을 탓할 이유는 별로 없어 보인다. 풍요롭고 넉넉한 삶을 누리고자 하는 것이 왜 문제가 되겠는가. 문제는 부자들을 경시하는 풍조인데, 그것은 아마 부의 형성 과정 때문일 것이다.

이 문제가 가닿는 지점은 의외로 간단하다. 그것은 바로 권력인데, 이것은 부와 떼어 놓을 수 없다. 부는 권력을 추구하고 권력은 부를 낳는다. 부를 창출하는 주요한 수단인 것이다. 그러므로 권력과 큰 부가 긴밀한 상관관계를 갖고 있다면, 부자를 경시하는 풍조는 권력에 대한 불신에 있다. 정치권력을 잡은 자들의 이중적인 태도, 즉 말로는 국민을 위한다고 하면서 자신의 이익에만 몰두하는 행태가 어디 최근만의 일인가. 역사에서 이런 사례는 허다하다.

유감스럽게도 한국 역사에서 부의 원천인 땅은 부자와 권력자의 편에 서 있었다. 권력자는 땅을 통해 흥하기도 하고 망하기도 했다. 천년 왕국 신라를 멸망시킨 것도 땅이었다. 신라 말기에 이르러 땅의 경계가 바르지 않게 되었고, 민심은 신라를 떠나게 되었다. 그래서 고려 건국 후 제일 먼저 땅의 경계를 바르게 한 것은 당연한 정책적 조치였다. 그러나 고려의 멸망도 땅에서 왔다. 조선 건국의 주요한 명분이 땅이었으니, 고려는 신라의 멸망사에서 그리 큰 교훈을 얻지 못했나 보다. 조선 시대에도 땅은 《조선왕조실록》에 자주 등장하는 요소다. 부패의 고리는 땅을 중심으로 얽혀 있었기 때문에 그 고리를 끊는 방안도 또한 땅에서 찾아야 했다. 조선 후기 실학자들의 토지 개혁 논의는 모두 땅에 얽혀 있는 부패 고리를 끊기 위한 방안이었다고 해도 과언이 아니다.

그 와중에 힘없는 인민은 조그만 땅이나마 놓치지 않으려고 안간힘을 썼다. 입에 풀칠할 거리가 나오는 조그만 땅이라도 얻기 위해 땅 주인의 갖은 요구를 들어줘야 했다. 한국인의 땅에 대한 유별난 애착은 고단한 삶을 땅과 함께하며 살아왔기 때문일 것이다.

그러므로 권력과 땅은 큰 부자가 되기 위한 주요한 요건이라 할 수 있다. 역사에서 이런 모습을 전형적으로 볼 수 있는 시기는 고려 후기다. 당시 토지를 중심으로 얽히고설킨 정치·경제·사회적 상황을 살펴보면, 부를 축재하는 방식과 부자에 대한 부정적 인식의 뿌리를 찾을 수 있다. 이때의 모습을 잘 살펴보면 우리 시대의 자화상을 냉철히 그려 볼 수 있을 것이다.

고려의 오랜 모순 — 간사하고 흉악한 무리

고려 후기 개혁론자 조준은 3차에 걸친 유명한 상소문을 쓰게 된다. 그의 의도는 모순으로 점철된 당대의 상황을 분석하고 그 해결 방안을 모색하는 데 있었다.

조준의 글씨.

최근에 간사하고 흉악한 무리가 토지를 빼앗는 행위가 더욱 심해졌습니다. 그들이 빼앗은 토지는 주(州)에 걸치고 군(郡)을 포괄하니, 그들 땅의 경계를 산과 내로 삼아야 할 정도입니다. 그런데도 그들은 빼앗은 토지를 조상들에게 물려받은 토지라고 하고 있습니다. 그러니 조그만 땅도 주인이 5~6명을 넘고, 일 년에 조세도 8~9차례나 거두게 되었습니다.

— 조준, 〈1차상소문〉

위의 사료는 고려의 왕조가 멸망하기 4년 전인 1388년에 쓰여 진 조준의 1차 상소문 중 일부다. 길지 않은 내용이지만, 그 안에 내포되어 있는 의미는 결코 간단하지 않다. 크게 세 부분으로 나누어 살펴볼 필요가 있는데, 첫째 고려 후기 시대적 상황과 부를 얻는 자의 성격을 간략히 보여 주고 있고, 둘째로 부의 규모를 가늠케 하며, 그리고 마지막으로 부의 구체적 축재 방식을 추정케 하기 때문이다.

고려 인종 때 외척권세가이던 이자겸이 왕권의 약화를 틈타 왕위를 찬탈하려던 반란이다. 척준경(拓俊京)과 그의 군사적 배경이 연계되었기 때문에 이·척의 난이라고도 한다.

고려의 문벌귀족들은 왕권을 견제하면서 그들의 특권적 지위를 보장받기 위해 과거제도·전시과·녹봉제 등을 정비했다. 그리고 과거에 의한 관직의 진출과 더불어 음서제도와 같은 특권을 통해 가문의 지위를 높였으며, 사전(賜田)·공음전(功蔭田) 등의 특권적 경제 기반 위에 토지의 개간이나 겸병 등으로 사전을 확대함으로써 그들의 경제력을 더욱 키워 갔다. 그러나 무엇보다도 그들의 귀족적 특권을 상승시키기 위해서는 국가에 대한 어떠한 공훈보다도 왕실과의 혼인 관계가 가장 중요했다. 왕실과 혼인 관계를 거듭 맺음으로써 그들의 권세와 부귀는 더욱 강대해지고 번성해 갔다. 그들은 고려 초기부터 왕이 남매나 친족끼리 겹쳐서 혼인하던 관습을 이용해 일족의 변칙적 세력 확대를 꾀했다. 고려 초기 이래 외척 중에서는 인주 이씨(仁州李氏, 慶源李氏)의 세력이 가장 강대했고, 이자겸 때에 와서 세력의 절정기를 맞는다. 이자겸은 어린 외손자 인종을 옹립하고 정권을 좌지우지했으며 마침내 왕권을 능가할 만큼 세력이 비대해져서 왕을 시해하고 왕위를 찬탈하려는 반란으로까지 발전되었다.

이 난으로 고려왕실은 왕권의 미약함을 극도로 드러냈다. 정변이 진압되자 인종은 서경을 순행하면서 15조항의 유신정교(維新政敎)를 선포했는데, 왕권 강화를 염원하는 인종의 의지가 담겨 있었고, 인종은 서경으로의 천도를 생각하게 된다. 당시 상황에서 서경 천도와 서경 세력에 대한 관심과 함께 풍수설에 대한 매력은 미약한 왕실과 개경 귀족 간의 소원(疏遠)함과 그들 상호간의 분열은 새로운 정치 세력의 도전을 불러오게 되었다.

우선 첫 번째부터 살펴보면, 고려는 12세기 초반 연이어 터진 이자겸의 난과 묘청의 난을 계기로 쇠락의 길로 접어들고 있었다. 《고려사》를 지은 조선 초기의 학자들도 이 사건들을 고려 멸망의 전조로 이해하고 있다. 왕을 중심으로 귀족 관료와 인민 사이의 삼각 축이 귀족들의 반란에 의해 흔들리고 있었다. 귀족들은 강대한 세력을 바탕으로 언제든지 왕을 교체하거나 왕위를 차지하려고 했던 것이다.

　　이러한 상황은 1170년 무신의 난을 계기로 더욱 약화되었다. 당시 집권자인 무신들에 따라 왕은 무시로 교체되었다. 일례로 최씨 정권을 연 최충헌은 명종을 폐위하고 신종을 세웠으며, 다시 신종의 선위라는 형식으로 희종을 옹립했다. 왕은 집권자인 귀족의 의지에 따라 폐위되고 옹립되는 처지로 전락한 것이다.

　　이 점은 왕토사상에 기반한 동양의 보편적 통치 이념에 반(反)하는 것이었다. 왕토사상은 "넓은 하늘 아래에 왕토 아닌 것이 없고, 그 땅 내의 (사람들은) 왕신 아님이 없다(溥天之下 莫非王土 率土之濱 莫非王臣)"고 한 《시경(詩經)》의 소아 북산(小雅 北山)에서 유래한 것으로 이해되고 있다. 이에 따르면 왕은 모든 땅과 그 땅에 사는 모든 사람의 주인이었지만, 그 땅에 사는 모든 사람들을 직접 다스릴 수는 없는 노릇이었다. 그러므로 관료를 등용해 자신을 대신하여 인민을 다스리게 했다. 관료는 왕과 인민을 연결해 주는 역할을 수행하는 존재였다.

　　그런데 그 관료가 세력을 얻어 왕을 폐위하고 새로운 왕을 세우고 있다. 이 점을 왕권의 약화라고만 해석하는 것은 정치 공학적 관점일 뿐이고, 통치 시스템의 관점에서 보면 왕과 인민 사이의 관계가 단절되었음을 의미한다. 관료가 왕과 인민 사이에서 중개인 역할을 하는 대신 직접 인민을 자신의 세력권 안에 두려는 것이다. 경제적 관점에서 보면, 국가에 세금을 내지 않는 관료의 토지가 확대되고 있음을 의미한다. 왕을 제어할 수 있는 권력을 가진 자가 자신의 토지에서 나온 이득 중 일부를 국가에 세금을 내려고 하겠는가. 또 사회적 관점에서 보면, 왕의 백성들을 귀족의 지배 아래 둘 수 있음을 보여 준다.

이러한 고려 후기 상황에 또 다른 변수가 추가된다. 바로 원(元)의 간섭이다. 1231년 고려는 세계사에서 유례가 드문 강대한 제국을 세운 원의 침입을 받는다. 수십 년간의 전쟁은 고려의 항복으로 막을 내리고, 이로 인해 고려는 강력한 외적 규정력 하나를 갖게 된다.

원은 정복한 국가를 직접 통치하는 관례를 깨고, 고려를 간접 통치했다. 고려의 국왕을 직접 정하고, 원 왕실의 여자를 왕비로 삼게 했다. 원은 부마인 고려 국왕을 통해 간접적으로 고려를 통치하는 정책을 취했던 것이다. 그러므로 고려 국왕은 원의 입맛에 맞게 교체되기도 하고 다시 복위하기도 했다. 충렬왕은 즉위 24년 1월에 충선왕에게 양위하고 태상왕이 되었다가, 같은 해 8월 복위했다. 이어 충선왕은 충렬왕이 즉위 34년(1308)에 사망하자 다시 왕위에 복위했다. 또한 충숙왕과 충혜왕도 양위와 복위를 갈마들었다.

정치권력의 최정점인 왕의 빈번한 교체는 귀족들에게는 기회이자 위기였다. 줄을 잘 선 사람들은 일약 정치적 실세로 등장하기도 했지만, 어떤 사람들은 줄을 잘못 서서 유력한 귀족이었음에도 불구하고 몰락하기도 했다. 그렇지만 당시 가장 좋은 줄은 바로 원이었다. 대표적인 예가 기씨 일파였다.

고려 행주 사람 기자오의 딸 기씨는 공녀(貢女)로 원에 간 후 궁녀가 되었다. 원 순제의 총애를 받아 후궁이 되었고, 훗날 북원의 황제가 되는 소종을 낳았다. 그녀는 '몽고인 이외의 여자는 정황후(正皇后, 4인 이하)가 되지 못한다' 는 원 황실의 규정을 깨고 원의 제2 황후가 되었다. 이후 기황후는 30여 년간 원과 고려에 커다란 영향력을

기황후. 원나라 순제의 제2 황후로 고려 기자오의 딸이다. 황후가 된 후 고려의 기씨 세력이 비대해졌으나, 원의 멸망한 뒤 행적은 알 수 없다.

발휘했다. 기황후의 형제들, 즉 기철과 기원 등은 기황후의 세력을 등에 업고 고려 정부에 막강한 영향력을 발휘했다. 특히 기철은 자신을 고려 왕의 신하라 칭하지 않고, 백성의 땅을 마음대로 빼앗는 등 갖은 악행을 자행했다.

원의 간섭에서 벗어나고자 갖은 노력을 기울인 공민왕에게 원을 추종하는 부원배(附元輩)들은 눈엣가시였다. 공민왕은 '세를 빙자하여 임금을 능멸하며 위세를 함부로 부려 인민을 해함이 끝이 없는' 기철, 권겸 등 부원배를 즉위 5년(1356년) 만에 제거할 수 있었다. 이후 분명한 반원정책을 펴 고려에 대한 원의 규정력을 무마시키려 했다. 이를 통해 원이라는 외부의 규정력은 그 힘을 다하게 된다.

그렇지만 여전히 귀족 세력은 왕을 능가했다. 수시중(守侍中) 이인임은 공민왕이 측근 최만생과 홍륜 등에게 시해된 후, 후사를 논의하는 과정에서 주도권을 잡았다. 그가 지지한 강녕대군이 우왕으로 즉위하자, 이인임은 우왕을 능가하는 권력을 갖게 되었다. 그는 의견

을 달리하는 문신들을 방출하고, 자신을 따르는 무리로 그 자리를 채
웠다. 또한 매관매직 행위를 자행했으며, 인민의 전토를 빼앗았다. 이
인임의 심복이었던 임견미, 염흥방 등이 이런 악행을 주도했다.

　　이런 시대적 배경 아래 조준은 1388년(우왕 14)에 앞서 소개한 상
소문을 썼던 것이다. 그러므로 조준이 말한 '간사하고 흉악한 무리'는
바로 이들이었다. 그렇지만 그가 말한 간사하고 흉악한 무리는 고려의
오래 축적된 모순의 대명사이기도 했다. 12세기 이후 고려에 드리워진
모순의 덩어리는 2세기 동안 갖가지 모양으로 변질되며 그 크기를 불
려 왔던 것이다. 누군가는 자신의 부패를 변명하며, 떡을 만지다 보면
콩고물이 생길 수밖에 없다고 했다던가. 그렇지만 중요한 것은 그 콩
고물 하나에도 생존에 위협을 느끼는 처절한 백성이 있다는 점이다.

주에 걸치고 군을 포괄하다

간사하고 흉악한 무리는 어느 정도의 부를 축재했는가. 조준 상소문
의 두 번째 부분서 그 해답을 찾아보자. 조준은 그 부의 규모를 "주에
걸치고 군을 포괄하니, 그들 땅의 경계를 산과 내로 삼아야 할 정도"
라고 묘사하고 있다. 흔히 시골 어른들에게 듣는 말 중 하나가 땅 자랑
이다. "옛날에는 저기부터 여기까지 우리 집 땅이어서, 마을 사람들이
우리 집 땅을 밟지 않고는 집 밖에 나설 수 없었다"는 식이다. 이때 어

른들이 가리킨 '저기'와 '여기'는 산과 냇가이고, 그것은 자신의 땅이 어디까지 인가를 알려 주는 표식이었다. 조준이 언급한 땅의 규모도 이와 크게 다르지 않다고 생각된다. 그가 언급한 부분만 보아서는 땅의 규모가 어른들의 땅 자랑과 마찬가지로 애매하기 이를 데 없다.

고려 시대 땅의 규모를 추정하는 것만큼 어려운 작업도 없다. 한국은 삼국 시대부터 국가의 토지를 파악하고 조세를 부과하는 데 결부 단위를 사용했다. 토지의 파악 단위를 결(結)·부(負)·속(束)·파(把)로 나눈 후 조세를 거둘 때는 결과 부 단위만을 사용했는데, 이러한 제도를 '결부제'라고 했다. 파는 한 줌을 말하는데, 볍씨가 한 손에 움켜지는 정도의 양이다. 열 줌이 한 속, 즉 한 뭇이다. 벼를 벤 한 묶음 정도가 한 속인 셈이다. 열 뭇은 한 부, 즉 한 짐이다. 열 묶음을 지게에 지는 정도의 양이 한 부이다. 그런 짐 열이 있어야 결, 즉 총이다.

그런데 결부는 시대에 따라 면적을 달리한다. 일반적으로 삼국 시대에서 12세기 이전까지 결부는 일정한 절대면적을 의미하는 것으로 알려져 있다. 국가는 각 토지에 상·중·하 3등급을 매겨 차등적으로 조세를 부과했는데, 이 시기 1결은 4,500평 정도로 추정하고 있다. 그러던 것이 12세기 이후 조선 전기까지 결부는 토지의 절대면적이 아닌 일정 양의 조세를 의미했다. 이 경우 같은 1결이라도 그 크기가 달랐다. 같은 면적의 두 토지가 있다고 가정하자. 한 토지는 비옥한 토지이고, 다른 토지는 척박한 토지이다. 비옥한 토지에서는 100 정도를 수확할 수 있고, 척박한 토지의 수확량은 50 정도라고 가정하자. 이 경우 척박한 토지의 수확량은 비옥한 토지의 반이다. 그러므로 비옥한 토지의 면적을 1결이라고 한다면 척박한 토지의 해당 면적은 반 결이 된다. 이 점을 감안하여 비옥도에 따라 상등·중등·하등으로 구분된 토지의 면적은 서로 달라질 것이므로 그것을 각각 1,998·3,136·4,529 평으로 계산한 연구가 있다. 하지만 이것은 대략적인 것으로 정확한 수치는 현재 알 수 없다. 다만 대략적인 토지의 규모를 파악하는 데 이용할 따름이다.

다음 몇 사례를 통해 고려 후기 권세가의 재산 규모를 살펴본다. 우선 무신정권 시기 집권자였던 최씨 일파의 경우 《고려사》와 《고려사절요》에는 그들의 재산이 어느 정도였는가를 가늠할 수 있는 기록이 있다. 최씨 일파는 자신의 정권을 유지하기 위해 1,000명 정도의 가병을 거느렸다고 한다. 이들 가병은 가족을 이뤘을 것이므로, 5인 가족을 상정해도 5,000명 정도다. 그러므로 최씨 일파는 최소한 5,000명 이상 되는 사람들의 의식주 모두를 책임질 정도의 부를 가져야 했다. 게다가 최씨 정권이 안정되어 가면서 많은 문객들이 최씨 정권에 의탁했는데, 최충헌 당시에는 3,000여 명의 문객이 있었다고 한다. 이 점을 감안하면 최씨 정권의 추정 재산 규모는 더 늘어난다.

좀 더 구체적인 수치를 보면, 몽고와의 전쟁 중 최씨 정권은 강화도에서 결사 항전에 들어갔다. 국가는 강화도의 토지를 관료에게 분급하는데 1257년(고종 44) 당시 집권자였던 최의는 3,000결의 토지를 받았다. 공적 기관에 분급된 토지가 2,000결이라는 점을 감안하면, 최의가 분급받은 토지의 양이 얼마나 많은 것인지 알 수 있다. 물론 3,000결이 온전히 최의의 토지라고 말하기 어렵다. 국가로부터 관직의 대가로 분급받은 토지였기 때문이다. 그렇지만 이 토지를 최씨 일파의 토지로 생각해도 그리 잘못은 아닐 것이다. 이보다 앞선 고종 15년 최우는 사전(私田) 700결을 제위산원(諸衛散員) 등에게 줄 수 있을 정도의 토지를 갖고 있었던 것이다. 또한 최씨 일파는 전국에 많은 토지를 갖고 있었다.

이런 점들을 감안할 때 최씨 일파는 최소 3,000결 이상의 토지를 경영했다고 할 수 있다. 당시 1결을 중등전의 면적으로 3,136평 정도라고 하면, 3,000결은 940만 평 정도가 된다. 이는 여의도 면적의 4배 정도가 된다. 이 수치는 최소한의 수치이기 때문에 최씨 일파의 재산 규모는 가늠하기조차 어렵다.

원간섭기 부원배들의 재산 규모도 최씨 일파에 못지않았다. 왕숙은 그 누이가 원 인종의 총애를 받았다. 그는 이 점을 무기 삼아 갖은 악행을 저지르고, 서해도(西海道)의 토지 5,000결을 빼앗았다. 원간섭기에는 이에 못지않게 많은 토지를 갖고 있었던 권력자들이 속속 나타났다. 《고려사》에는 이들이 차지한 토지가 2,000~3,000결 정도였음을 전하고 있다. 그러므로 전국의 많은 토지가 이들에 의해 유린되었다고 해도 과언이 아니다.

이런 상황은 고려 말기로 내려올수록 더욱 심화되었다. 특히 우왕을 세우는 데 결정적인 공을 세웠던 이인임과 그의 심복인 염흥방·임견미 등은 많은 토지를 집적했다고 할 수 있다. 《고려사》는 여러 곳에서 그들의 토지의 규모를 '주에 걸치고 군을 포괄한다'고 적고 있다.

이처럼 고려 후기 권세가들은 대략 최소 3,000결에서 5,000결 정도 규모의 토지를 갖고 있었다고 할 수 있다. 그런데 주의할 것은 '내 땅은 저기에서 여기'라는 식의 산과 냇가를 경계로 한 연이은 토지는 그렇게 일반적이지 않았다는 점이다. 그 이유는 토지를 집적하는 방법에서 찾을 수 있다. 이제 조준의 상소문 중 세 번째 부분에 대해 알아보자.

이제현 영정. 고려 후기의 학자이자 정치가로 《익재난고》와 《역 옹패설》이 그의 저서로 남아 있다.

'수정목 공문'을 발송하다

부의 축재 방법을 살펴보기 전에 다음의 문제를 생각해 볼 필요가 있다. 고려 시기 토지의 효용성에 대한 것이다. 고려 후기 학자인 이제현은 "우리나라는 사방이 배와 수레가 만나는 곳이 아니어서, 물산(物産)이 풍요롭지 않고 물화(物貨) 증식의 이익도 없다. 그러므로 민생(民生)이 바라볼 곳이란 오로지 지력(地力)뿐이다"라고 언급했다. 이제현은 고려의 자연 지리적 여건이 부를 창출하는 데 녹록지 않음을 간파하고 있다. 고려는 산악 지대가 많아 평지가 적고, 교역을 하기에도 여건이 좋지 않다. 그의 언급만으로도 고려 시대 토지는 부를 창출하는 유일한 자원이었음을 넉넉히 알 수 있다.

940년(태조 23) 처음 실시된 토지분급 제도로 후삼국을 통일한 지 4년 뒤, 그동안 통일을 이룩하는 과정에서 공로가 컸던 조신(朝臣)·군사에게 토지를 나누어 준 것이다. 분급액은 잘 알 수 없고, 다만 고려 태조와 함께 후삼국 통일에 크게 활약한 박수경(朴守卿)에게는 특별히 200결이 주어졌다고 한다. 분급의 기준은 관계(官階)나 관직이 아니라 고려 왕실에 대한 충성도와 공로에 따른 것이었다. 위로 신라 시대의 문무관료전(文武官僚田)을 계승한 것이며, 고려 시대 토지분급 제도인 전시과의 선구가 되었다.

이러한 자연 지리적 여건이라면, 토지의 효용가치가 크다는 것은 자명하다. 토지의 효용가치가 높을수록 토지에 대한 국가의 관심도 클 수밖에 없다. 고려 정부의 입장에서도 국가 재정을 원활하게 운영하기 위해서는 한정된 자원인 토지를 효율적으로 이용하는 것이 중요했기 때문이다. 이를 위해 고려 정부는 건국 초기부터 토지의 경계를 바르게 하는 정책을 꾸준히 추진했다. 고려 정부는 토지와 그 경작 농민에게서 세금을 거둬들여 필요한 재원을 마련했다. 이를 통해 마련된 국가 재정은 지출 용도에 따라 재정원(財政源)을 할당하는 방식으로 운영되었다. 고려 정부의 재정원은 국가의 수취대상으로 편제된 토지와 인민에게서 수취한 생산물과 노동력이었다. 역분전(役分田)에서 전시과체제에 이르는 고려 시대 토지 제도의 정비 과정은 이러한 노력의 일환이라 평가할 수 있다.

그러면 어떠한 방식으로 토지 분급 정책을 시행했을까. 고려 시대에 태자빈객(太子賓客)이라는 관직을 갖고 있는 귀족 관료가 있다고 가정하자. 이 귀족 관료는 태자빈객이라는 관직을 수행한 대가로 국가로부터 전시(田柴)를 분급받게 된다. 문종대 다시 개정된 전시과 규정에 의하면 태자빈객이 분급받을 수 있는 전시는 전체 18과 중 4과에 해당하는 115결이다. 이 경우 국가의 수취대상인 일반 백성의 토지 중에서 115결을 태자빈객에게 책정하고, 태자빈객은 책정된 115결에서 토지세(田租)를 거두었다. 그리고 태자빈객이 관직에서 물러날 경우 해당 토지를 국가에 반납해야 했다.

이러한 토지 정책은 국가 시스템이 정상적으로 작동할 때는 별 무리 없이 시행될 수 있었다. 그렇지만 앞서 살펴본 12세기 이후 고려의 상황 아래에서 토지 정책은 국가가 의도하지 않은 방향으로 움직일 수밖에 없었다. 귀족 세력이 왕을 능가할 경우, 토지를 분급하고 회수하는 시스템은 제대로 작동할 수 없었다. 지급받은 토지를 자신의 토지로 여기는 것을 '수조지의 소유지화'라 하고, 권력을 이용한 불법적 행위를 '탈점'이라고 한다.

탈점은 강제적인 방법이었기 때문에 권력을 가진 자가 주도했다. '권세지가(權勢之家)', '호세지가(豪勢之家)' 등의 권세가와 내료배(內僚輩)와 부원배, 사원이나 토호, 심지어는 국왕까지 탈점에 가세했다. 원종은 총애하는 신하들에게 전원(田園)을 나누어 주었는데, 이를 회수할 것을 청한 관료들을 처벌하고자 했다. 충혜왕은 늙어 죽은 장모 김씨의 토지와 노비, 그리고 그 문권을 빼앗고, 개인 용도의 건물을 짓기 위해 백성들의 토지를 빼앗기까지 했다. 원간섭기 부원 세력의 탈점은 더욱 극심했다. 원의 지원을 받는 그들의 권세는 왕을 능가해 탈점한 부원 세력을 처벌한 지방관들이 오히려 옥에 갇히기도 했다.

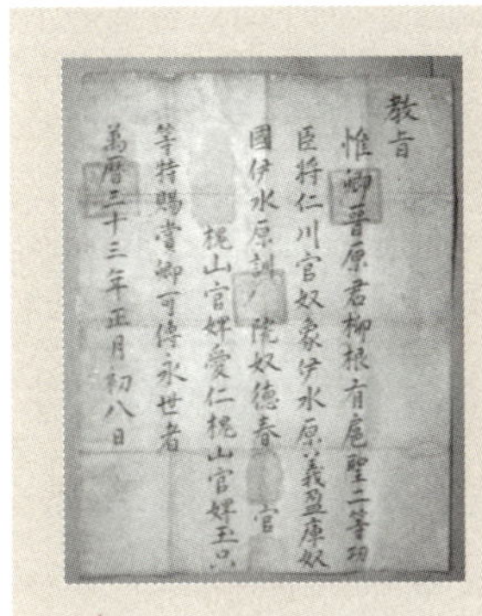

조선 시대의 사패.

또한 합법적인 사패(賜牌)가 토지 탈점의 수단이 되기도 했다. 사패는 국가가 농사일에 힘쓰고 식량 생산을 중시하는 뜻으로 국가에 공로가 있는 자에게 내려지는 일정한 토지·노비의 합법적인 지배를 인정하는 국가 발행 공문서이다. 그리고 사패전은 대몽항쟁, 삼별초의 난, 일본 원정 등으로 국토의 대부분이 황폐화된 땅을 개간할 목적으로 내려졌다. 개간이 활발하게 전개된 것은 원간섭기 이후, 즉 전란이 수습되는 충렬왕 초년 이후이다. 관인·왕실·사원 등에 개간을 전제로 한 사패를 액수에 제한 없이 자주 내렸다. 이를 통해 개간이 활발하게 일어났는데, 개간된 토지를 수취대상으로 편입해 국가 재정을 보충하려는 시도가 있었다. 하지만 귀족들의 이익과 배치되는 이 안은 받아들여지지 않았으며, 그들의 사적인 부를 불리는 수단으로 전락했다. 사패와 사패전은 그 취지의 합법성에도 불구하고 '사칭사패(詐稱賜牌)', '모수사패(冒受賜牌)'의 방법으로 토지 탈점의 수단이 되었다.

　이러한 불법 행위 중 가장 압권은 이인임과 그의 심복인 염흥방·임견미 일파가 자행한 '수정목(水精木) 공문(公文)' 사건이다. 이인임은 공민왕이 살해된 후 어린 우왕을 옹립한 공으로 권력을 장악하여 최고 권력자가 되었다. 임견미는 공민왕을 측근에서 시위하고 홍건적의 침입을 평정하며 두각을 나타내었고, 염흥방은 과거에 급제한 뒤 관직에 진출하여 홍건적의 침입 때 이를 평정한 공을 세웠던 사람이었다. 이들은 관직에 진출한 초기만 해도 신진 세력으로 제법 의로운 행동을 한 것으로 《고려사》에 기록돼 있다. 하지만 이들이 갖가지 악행으로 《고려사》의 간신(姦臣)전에 수록되는 불명예를 안게 된 것은 권력의 맛을 들이며 부의 달콤함을 맛보면서부터다. 특히 염흥방의 변신은 극적이다. 그는 과거에서 장원 급제한 문신이었지만, 문신을 증오한 당시 권세가인 이인임과 임견미의 눈에 들기 위해 어떠한 악행도 마다하지 않는 변신을 거듭하였다. 좋은 토지를 가진 사람들을 덮어놓고 수정목으로 곤장을 쳐 토지를 빼앗았고, 빼앗고자 하는 토지에 이미 주인이 있다는 것을 증명하는 공적인 문서가 있더라도 개의치 않았다. 물론 그들의 권력을 두려워하여 시비를 거는 사람도 없었다. 당시 사람들은 이를 '수정목 공문'이라 했다. 우왕은 평소 이러한 소문을 듣고 이인임 일파를 몹시 미워했다. 그러던 어느 날 우왕은 말을 타다가 좌우 사람들에게 말하길, "내가 이 말을 길들이려 하니 수정목 공문을 가져 오너라!" 했다고 한다. 또한 임견미의 아들 임치를 보고 말하기를 "네 부친이 수정목 공문을 잘 쓴다구?"라며 희롱했다.

　　권세가들은 탈점한 토지를 자신들의 조상 대대로 물려받은 토지라 하여 정당화했다. 그런데 권세가들의 무차별적인 토지 탈점은 그들 자체의 갈등을 불러일으키기도 했으며, 같은 토지를 동시에 탈점하기도 했다. 조준이 언급한 하나의 토지에 주인이 5~6명이었다는 것은 이 점을 의미한다. 그리고 무시로 탈점한 토지에서 조세를 거둬 가니, 해당 토지에서 거두어들인 조세가 일 년에 8~9차례나 될 수밖에 없었다.

　　이와 같은 탈점을 통한 토지의 집적 방식 때문에 권세가의 토지 중 산과 내를 경계 삼은 연이은 토지는 드물게 존재할 수밖에 없었다. 즉, 권세가의 토지 분포는 집중되어 있지 않고 산견되어 있었다고 할 수 있다.

또 다른 부의 축적, 개간과 매득

그런데 고려 후기 토지의 집적, 즉 부의 창출 방법이 탈점이라는 불법적인 형태로만 이루어지는 것은 아니었다. 개간과 매득이라는 합법적인 방법도 있었다.

　　개간은 사회 모순에 대한 저항의 형태인 농민들의 유망(流亡)과 관련이 있었다. 농민들의 유망에 따른 농민들의 경작 포기와 묵정밭(진전[陳田]) 발생 등은 개간을 가능케 하는 사회적 여건을 조성했다.

유망의 주요한 원인은 가혹한 수취에 있었다. 고려 정부는 탈점 등으로 인한 국가 재정의 부족분을 보충하기 위해 농민들에 대한 수취를 한층 강화했다. 가혹한 수취의 전면에 관리들이 나섰는데, 이들은 햇곡식을 수확하기도 전에 조세를 거두고자 했을 정도로 가혹한 수취를 자행했다. 권력자들과 토지의 주인들은 조세라는 명분으로 일 년에 몇 차례씩 세를 거둬 갔다. 이러한 가혹한 수취를 감당할 수 없었던 농민들은 대대로 살아온 삶의 터전을 떠나지 않을 수 없었다.

또한 이 시기 빈번한 자연재해도 유망의 중요한 원인이었다. 실제로 《고려사》 〈천문지(天文志)〉를 살펴보면, 13세기 후반에서 14세기에 자연재해에 속하는 가뭄과 물난리, 그리고 굶주림에 관한 기사 등이 집중되었다. 여기에 엎친 데 덮친 격으로 한랭한 기후도 이어졌다. 이 시대를 살았던 이곡(李穀, 1298~1351)은 그의 문집에서 "봄나무에

꽃이 피는 대신 눈꽃이 필 정도로 추위가 봄까지 이어졌고, 유망하는 자 중에는 얼어 죽는 자가 많았다"고 했다. 이러한 빈번한 자연재해와 한랭한 기후는 농사에 큰 타격을 주었고, 그 결과 기근이 광범위하게 진행되었다.

고리대(高利貸)의 폐단도 유망의 촉진제가 되었다. 가혹한 수취와 자연재해 등으로 고통받던 농민들은 높은 이자에도 불구하고 곡식을 빌릴 수밖에 없었고, 빌린 곡식의 원가에 '이자에 이자'가 더해졌다. 배보다 배꼽이 더 큰 상황에서 농민들이 선택할 수 있는 유일한 해결 방안은 자신이 살던 곳을 떠나는 일이었다. 그 결과 농민 태반이 원래 살던 곳에 남아 있지 않았고, 심지어는 '열 집 가운데 아홉이 비었다'고 할 정도였다. 이로 인해 그들이 경작하던 토지는 묵정밭으로 변했다.

이러한 상황에서 고려 정부는 개간 능력이 있는 자에게 토지를 제한 없이 내려 개간 사업을 적극적으로 권장했다. 이 시기는 대부분의 사람들에게는 위기였지만 어떤 사람들에게는 기회였다. 황폐화된 토지를 개간하여 옥토로 변모시키고, 부를 확대하는 자들이 나타났던 것이다. 안목(1290~1360) 일가의 경우가 대표적이다. 안목은 벼슬에서 물러난 후, 경기도 파주에 정착했다. 그 뒤 같은 파주에 살았던 성현(1439~1504)은 안목 일가의 당시 상황을 자신의 문집인 《용재총화(慵齋叢話)》에서 다음과 같이 묘사하고 있다.

파주 서교(西郊)는 황폐하여 사람이 살지 못했는데, 안목이 처음으로 개

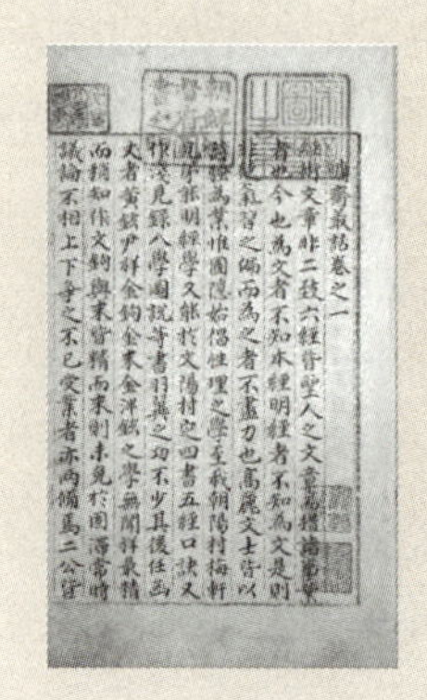

《용재총화》. 조선 중기 성현이 지은 책으로, 고려부터 조선 성종 대까지 형성·변화된 민간 풍속이나 문물 제도·문화·역사·지리·음악 등 문화 전반을 이해할 수 있다.

간했다. 그는 토지를 널리 경작하고 큰 집을 지어 그곳에서 정착했다. (……) 그 손자인 안원(安瑗)에 이르러서 가장 성하여 내외에 토지를 광점했다. 그 토지는 수만 경을 헤아렸고, 노비는 백여 호에 이르렀다.

안목은 순흥 안씨로 찬성사를 지낸 안우기의 아들이었으며, 대학자인 안향의 손자였다. 순흥 안씨 집안이 파주에 정착하게 된 것은 안목이 관직을 그만두고 개간을 시작하면서부터였다. 개성 인근의 장단이라는 지역에서 파주로 이주한 안목은 황무지를 옥토로 만들기 시작했다. 파주로 이주한 지 3대 만에 현재 파주시의 6분의 1~3분의 1에 이르는 광대한 부를 이루었다.

안목 일가는 황무지를 개간하는 데 고려 후기 발달한 농법을 활용했다. 고려 전기까지는 같은 땅에서 매년 농사를 짓기 어려웠다. 1년이나 2년 정도 땅을 묵혀 지력을 회복한 후 농사를 지어야 했다. 이러한

안향 영정. 우리나라에 성리학을 도입한 고려 후기의 학자로, 경북 영주시 순흥면에 있는 소수서원은 주세붕이 안향을 배향하기 위해 설립한 것이다.

농법을 휴한농법(休閑農法)이라고 한다. 휴한농법은 고려 후기 들어 농법의 발달에 의해 극복되었다. 12세기 이후 수리 사업의 발전, 점성도(占城稻)·선명도(蟬鳴稻) 등 새로운 종자의 도입, 우마구분법(牛馬廐糞法) 등을 비롯한 시비법의 발달, 벼농사와 밭농사를 교대로 하는 농법인 윤답법(輪畓法)의 시행, 볏 달린 쟁기와 자루 짧은 호미를 이용한 깊이갈이와 제초, 일부 지역에서의 이앙법 보급 등이 그것이다. 이러한 농법의 발달로 인해 해마다 농사를 지을 수 있는 상경농법(常耕農法)의 보급이 확대되었고, 토지의 생산성이 이전 시기보다 훨씬 증가했다.

고려 후기 농법의 발달은 지방관과 귀전인(歸田人) 혹은 귀향인(歸鄕人) 등에 의해 주도되었다. 권농(勸農)을 담당한 지방관은 새로운 농업 기술의 수용과 보급을 위해서 농서를 간행했다. 지방관이 주도한 농서는 1372년(공민왕 21)에 간행된 《농상집요(農桑輯要)》가 대표적이다. 《농상집요》의 간행에는 지합주사(知陜州事) 강시(姜蓍)와 경상도 안렴사 김주(金湊), 그리고 진주 목사 설장수(偰長壽) 등이 참여했다. 또한 정치 현실에서 벗어나 본관지(本貫地)나 세거지로 퇴거한 재향품관층도 농업생산력의 발달을 주도했다. 이들은 중국의 농서는 물론 선진 농법을 수용하는 데 적극적이었다.

토지를 매입하는 것을 통해 토지를 집적하는 방법도 있었다. 토지의 매득 사례는 어렵지 않게 찾을 수 있다. 충선왕은 왕후(王煦)에게 공으로 전택을 사 주었다. 충선왕이 사서 왕후에게 준 것은 토지가 아닌 개성 부근의 전택이었지만, 동시에 토지의 매매도 이루어졌으리라 여겨진다. 이색은 《목은집(牧隱集)》에서 새로운 토지를 매입하는 과정을 서술했는데, 그는 이사하는 자의 집과 토지의 전권을 매입했다.

보다 적극적인 토지 매입 사례는 임춘(林椿)의 서간에서 나타난다. 해당 부분을 소개하면 다음과 같다.

아아! 곤궁에 처한 이후에 돌아감을 아니 미리 알아 대처했다 할 수 없다. 그러나 토지 일전(一廛)을 사서 농부들에게 농사짓게 하고자 하니 또한 근심 없이 늙어 죽기 족하다. 일찍이 단천(湍川)에 노닐러 갔다가 산천이 아름다워 머무를 만했다. 강을 두른 석벽이 볼 만한 것이었다. 그 동쪽에 한 빈터가 있어 그곳을 찾아가니 곧 군 농민의 토지였다. (농민의 토지는) 관조(官租)와 사계(私契)의 위적(委積) 때문에 여러 차례 (처분하여)

재화로써 화를 면하고자 하나 팔리지 않았다 한다. 내가 그것을 들으니 기쁘나 살 만한 재물이 없고 또한 경영의 비용도 없다. 지금 학사 이지명(李知命)이 나에게 몸소 알리니, 그의 힘을 빌려 산곡에 거처를 마련하고자 한다. 때문에 그것을 바치니 (이지명이) 보고 따랐다. 마땅히 초여름에 나가지 아니하고 초당을 짓고 집안을 이끌어 곧 가고, 또한 강변의 토지 수경을 사서 복렵(伏獵)에 대처하는 것이 나의 계획이다.

임춘은 무신의 난에서 간신히 목숨을 구하고 단천에서 살게 되었다. 그 후 단천 지역의 토지를 사고자 했으며, 그가 매입하고자 한 토지는 단천 농민의 토지였다. 그 농민은 관(官)과 개인에 진 부채 때문에 토지를 팔고자 했다. 여기서 재산의 축적 방식에 대한 또 하나의 사례 하나를 확인할 수 있다.

권력과 부의 연결고리, 그 질긴 역사의 굴곡

어느 시대 어느 나라를 막론하고 그 시대를 대표하는 부자는 존재했다. 부자는 그 시대의 흐름을 읽고 어떻게 부를 창출하는가를 정확히 파악했다. 고려의 사회경제적 여건 속에서는 부의 근원을 토지에서 찾은 자가 큰 부를 이룰 수 있었다. 버려진 토지를 개간하고 새로운 농법을 끊임없이 연구·도입했다. 그러나 이것만으론 시대의 큰 부자가 될 수 없었다. 더 중요한 것이 있었으니 바로 권력이다.

최씨 정권의 최의가 여의도 면적의 몇 배 내지는 수십 배 되는 토지를 차지할 수 있었던 것도 최고 집권자였기 때문에 가능한 것이었다. 부원배들이 불법적인 방법을 동원하여 수많은 토지를 차지하고도 꿋꿋이 버틸 수 있게 한 것도 원이라는 권력이 있었기 때문이다. 이인임과 염흥방·임견미 등이 무시로 '수정목 공문'을 발행할 수 있었던 것도 그들의 권력을 믿었기 때문이다. 권력과 부의 연결고리는 긴밀한 관계를 맺고 있어 누구도 깰 수 없었다.

하지만 이들의 부는 자신들의 권력과 부침을 함께할 수밖에 없었다. 권력에 종속된 부는 일시적일 수밖에 없고, 날아가는 새도 떨어뜨릴 수 있는 권력은 영원할 수 없다. 권력의 향방에 따라 부도 연동된다. 기존의 권력자는 새로운 권력자에게 그 부를 넘길 수밖에 없으며, 새로운 권력자도 직감적으로 자신의 부를 언젠가는 잃을 수 있다는 것을 안다. 그리하여 한 번 잡은 권력과 부를 놓치지 않으려는 권력자들의 발악이 이어진다. 권력에 대한 집착은 절대권력에 대한 추구로 이어지고, 이러한 절대권력은 부패하지 않을 수 없다.

부패한 권력은 민심의 이반을 가속화하여 새로운 권력의 등장을 촉진한다. 새로운 권력은 이전 권력을 철저히 부정한다. 역사는 새로운 정권이 들어섰을 때 개혁이라는 명분으로 단행하는 정치적 숙청을 끊임없이 반복한다. 권력과 부의 반복되는 양상은 권력과 부가 갖는 속성을 대변한다.

고려 후기라는 역사적 시간과 공간에서 부의 기원을 추적하는 과정이 부패의 기원과 일치하는 것은 역사의 희극이자 비극이다. 하지만 역사에서 인간은 망각의 동물이다. 역사의 채찍에서 권력자 자신은 벗어나리라 확신하며 역사가 주는 교훈을 애써 무시한다. 최고의 부는 진정 권력 없이는 성취할 수 없는 것인가. 오늘을 사는 우리에게 역사는 묻고 있다.

이 책 속의 책들

1. 이병철과 삼성가 사람들

공제욱, 《1950년대 한국의 자본가 연구》, 백산서당, 1993

김기원, 《미군정기의 경제구조》, 푸른산, 1990

김영욱, 〈삼성의 다각화 과정과 지배구조에 관한 연구〉, 서울대학교 경제학과 박사논
　　문, 1993

김인영, 《한국의 경제성장: 국가주도론과 기업주도론》, 자유기업원, 1998

삼성경제연구소, 《호암의 경영철학》, 중앙일보사, 1989

삼성물산, 《종합상사 20년사》, 1996

삼성비서실, 《삼성오십년사》, 1988

삼성전자, 《삼성전자 이십년사》, 1989

삼성중공업, 《삼성중공업 이십년사》, 1994

야마자키 가쓰히코. 윤성원 역, 《크게 보고 멀리 보라: 호암 이병철 탄생 100주년 기
　　념 특별판》, 김영사, 2010

야지마 긴지·이봉구. 이정환 역,《삼성경영철학》, W미디어, 2006

유순하,《삼성, 신화는 없다》, 고려원, 1995

이맹희,《묻어둔 이야기》, 청산, 1993

이병철,《호암자전》, 중아일보사, 1986

전용욱·한정화,《초일류 기업으로 가는 길: 삼성의 성장과 변신》, 김영사, 1994

제일모직,《제일모직 십년사》, 1964

제일제당,《제일제당 십년지》, 1964

홍하상,《이병철 경영대전》, 바다출판사, 1994

2. 김연수와 토착 자본가들

경방 편,《경방 八十年》, 주식회사 경방, 1999

경방 90년사편찬위원회,《경방90년사》, 주식회사 경방, 2009

金相廈,《秀堂 金季洙》, 三養社, 1985

金容燮,〈韓末 日帝下의 地主制-事例 4;古阜金氏家의 地主經營과 資本轉換-〉,《韓國史硏
　　究》19, 1978

반민족행위특별조사위원회 편,《反民特委裁判記錄》(全17卷), 다락방, 1993

三養社,《三養六十年》, 삼양사, 1985

수당김연수선생전기편찬위원회,《한국 근대기업의 선구자; 수당 김연수 선생 일대
　　기》, 삼양사, 1996

정안기,〈식민지기 경성방직의 경영사적 연구 - 초기경영(1919~26)을 중심으로〉,
　　《아세아연구》126호, 2006

趙璣濬,〈三·一運動 前後 民族企業의 一類型-京城紡織株式會社를 中心으로-〉,《三·一運
　　動 50周年紀念論集》, 東亞日報社, 1969

趙璣濬, 《韓國企業家史》, 博英社, 1973

주익종, 《대군의 척후-일제하의 경성방직과 김성수·김연수》, 푸른역사, 2008

카터 J. 에커트. 주익종 역, 《제국의 후예-고창 김씨가와 한국 자본주의의 식민지 기
　　원 1876～1945》, 푸른역사, 2008

3. 임상옥과 중인 거부들
《매천야록》, 《무오연행록》, 《열하일기》, 《의주읍지》, 《일성록》, 《청구야담》

김종원, 《근세 동아시아관계사연구》, 혜안, 1999

김정미, 〈조선후기 대청무역의 전개와 무역수세제의 시행〉, 《한국사론》 36, 서울대,
　　1996

문일평 외, 《조선명인전: 한국사에 살아있는 100인의 얼굴》, 조선일보사, 1998

유승주, 이철성, 《조선후기 중국과의 무역사》, 경인문화사, 2002

이철성, 《조선후기 대청무역사 연구》, 국학자료원, 2000

정석종 외, 《전통시대의 민중운동》, 풀빛, 1981

최인호, 《상도》, 여백미디어, 2001

4. 윤선도와 해남 윤씨 가문
《海南尹氏群書目錄》(국립중앙도서관 소장)

김경옥, 《朝鮮後期 島嶼硏究》, 도서출판 혜안, 2004

박영한·오상학, 《조선시대 간척지 개발》, 서울대학교 출판부, 2004

송일기, 노기춘, 〈海南 綠雨堂 所藏 典籍의 考察〉, 《호남문화연구》 31, 全南大 호남문화

연구소, 2002

송일기, 노기춘,《해남녹우당의 고문헌》1집 2집, 태학사, 2003

송찬섭,〈17·18세기 新田開墾의 확대와 經營形態〉,《韓國史論》12, 서울대 국사학과, 1985

안승준,〈16~18世紀 海南尹氏家門의 土地 奴婢所有實態와 經營; 海南 尹氏古文書를 中心으로〉,《청계사학》6, 청계사학회, 1989

安承俊,《조선전기 私奴婢의 사회 경제적 성격》, 경인문화사, 2007

염정섭,《조선시대 농법 발달 연구》, 태학사, 2002

이경식,〈조선초기의 農地開墾과 大農經營〉,《한국사연구》61·62, 1991(《조선전기 토지제도사연구II》, 지식산업사, 1998 재수록)

이영훈,〈호남 고문서에 나타난 長期趨勢와 中期波動〉,《호남지방 고문서 기초연구》, 韓國精神文化研究院, 1999

이재수,〈17世紀 田畓賣買의 實態 -海南尹氏家 田畓賣買明文을 中心으로-〉,《歷史敎育論集》, 26輯, 역사교육학회, 2001

이재수,《조선중기 전답매매연구》, 집문당, 2003

이태진,〈16세기 沿海地域의 堰田 개발-戚臣政治의 經濟的 背景 一端〉,《김철준박사화갑기념사학논총》, 1983 (《한국사회사연구》, 지식산업사, 1986, 재수록)

이희봉,〈上流傳統住居海南綠雨堂硏究-農業生産과 儒敎原理의 양측면으로〉,《환경과학연구》, 제11권 제2호, 2000

전봉희,〈海南 尹氏 家의 住宅經營에 관한 硏究〉,《대한건축학회논문집》12권 11호, 대한건축학회, 1996

정윤섭,〈16~18세기 海南尹氏家의 海堰田 개발과정과 背景〉,《지방사와 지방문화》11권 1호, 역사문화학회, 2008

정윤섭,〈녹색의 장원 녹우당〉 (오마이뉴스 연재기사), 2007

정윤섭,〈'녹우당' 해남 윤씨가의 학문과 예술〉,《지방사와 지방문화》6권 1호

최승희, 《韓國古文書硏究》, 지식산업사, 1995

최원규, 〈韓末 日帝下의 農業經營에 관한 硏究 ; 海南 尹氏家의 事例〉, 《韓國史硏究》 50 ·

　51합집, 한국사연구회, 1985

한국정신문화연구원 편, 《고문서집성 3-해남윤씨편》, 한국정신문화연구원, 1986

해남윤씨중앙종친회(http://www.haenamyun.com/)

5. 한명회와 훈구대신들

《문종실록》, 《단종실록》, 《세조실록》, 《예종실록》, 《성종실록》, 《중종실록》, 《선조수정

실록》, 《광해군일기》, 《순조실록》, 《동국여지승람》, 《사가집》, 《목재집》, 《동각잡기》,

《해동야언》, 《송도기이》, 《연려실기술》, 《성호사설》, 《경세유표》, 《목민심서》, 《휴옹집》

김범, 〈朝鮮王朝實錄에 나타난 '勳舊'의 用例와 그 분석〉, 《동방학지》 134, 2006

김순남, 〈朝鮮 世祖代 體察使 韓明澮에 대하여〉, 《한국사학보》 23, 2006

이종묵, 《조선의 문화공간 1》, 휴머니스트, 2006

한영우, 《조선 수성기 제갈량 양성지》, 지식산업사, 2008

한우근 외, 《역주 경국대전》, 한국정신문화연구원, 1986

6. 여말 권문세족과 고려 후기의 풍경

《고려사》, 《고려사절요》, 《용재총화》, 《목은집》, 《동문선》, 《서하집》

강진철, 《고려토지제도사연구》, 고려대학교출판부, 1980

박경안, 〈안목(1290~1360)의 파주농장에 관한 소고〉, 《실학사상연구》 15 · 16, 2000

박은경, 〈고려후기 지방품관세력에 관한 연구〉,《한국사연구》44, 1984

위은숙, 〈고려시대 농업기술과 생산력연구〉,《국사관논총》17, 1990

이상국, 〈고려시대 관료는 어떠한 방법으로 토지를 분급받았는가〉,《내일을 여는 역
　　사》18, 2004

이상국, 〈고려후기 농장의 경영형태 연구-농장 경작인의 존재양상을 중심으로〉,《역
　　사와 현실》36, 2000

이정호,《고려시대의 농업생산과 권농정책》, 경인문화사, 2009